FOLIO
JUNIOR

Audrey Alwett

Magic Charly

1. L'apprenti

Illustrations de Stan Manoukian

GALLIMARD JEUNESSE

… magic has a habit of lying low,
like a rake in the grass.

… la magie a pour habitude de se cacher,
comme un râteau dans l'herbe.

Terry Pratchett, *Equal Rites*

Prologue

Cinq ans plus tôt
Souvenir pris à Charly Vernier
Collection personnelle du Cavalier

Dans la douceur du petit matin, la roulotte rouge embaume les confitures. Une lumière dorée tombe dans le coin cuisine et, comme à leur habitude, les trois marmites de cuivre bouillonnent sur le feu.

Charly se balance sur sa chaise. Il ne quitte pas des yeux l'assiette que sa grand-mère remplit de beignets. C'est déjà la deuxième fournée.

– Je pense que cette fois, ils sont parfaits, dit-elle en posant l'assiette devant lui.

Puis elle tape deux fois dans ses mains :

– Grimoire ?

À son signal, un livre obèse se traîne sur la table et s'ouvre poussivement sur une page blanche.

– Alors, on les baptise « choco-beignets de prédiction »*, tout simplement ? Tu es d'accord ? demande-t-elle.*

– Oui, c'est bien, approuve Charly en attrapant l'un d'eux, luisant dans sa croûte brûlante.

Il y plante les dents et sent le dessus craquer avant de s'enfoncer dans la chair moelleuse. D'un ton de goûteur expérimenté, il ajoute :

– Mais j'aimerais encore mieux avec du sucretincelle.

– Si je t'écoutais, j'en mettrais partout !

Comme Charly dévore son beignet à belles dents, il ne tarde pas à tomber sur le petit papier plié au cœur de la pâtisserie. Il le recrache et déchiffre :

TON CHAT VA TE VOLER TON BEIGNET

– Ah bon ? a-t-il à peine le temps de s'interroger.

Au même instant, une boule de poils blanche le lui arrache des mains.

– Mandrin ! Rends-moi ça !

Mais le chat s'est déjà réfugié sur les poutres du toit et s'empiffre sans état d'âme. Charly abandonne et saisit un autre beignet. Sa grand-mère glousse, puis énonce sa recette en articulant :

– « Choco-beignets *de prédiction, pour petits présages sans prétention : une livre de farine, cent grammes de beurre... »*

Docile, le grimoire fait courir sur sa page une calligraphie tout en pleins et déliés : « Choco-beignets de prédiction, pour petits présages sans prétention : une livre de farine... »*. Sur son dos, une grosse perle blanche sertie dans une étoile de métal brille doucement.*

De son côté, Charly mâche son second beignet, tout

en se balançant sur son siège. Il ne tarde pas à recracher un nouveau papier :

TU VAS TOMBER DE TA CHAISE

In extremis, il se raccroche au coin de la table à la seconde où il bascule, et il évite la chute.

Dame Mélisse, elle, poursuit sa dictée :

– Deux œufs, trois gouttes d'huile essentielle de cristal…

– Et cent grammes de sucretincelle ! ajoute Charly.

Aussitôt, une écriture incertaine et pleine de taches inscrit dans le grimoire : « Sen grame de sucretainsèl ».

– Il n'en est pas question ! rétorque sa grand-mère.

Dans le grimoire, la ligne est biffée d'un trait net.

– Mais ça fait encore plus magique ! proteste Charly. Et moi, j'adore le sucretincelle !

– Pas de sucretincelle ! D'ailleurs, c'est mauvais pour tes dents. Deux décilitres de lait…, reprend-elle à l'intention du grimoire.

Charly a un large sourire et, avant que sa grand-mère ait pu réagir, se rue sur le grimoire. Puis il se met à courir autour de la table, en le brandissant ouvert au-dessus de sa tête.

– Cent grammes de sucretincelle, écris, Grimoire !

Secoué en tous sens, le grimoire obéit en éclaboussant de l'encre partout.

– Le petit effronté ! s'exclame Dame Mélisse, sans parvenir à masquer son sourire. Laisse-moi m'occuper de ma nouvelle fournée avant qu'elle brûle et j'arrive !

Charly ricane et profite qu'elle lui tourne le dos pour se cacher dans un placard. Il espère qu'elle fera un truc magique pour le retrouver. La dernière fois, elle a dressé une serpillière à renifler le sol de la roulotte à sa recherche. Dissimulé dans l'ombre de la porte entrouverte, il la regarde sortir ses nouveaux beignets de l'huile bouillante un à un.

– Idées de recettes pour Dame Mélisse, chuchote-t-il à l'intention du grimoire. Pulvérisateur de goût frites pour recouvrir les haricots verts, parce que c'est dégueu-beurk. Choux qui pètent à la menthe. Recette à dédurcir le pain…

Tandis que le grimoire obéit dans une orthographe toute personnelle, la grand-mère se redresse et cherche Charly du regard.

– Oh là là ! s'exclame-t-elle d'un ton pas vraiment naturel. Mon petit-fils est vraiment très bien caché. Je me demande bien où il est !

Elle saisit un beignet.

– Mais sans doute que ceci me le dira ? Dis-moi, beignet, Charly est-il caché sous l'évier ? Ou dans le frigo ? Sous le tapis, peut-être…

Ce disant, elle coule un regard vers le placard entrouvert qui abrite Charly et où ce dernier étouffe un rire assez peu discret. Puis elle rompt le beignet et en sort le petit papier en se brûlant les doigts.

– Voyons, voyons…

Elle déplie la prédiction, la lit et devient pâle comme jamais auparavant. Quand elle relève son visage, son expression a quelque chose de glacé.

– Charly…, commence-t-elle.

Et il y a une drôle de menace dans sa voix. Mais Charly n'entend pas abandonner leurs jeux si vite. Il sort du placard et se précipite vers le jardin.

– Attrape-moi, si tu peux ! ricane-t-il.

– CHARLY ! rugit sa grand-mère avec fureur dans son dos.

Et Charly se dit qu'elle fait drôlement bien semblant d'être en colère. Beaucoup mieux que d'habitude, en tout cas.

1
Elle revient

Cinq ans plus tard, dans une ville du sud de la France, Aix-en-Provence.

Après tout ce temps, c'était bizarre qu'elle emménage chez eux.

Cette nuit-là, Charly n'avait dormi que quelques minutes, d'un sommeil nerveux qui sautait sur le premier cauchemar venu pour lui faire ouvrir les yeux. Au petit matin, de lourds raclements avaient retenti dans la chambre voisine et Mandrin était venu se vautrer sur son visage.

– Compris, je me lève !

Finalement, Charly avait poussé son chat avec beaucoup plus de douceur que cette sale bête n'en méritait, puis il avait quitté son lit. Derrière la cloison, le boucan ne cessait pas. Le parquet en tremblait.

En guise de lavabo, Charly avait une pile provençale dans sa chambre, c'est-à-dire une pierre plate pas du tout pratique, qui fichait de l'eau partout dès qu'on ouvrait le robinet. Il effectua donc son brin de toilette avec dextérité et se regarda dans la glace. À cause du manque de sommeil, sa peau noire avait des teintes grises. Il passa une main incertaine dans ses cheveux crépus et mouilla ses yeux pour donner l'illusion qu'ils étaient réveillés. Puis il redressa la tête et tenta un sourire dynamique. Ce fut plutôt efficace, mais uniquement parce qu'il était expert en sourire. Charly était grand pour ses quatorze ans et avait toujours le sentiment de devoir s'en excuser. Ça s'était encore accentué ces dernières années, alors que l'adolescence jetait sur lui ses premiers traits et que ses épaules se développaient largement.

Tandis que le tohu-bohu augmentait dans la chambre voisine, Charly s'habilla à la hâte. Puis il ramassa son sac de cours et grimaça en voyant que l'écusson en était à moitié arraché. C'était un dragon rouge, symbole de l'École des Allumettes Hurluberlu, auquel son amie June avait manqué d'égard avec enthousiasme (parfois, June pratiquait un peu trop la rebelle attitude à son goût). Il avait oublié cet accroc la veille en rentrant, et à présent, il était trop tard pour le recoudre.

Il soupira, jeta le sac en travers de ses épaules, puis s'avança vers la porte. Le parquet l'accompagna en grinçant.

– À ce soir, Mandrin !

– Mrôô, grogna le chat, ce qui était sa façon de lui signifier qu'il exagérait de le réveiller pour si peu.

La chambre voisine était grande ouverte. Césaria s'y agitait avec ardeur.

– Bonjour, maman. Tu changes encore les meubles de place ?

– Oui, je pense qu'elle préférera comme ça. Qu'est-ce que tu en dis ?

– C'est très bien, approuva Charly.

La veille encore, cette chambre était celle de sa mère, qui avait depuis pris ses quartiers dans le salon, au milieu de ses tubes de peinture. Jusque tard la nuit dernière, ils avaient vidé, nettoyé et pomponné la pièce. Charly avait même dépouillé le pied de lavande rachitique de leur jardinet pour composer un bouquet, même si sa grand-mère n'y prêterait sans doute pas attention. « Elle n'a plus toute sa tête, il ne faut pas t'attendre à… à quoi que ce soit », avait dit Césaria.

Cinq ans plus tôt, ç'avait été la stupeur quand la roulotte de Grand-Ma s'était volatilisée, avec son champ de citrouilles. Charly et sa mère n'avaient rien compris. Elle avait disparu sans laisser d'adresse. Les souvenirs étaient flous mais Charly se rappelait qu'elle s'était fâchée contre lui pour une raison qu'il n'avait pas saisie. Est-ce que ça justifiait de s'envoler de la sorte ? Tandis que sa mère lançait des recherches, la culpabilité lui avait dévoré les tripes. La police n'avait jamais trouvé le moindre indice, les détectives privés non plus. Finalement, il avait fallu s'y faire. Jusqu'au coup de fil reçu deux jours plus tôt. Une voix de femme, un peu timide, avait crépité dans le combiné :

– J'ai trouvé votre numéro dans la roulotte. Vous êtes… de la famille de Dame Mélisse ?

Césaria avait presque hurlé au téléphone :

– C'est ma mère ! Vous l'avez retrouvée ? Elle va bien ?

– C'est-à-dire… Physiquement, ça va, oui. Elle est un peu faible, elle ne s'est pas très bien nourrie, mais…

– Pas bien nourrie ? Ma mère est une cuisinière hors pair !

– Oui, je sais, mais… plus maintenant, je pense. Votre mère… est très diminuée.

La petite voix timide avait expliqué aussi gentiment que possible qu'elle venait de retrouver Dame Mélisse dans un état épouvantable. Que la vieille dame avait perdu la mémoire. Qu'il fallait s'occuper d'elle en urgence.

– Mais où est-elle ? avait demandé la mère de Charly.

À l'autre bout du pays, avait été la réponse. Heureusement, la femme au téléphone était vraiment très gentille. Elle donnait l'impression de connaître un peu Dame Mélisse. En tout cas, elle parlait d'elle avec un respect immense, comme si c'était quelqu'un de très important. Elle avait bien voulu tout organiser avec les déménageurs et l'ambulance. Ça avait été très rapide. Si bien que Dame Mélisse arrivait le soir même.

Chez eux.

Charly et sa mère en étaient encore retournés.

– Tu vas bien, Charly ?

Ce dernier sursauta, revenant au moment présent. Sa mère le regarda avec embarras : elle n'avait jamais été très portée sur la tendresse.

– Ça va, dit Charly. Promis. J'ai juste fait de drôles de rêves, cette nuit.

– Des rêves avec elle ?

– Oui, et avec, euh… de la magie. Ha ha !

Il s'était hâté de ricaner pour sous-entendre qu'il trouvait cela ridicule, lui aussi. Mais sa mère sourit :

– Quand tu étais petit, tu racontais à tout le monde que ta grand-mère était une sorcière ! Vous vous entendiez comme larrons en foire. Elle avait une sacrée imagination, elle aussi…

Il y eut un silence, puis elle ajouta :

– Il ne faut pas t'attendre à la retrouver comme autrefois… Je veux dire, elle aura changé, tu sais ?

– Je sais.

Sa mère se racla la gorge et parut prendre une grande décision :

– Tu… Tu veux un câlin ? Nous sommes dans une situation où les mères font traditionnellement des câlins à leurs enfants pour les réconforter.

Avant que son fils ait pu répondre, elle s'approcha de lui sans le toucher, passa deux bras précautionneux autour de ses épaules et le tapota du bout des doigts. Puis elle s'écarta d'un bon mètre, soulagée. Charly s'était laissé faire, conciliant. Il savait que sa mère faisait un gros effort. En vérité, c'était surtout elle qui avait besoin de réconfort. Il l'embrassa sur la joue :

– Tout va bien, maman. Ne t'inquiète pas.

– Oui, hum… Tu veux bien pousser ce fauteuil devant la fenêtre ?

Charly obéit avant d'accrocher son regard au-dessus du lit :

– Pourquoi est-ce que ce tableau est à l'envers ?

– Parce qu'à l'endroit il était vraiment trop moche.

– Tu aurais pu l'enlever…

– Bah, il n'était pas moche à ce point.

Depuis cinq ans, sa mère s'était mise à la peinture avec beaucoup d'enthousiasme, mais, de l'avis unanime, le résultat était… Charly aurait trouvé méchant de finir cette phrase.

– Tu devrais aller petit-déjeuner, reprit Césaria. Sinon tu seras en retard en cours et la principale n'hésitera pas une seconde à te coller.

– Est-ce que tu veux que je t'attende, pour partir ?

– Sûrement pas. C'est de ton âge d'avoir honte de ta mère.

– Je n'ai pas honte de toi.

– Pourtant, je me donne du mal pour ça.

– Et… je ne me disputerai pas avec toi, non plus. N'y compte pas.

– Tu es sûr ?

Charly lui renvoya un sourire ravageur qui avait fait ses preuves.

– Fiche-moi le camp, espèce de charmeur ! s'exclama sa mère avant de bouger le fauteuil pour la quatrième fois.

Charly effectua une révérence et descendit l'escalier de bois jusqu'à la cuisine. La lumière perçait les rideaux. Il grignota quelques amandes, puis prépara le petit déjeuner de sa mère. Il la connaissait. Il savait que, sans un plateau en bonne et due forme, elle sauterait sur le prétexte pour ne rien manger. Un thé, deux tranches de pain grillé, de la confiture de figues et une branche de romarin glanée sur le rebord de la fenêtre. Ça, c'était juste pour lui dire « courage, je sais que la journée va être dure ».

Il quitta la maison et laissa ses pieds le conduire jusqu'à son collège. Ils connaissaient le chemin et lui-même avait besoin de réfléchir. Dans le fond, il était dans le même état d'esprit que sa mère : il n'avait aucune envie de voir la soirée s'approcher de lui. Elle lui avait promis un tas de choses désagréables et il s'agrippait de toutes ses forces au présent, en espérant que ça l'empêcherait de basculer vers le futur. Soudain, il trébucha sur les pavés ronds : à force de ne pas vouloir avancer vers l'avenir, c'était l'insomnie passée qui le rattrapait en lui emmêlant les jambes.

Il fit l'effort de se concentrer sur le présent.

On était encore tôt, mais déjà, la lumière dorée si particulière du sud de la France nappait les bâtiments comme des croissants embeurrés, tout juste échappés du four. Du linge séchait d'une fenêtre à l'autre, entre les volets gris bleuté, qui s'ouvraient sur la journée comme des paupières mal réveillées. Le beffroi en fer forgé de la mairie faisait frileusement sonner sa cloche aigrelette et les montagnes qui découpaient l'horizon de leurs mâchoires hésitaient à se débarrasser de leur couverture de brume. L'automne s'avançait sur la pointe des pieds, de peur de déranger. À peine soufflait-il quelques feuilles rousses entre les jambes des passants. Dans les rues, on sentait encore une vague odeur de thym, un reste d'été qui luttait pour ne pas être délogé.

Charly inspira une grande bouffée d'air.

– Tout va bien se passer, dit-il pour se rassurer.

2
La vieille dame et la Mort

La petite magicière rousse hurla en entendant tomber le grimoire, puis eut un rire nerveux en voyant ce qui avait causé son émoi. Elle ramassa avec gentillesse le gros ouvrage :

– Ce n'est plus de ton âge, ces cabrioles !

L'ouvrage fit poussivement défiler ses pages devant les yeux de Mornille et elle eut le cœur serré en constatant que l'encre en était presque complètement effacée. La perle blanche incrustée dans la reliure était ternie, elle aussi. Mornille referma le volume et le reposa : ça ne se faisait pas de toucher le grimoire de quelqu'un d'autre.

Assise dans son fauteuil à bascule, la propriétaire du grimoire, Dame Mélisse, gardait les yeux dans le vague. Mornille avança une main timide pour rajuster l'étole qui s'était avachie sur le bras trop maigre de la vieille dame.

Cette dernière avait meilleure allure, à présent.

Quand Mornille l'avait retrouvée, elle était si sale, si dépenaillée… !

Soudain, la roulotte craqua et la petite magicière sursauta. Elle se précipita à la fenêtre et regarda au-delà du jardin écrasé sous les citrouilles. Derrière la barrière de bois grabataire à force d'abandon, la route était déserte.

– C'est sans doute le vent, murmura-t-elle pour entendre le son de sa propre voix.

Elle se demandait ce que fabriquait l'ambulance. Les déménageurs étaient passés il y avait bien trois heures. Ils avaient emporté tout ce qu'elle avait pu emballer. Elle avait juste oublié le grimoire. Juste le plus important. À sa décharge, le vieil ouvrage s'était réfugié sur une poutre, sans doute affolé par l'agitation qu'elle avait fait régner dans la vieille roulotte rouge. Elle se promit de ne surtout pas oublier de le glisser dans l'ambulance.

Quoique l'endroit fût vidé de l'essentiel, il paraissait encore bien vivant, à la façon de ces lieux qui ont vu passer leur content de bonheur. Mornille se dit que ce serait dommage que plus personne n'en profite, à l'avenir. La roulotte avait des pans de bois verts, bleus et rouges. Des vitraux aux fenêtres teintaient la lumière. Et des rideaux moirés partageaient l'espace, qui était très grand en fait, malgré l'étroitesse perçue depuis l'extérieur. Un truc de magicière. De la cuisine jusqu'à la salle d'eau en passant par la chambre, il y avait des plantes partout dans d'absurdes contenants : pots de confiture, arrosoirs en fer-blanc, faïences ébréchées, bouilloires cabossées… Malgré l'état de celle qui les avait plantées là – et qui n'était plus en état de s'en occuper depuis un moment –, les cactus comme les fougères tenaient une forme foisonnante. L'ensemble était magnifique, verdoyant, vivant. Et glaçait les sangs de Mornille qui leur jetait régulièrement des regards paniqués.

– C'est absurde d'avoir mis autant de testeurs, ronchonna-t-elle. S'il y a une décharge de magie, on ne verra rien pousser avec toutes ces branches dans tous les sens.

La journée était douce, une de ces retardataires qui avaient du mal à quitter l'été. Mais, quoique le froid se fasse déjà les dents sur l'huile d'olive qui figeait dans les bouteilles et les dernières tomates, vertes à tout jamais, la roulotte était trop chaleureuse pour qu'on y ressente les frimas.

– Vous êtes bien installée ? demanda Mornille à Dame Mélisse pour meubler le temps.

Elle n'avait pu empêcher sa voix de trembler. La vieille dame ne lui répondit pas et Mornille sentit la terreur monter d'un cran encore.

Elle sortit son miroir de poche. La perle qui y était incrustée était petite, mais lui renvoya un éclat bien vif. Elle traça rapidement une rune sur le reflet.

– Répondez, par pitié, répondez !

Au bout de quelques secondes apparut le visage d'un homme asiatique, portant des lorgnons qui pinçaient un nez déjà trop étroit. L'homme rejeta coquettement ses longs cheveux en arrière.

– Oui. Quoi ? demanda-t-il, comme si la situation était parfaitement normale.

– Je… Maître Lin… je…

– Vous souhaitiez m'informer de quelque chose ?

– Non, ce n'est pas…

– Je vois. Vous souhaitez m'informer que vous perdez vos nerfs. Eh bien, calmez-vous, Mornille.

– Mais comment ?

– Dame Mélisse doit bien avoir un vieux jeu d'avaleur qui traîne quelque part. Jouez contre vous-même.

La petite magicière se tordit les mains en tous sens. Elle ne paraissait pas convaincue.

– Dame Mélisse est la sixième qu'on retrouve dans cet état… Notre Loge est ravagée !

– La bonne nouvelle, c'est qu'il est déjà passé et qu'il n'a aucune raison de revenir.

– Je ne sais pas… Dame Mélisse semble différente. Comme s'il lui restait quelques souvenirs.

Dans le miroir, Maître Lin fronça les sourcils.

– Vraiment ?

– Oui, enfin, c'est juste une impression… Mais j'ai cru l'entendre prononcer une phrase, hier soir.

– Vous avez *cru* ?

Mornille rentra la tête dans les épaules avec timidité.

– Parfois, elle me suit des yeux aussi. Elle n'a pas l'air totalement mitardisée… enfin presque…

– Dame Mélisse est une Magistère. Elle a dû se défendre avec férocité, ça a peut-être laissé des traces. Les autres n'étaient qu'Élémenters après tout, comme nous…

– C'est vraiment une terrible perte… Maître Lin… Croyez-vous qu'elle ait fui jusqu'ici pour tenter de lui échapper ?

Dans le miroir, l'homme parut troublé, puis agacé. Il examina ses ongles.

– Ce n'est absolument pas son genre.

– Mais cela fait presque cinq ans qu'elle a disparu ! Et honnêtement, vu l'état dans lequel je l'ai retrouvée, elle n'aurait pas pu survivre ainsi pendant des années. Quelques semaines, quelques mois, tout au plus…

L'homme rejeta à nouveau sa chevelure en arrière, mais cette fois, le geste paraissait plus nerveux qu'autre chose.

– Occupez-vous de la remettre aux soignants, j'aviserai quand elle sera revenue près de moi. À cette distance, je ne peux rien faire.

Il laissa passer un silence.

– Et calmez-vous.

– Oui, bien sûr, je vais faire de mon mieux…

Soudain, elle se retourna.

– Il y a une voiture ! Ce sont eux ! Ce sont les infirmiers !

Maître Lin lui sourit franchement.

– Eh bien, voilà ! Dans quelques minutes, vous pourrez vous envoler loin d'ici. Vous voyez qu'il était inutile de vous inquiéter.

La petite magicière le salua en riant presque de soulagement et referma le miroir.

– C'est coquet, entendit-elle depuis l'extérieur.

– Mais rustique, rétorqua le second. Pauvre vieille ! Il était temps qu'on vienne.

Elle se hâta d'ouvrir la porte et fit face aux deux infirmiers avec un sourire rayonnant.

– Entrez ! Elle vous attend !

Les deux hommes la saluèrent et montèrent les marches de bois.

– C'est marrant, dit le premier, on n'a pas l'impression que c'est aussi grand depuis l'extérieur.

Ils se tournèrent vers la vieille dame qui se balançait doucement dans son fauteuil en bois bleu. L'étole de soie que Mornille lui avait attachée était à nouveau de travers.

– C'est elle ? demanda doucement un des deux infirmiers.

– C'est elle.

Dame Mélisse tourna vers eux un visage très digne et, un instant, ils eurent un aperçu de ce qu'elle avait dû être autrefois : une personne rayonnante d'intelligence.

– On va vous emmener, maintenant, dit le second infirmier. On a beaucoup de route à faire et on ne veut pas arriver trop tard…

Se tournant vers Mornille, il lui souffla :

– On s'est perdus plusieurs fois en venant dans ce trou…

Il y eut un peu de paperasse à signer. Puis il fut temps de quitter la roulotte. La vieille dame ne fit aucune histoire pour suivre les deux infirmiers, mais quand ils eurent descendu les marches de la roulotte, elle se saisit d'un balai abandonné contre une paroi et se positionna à califourchon dessus. À dire vrai, c'était un curieux balai, confectionné d'un gros bâton brut, au bout duquel était ficelé un fagot de brindilles. Il appartenait à Mornille. Comme il ne se passait rien, Dame Mélisse s'adressa aux deux infirmiers.

– Je dois aller à Thadam, dit-elle d'une voix rude qui peinait à énoncer les mots. Il faut que j'arrête quelque chose de terrible.

Un des infirmiers murmura :

– La vieillesse, c'est vraiment un naufrage…

Tandis que Mornille arrondissait la bouche de surprise :

– Je savais qu'il lui restait un morceau d'âme ! murmura-t-elle.

Les deux infirmiers avaient reposé le balai et faisaient déjà monter la vieille dame dans l'ambulance. Mornille glissa un adieu chaleureux à Dame Mélisse. Elle l'admirait tellement… ! Les portes claquèrent. Le véhicule démarra. Soudain, elle s'écria :

– Le grimoire ! J'ai oublié le grimoire !

Elle se rua dans la roulotte et ressortit en serrant l'ouvrage frémissant contre sa poitrine.

– Attendez !

L'ambulance avait déjà démarré. Les infirmiers voulaient rattraper leur retard…

– Attendez, s'il vous plaît !

C'est à cet instant seulement que Mornille remarqua les grosses écharpes de brume qui recouvraient le jardin. Le changement de température était brutal. En quelques instants, du givre avait envahi les carreaux de la roulotte. Très distinctement, Mornille vit pousser les tiges et les feuilles des citrouilles.

Alors, il y eut ce bruit de sabots amorti par la terre meuble et une terreur absolue coupa les jambes de la magicière.

Trop tard.

Un cheval noir creva le brouillard. Sur son dos, un cavalier. L'homme avait un chapeau à large bord qui dissimulait ses traits. À sa ceinture pendait un énorme sablier de perles blanches. Mornille manqua de s'évanouir quand elle vit dans sa main, dressée bien haut, la gigantesque faux.

– Non…

Elle laissa le grimoire tomber sur le sol où il se débattit comme un vieil aigle à bout de forces. Puis elle prit la fuite. C'est à ce moment seulement que le Cavalier parut la remarquer. Il inclina la tête avec curiosité, suivit du regard cette pauvre petite silhouette qui trébuchait sur les citrouilles, et il lança son cheval au galop dans sa direction.

Mornille se prit les pieds dans une branche rampante et s'étala à plat ventre dans la boue. Quand elle se retourna, il était sur elle.

– Vous n'avez pas le droit…, murmura-t-elle dans un filet de voix.

Le Cavalier ne se donna même pas la peine de répondre. Il leva sa faux et l'abattit. Les yeux de Mornille se firent flottants. D'une main experte, le Cavalier piégea son âme et la laissa s'écouler dans son sablier en une pluie de perles blanches… Ce n'était pas une âme bien puissante, mais elle était vive.

Il soupesa le regard vide de la petite magicière. Il hésita. Tout cela n'était pas raisonnable. Il laissait un peu trop de traces derrière lui, en ce moment… Alors, il retourna sa faux du côté où la lame était sombre et l'abattit de nouveau.

Mornille s'écroula, raide morte.

Le Cavalier laissa le corps derrière lui et trotta jusqu'à la roulotte. Elle était déserte. Il en fut contrarié.

3

Sapotille

L'École des Allumettes Hurluberlu était une vieille usine en forme de V, que la ruine chipotait du bout des dents, par gourmandise. Le bâtiment était construit dans une esthétique Belle Époque qui n'avait plus rien à prouver. Le toit fuyait avec la nonchalance d'un vieux baron incontinent et il fallait placer des seaux sur les tables, les jours de pluie. Au milieu du bâtiment, une haute tour s'élevait, coiffée d'un dôme rouge figurant une allumette. Ses étages les plus élevés étaient interdits d'accès, le plancher menaçant de s'effondrer à la première émotion. Les fenêtres avaient un caractère épouvantable et fermaient mal, en protestant de toutes leurs boiseries. Une fontaine, sculptée d'un dragon, glougloutait au fond de la cour et se bouchait au gré de ses caprices. En bref, la vieille bâtisse vivait son délabrement comme une coquetterie et s'en accommodait fort bien.

Dans la classe de Charly, le théorème de Pythagore se pavanait au tableau et on se demandait pourquoi, vu que les élèves n'écoutaient rien. Tous étaient dans l'attente. On était un lundi, en fin d'après-midi, ce qui signifiait qu'un événement devait survenir. Toutefois, il se faisait désirer à la façon des divas : il était déjà horriblement en retard et tous les élèves trépignaient. À deux exceptions près.

La première était Sapotille, qui remplissait son rôle de première de la classe avec application. Elle paraissait furieusement concentrée sous ses boucles blondes et épinglait sans pitié les lignes de chiffres sur son cahier. Pour l'en punir, on l'avait bombardée de boulettes de papier qui s'étaient accrochées à ses cheveux. Elle ne s'était même pas donné la peine de les chasser. Question mépris, Sapotille n'y allait pas avec le dos de la cuiller.

La seconde exception était Charly lui-même, qui était affreusement en retard. Il remontait actuellement les couloirs vétustes de l'établissement au pas de course. Quelques minutes plus tôt, il avait démoli la porte de son casier sans le faire exprès et avait bataillé longuement pour la remettre en place. La tôle était à présent cabossée en tous sens, mais le casier fermait à clé, c'était tout ce qu'il lui demandait.

– Ah, monsieur Charly Vernier ! s'exclama le professeur. Vous nous faites enfin l'honneur ! Allez vous asseoir.

Charly se glissa rapidement au deuxième rang, juste derrière Sapotille. Comme il s'y attendait, June lui avait gardé sa place et l'accueillit d'un sourire particulièrement moqueur.

– C'est moi qui suis en retard, d'habitude ! Il t'est arrivé quoi ?

Coiffée à la diable, vêtue à la diable, June cultivait des airs de sympathique canaille qui lui allaient comme un gant. Chaque jour, elle arborait un maquillage lourd, d'énormes chaussures coquées et un T-shirt « I am une rebelle », au cas où qui que ce soit aurait encore eu le moindre doute. Ses parents étaient les propriétaires de la plus grande fabrique de calissons d'Aix, ces friandises en ogive nappées de sucre blanc qui faisaient la célébrité de la cité. Ça ne plaisait pas vraiment à June, qui prétendait avoir du sucre jusque dans les chaussettes et affirmait que, si elle se laissait faire, elle finirait confite sous forme de poupée enrubannée dans la vitrine de ses parents. Du coup, Charly comprenait sa tendance à tout envoyer promener.

– Je me suis disputé avec mon casier et on a mis vingt minutes à se réconcilier, répondit Charly avant de traduire : J'ai arraché la porte.

– Je sais pas pourquoi je me casse la tête à être une racaille, tu fais plus de dégâts que moi quand je m'énerve. C'est hyper vexant !

Une boulette de papier traversa les airs, qui visait Sapotille. Charly l'intercepta et l'écrasa dans son poing, comme il l'aurait fait d'une émotion pénible. Il n'aimait pas qu'on prenne Sapotille pour cible. Peu importait que cette dernière ne lui ait jamais adressé la parole autrement qu'avec dédain, c'était trop facile de s'attaquer à ceux qui sont toujours tout seuls.

– T'as même pas l'excuse d'être maladroit, poursuivit June en chuchotant.

– Ça dépend, se défendit Charly. C'est juste que j'ai

du mal à contrôler ma force quand je suis, euh… nerveux. C'est l'adolescence ou un truc comme ça.

June prit soudain dans la tête une boulette de papier destinée à Sapotille. Comme elle n'était pas Charly, elle se retourna pour la renvoyer de toutes ses forces sur l'envoyeur. Celui-ci voulut répliquer, nota le sourire de June qui comptait beaucoup trop de dents et leva finalement une main pour accepter la trêve.

– Sinon, tu viens balancer des bombes à eau avec moi, ce soir ?

Charly fronça les sourcils. June reprit avant qu'il ait pu protester :

– Je ne te demande pas de participer. Juste de me faire la conversation pendant que je vise.

– Non. Ma grand-mère s'installe chez nous et ma mère veut que je sois là. Je t'en ai parlé, hier. Tu te souviens ?

– Bien sûr, que je me souviens, répondit June qui ne se souvenait jamais de ce qui ne la concernait pas.

– Tu n'as qu'à trouver quelqu'un d'autre pour t'accompagner, poursuivit Charly.

– OK, je vais demander à Sapotille.

Avant d'avoir pu l'arrêter, Charly la vit alors tirer deux coups secs sur les boucles de Sapotille. Cette dernière se retourna et braqua ses lunettes vers Charly, comme s'il en était responsable.

– Excuse-le, il ne s'est pas rendu compte ! s'exclama June, ravie d'accuser quelqu'un d'autre à sa place.

– Ce n'est pas moi, dit Charly bien distinctement, en regardant June comme s'il allait l'aplatir sur sa chaise, ce qui, vu leur différence de stature, n'aurait pas été difficile.

Mais son amie le connaissait trop bien pour se laisser impressionner et l'ignora :

– Dis, Sapo, ça te dirait de t'entraîner à jeter des bombes à eau avec moi, ce soir ?

Elle assortit sa réplique de son sourire trop dentu, mais Sapotille répondit sèchement :

– Non.

Et reporta son attention sur le tableau noir.

– Je n'arrive pas à croire qu'elle résiste à mon charme, dit June à Charly. Alors que j'avais prévu un super programme, en plus. Enfin, bon. Elle veut pas. Maintenant, en tant que meilleur ami, tu es obligé de m'accompagner à sa place, sinon, je vais m'ennuyer.

Puis, après un silence :

– Et ce serait terrible.

Charly leva les yeux au ciel. À cet instant, les haut-parleurs émirent une pluie de crépitements.

– Aaaaah ! s'exclamèrent avec soulagement tous les élèves, sauf Charly et Sapotille.

En une seconde, tous furent sur le qui-vive comme des coureurs sur la ligne de départ, car ils savaient ce qui allait suivre. Leur professeur afficha quant à lui sa contrariété :

– En plein suspense, évidemment !

Toutefois, il n'ajouta rien et c'est dans le silence que la voix énergique de la principale s'éleva :

– À l'attention de toute l'École des Allumettes Hurluberlu ! Élèves, ouvrez grandes vos esgourdes : voici l'épreuve de la semaine. Les trente derniers arrivés seront comme d'habitude responsables du ménage tous les soirs après les cours jusqu'à vendredi. Quant aux premiers, ils, euh…

La principale marqua un temps, puis, dans un élan d'inspiration, reprit :

– Ils remporteront un vingt sur vingt en mathématiques !

– Pardon ? s'indigna le professeur.

Les haut-parleurs continuèrent à crachoter sans lui prêter attention :

– Comme d'habitude, vous devrez vous mettre en équipes de deux ou trois, ou vous vous classerez parmi les perdants. Et la tour interdite RESTE INTERDITE, ainsi que la salle des profs, que ce soit bien clair ! À présent, l'épreuve : *Mon premier est le camouflet, mon deuxième n'est pas de l'amour, mon troisième badine à la deuxième personne, mon quatrième est la troisième. Le ventre de mon tout gargouille*. Bon courage à tous !

Les grésillements furent aussitôt remplacés par des raclements de chaise. Tous les élèves se levaient et faisaient glisser en vrac les affaires dans les sacs.

– Comme d'habitude, j'ai rien compris, dit June.

– On se concentre sur le tout plutôt que sur les indices ? suggéra Charly.

Il songeait que cette distraction n'était après tout pas si malvenue. Elle lui évitait de penser à sa grand-mère. Cette dernière devait être sur la route depuis un moment… Était-elle encore loin de chez eux ?

Avant qu'ils quittent la pièce, Charly coula un

regard vers Sapotille. Quand tous les élèves avaient déjà décampé, elle s'était levée avec raideur. Sapotille ne participait jamais aux épreuves. Sapotille était toujours toute seule.

– Bonne idée, on l'emmène avec nous ! s'exclama soudain June qui avait suivi son regard. Je suis sûre qu'elle est trop forte en charade ! Allez, viens Sapo !

D'autorité, elle glissa un bras sous celui de Sapotille pour l'entraîner avec eux. Surprise par son geste, la jeune fille trébucha et manqua de tomber. Charly vit alors un étrange pendentif s'échapper de son col et se mettre à scintiller. Il n'eut pas le temps de voir ce que c'était : Sapotille repoussa violemment June pour dégager son bras et se hâta de faire disparaître son pendentif dans les plis de son pull.

– Laissez-moi ! glissa-t-elle entre ses dents avant de quitter la classe à pas pressés.

– Je voulais juste être sympa ! bouda June, vexée qu'on repousse ses élans d'altruisme.

– Tu sais, elle a peut-être un caractère solitaire, glissa alors Charly.

Il n'osait pas lui dire que ses façons de faire auraient crispé n'importe qui.

– Tant pis pour elle, dit June. Allez, on se dépêche, les autres sont déjà partis.

De fait, quand ils quittèrent enfin les lieux, les couloirs étaient déserts.

– *Le ventre de mon tout gargouille, le ventre de mon tout gargouille*…, réfléchit Charly. C'est forcément le réfectoire, non ?

– Ouais, j'imagine.

Dans ces situations, June préférait que Charly réfléchisse à sa place, elle se réservait pour les questions importantes, telles que la meilleure façon de faire tourner un prof en bourrique. Aussi se laissa-t-elle entraîner dans les grands escaliers de pierre et les couloirs aux dallages fatigués. Ils traversèrent le hall sur la pointe des pieds. M. Georges, le concierge neurasthénique, s'était comme d'habitude endormi sur sa banquette, derrière son comptoir, et mieux valait respecter son sommeil, sous peine de punition homérique.

Lors de leur première année à l'École, on enseignait vaguement aux élèves l'histoire de cet endroit, qu'ils écoutaient encore plus vaguement, si bien qu'il ne leur en restait pas grand-chose. Charly se rappelait que c'était une femme de petite noblesse, la Chevaleresse Hurluberlu, qui avait bâti une immense fortune en vendant ses allumettes. Elle avait fait construire cette usine flamboyante au tout début du XXe siècle et avait érigé le dragon cracheur de flammes en emblème, si bien qu'on le voyait partout : dessiné sur les vitraux, cousu sur les tapisseries, et même sculpté grandeur nature sur une fontaine, dans la cour. Partout courait le slogan qui avait fait le succès de la marque : *Fiat lux !* « Que la lumière soit ! »

À leur arrivée au réfectoire, June et Charly s'aperçurent que de nombreux élèves avaient eu la même idée qu'eux. Mais tous cherchaient des yeux la clé de l'énigme sans mettre la main dessus et la principale demeurait invisible.

– On s'est trompés, en déduisit Charly.

June hocha la tête, fit demi-tour et se remit à courir.

– Où vas-tu ? cria Charly en lui emboîtant le pas.

– Je sais pas mais on va bien finir par tomber dessus !

Charly n'eut pas le temps de répliquer. À peine eurent-ils tourné un angle que Sapotille se dressa juste devant lui. Il bloqua son élan et pila deux centimètres avant l'impact. À cette distance beaucoup trop proche, il eut tout le loisir de voir quelque chose se hérisser en elle. Il recula bien vite.

– Désolé.

Sapotille était vraiment petite mais portait de vastes pulls noirs qui l'engloutissaient tout entière comme une nuit d'hiver. D'elle, on ne devinait qu'une rondeur ici ou là. Une hanche charnue qui s'avançait dans l'adolescence, une main potelée qui gardait des restes d'enfance… Pour le visage, pas mieux, elle le cachait derrière ses grosses lunettes et ses cheveux. On devinait Sapotille, on ne la voyait jamais pour de vrai.

– Sapo ? Qu'est-ce que tu fais là ? s'étonna June.

– Je voudrais me débarrasser du ménage rapidement. Vous devriez m'aider, maintenant que vous avez perdu. Et ne m'appelez pas Sapo.

Charly s'aperçut alors qu'elle portait une demi-douzaine de balais sous un bras, tandis qu'autant de seaux pendaient au bout de l'autre.

– On n'a pas encore perdu ! protesta June.

– Dans ce cas, pourquoi est-ce que tout le monde est à la fontaine du Dragon pendant que vous êtes ici ?

Charly et June arrondirent leur bouche de stupeur, puis s'élancèrent en direction de la cour.

– Pourquoi on n'y a pas pensé plus tôt ? se sermonna Charly en haletant. La fontaine du Dragon a le ventre qui gargouille, évidemment.

– En même temps, je ne vois pas du tout le rapport avec le reste de la charade, râla June, jamais bonne perdante.

– Voyons, hum… *Mon premier est le camouflet, mon deuxième n'est pas de l'amour, mon troisième badine à la deuxième personne, mon quatrième est la troisième.* Mon tout est la fontaine du Dragon… Je crois que je l'ai. C'est vraiment très mauvais…

– À ce point ?

– L'affront-haine-tu dragues-on.

– Oh, beurk !

À peine eurent-ils mis le nez dehors que le vent d'automne les glaça d'une bourrasque. Ils remarquèrent l'attroupement près de la fontaine.

– Dépêche-toi ! On n'a peut-être pas encore…

Le cliquetis d'un chronomètre interrompit Charly. Ils tournèrent la tête. La principale paraissait fâchée :

– Perdu, dit-elle.

Elle avait une silhouette tout en angles, encore durcie par une chevelure rouge taillée extrêmement court. Comme assortie aux lieux, elle ressemblait à une allumette sur le point de s'enflammer. Une allumette à la peau noire.

Charly baissa la tête. D'autres élèves arrivaient derrière eux, ce qui était une maigre consolation. Dans un raffut impossible, Sapotille les rejoignit avec seaux et balais, et laissa l'ensemble se fracasser sur les pavés.

– Si vous pouviez vous y mettre tout de suite, ça m'arrangerait, dit-elle. J'ai à faire, ce soir.

À peu près tout le monde l'ignora.

– Charly ? siffla la principale entre deux lèvres pincées. J'aimerais vous dire un mot. En privé.

Charly sentit les regards goguenards peser sur lui, mais il obéit en s'éloignant du groupe. Dès qu'ils furent à l'écart des autres élèves, la directrice fondit sur lui à voix basse :

– Tu l'as fait exprès ! l'accusa-t-elle. Tu as fait exprès de perdre pour éviter ta grand-mère ce soir !

– Mais enfin, maman ! protesta Charly en chuchotant également. Ça n'a rien à voir avec elle ! Je te rappelle que je perds *toujours* les épreuves !

– Oui, c'est vrai, concéda-t-elle, radoucie.

Puis, pointant un doigt vers son fils :

– Mais n'imagine pas couper à tes devoirs familiaux. Tu es privé de ménage pour ce soir !

– Tu me punis en me privant de punition ?

– Ça reste une punition. Je suis curieuse de voir comment tu vas expliquer ça à tes petits camarades. Rejoins-moi à la voiture.

Et Césaria Vernier fila vers la sortie. Les trente élèves perdants étaient déjà en train de ramasser les papiers dans la cour. Charly se rapprocha de June qui le couvait du coin de l'œil.

– Alors, euh…

– Te fatigue pas, j'ai compris. Allez, cours voir ta mère-grand ! Je vais trouver quelque chose pour expliquer ça aux autres.

Ça valait le coup de supporter les défauts de June pour

connaître ses qualités. Charly eut un geste de remerciement et s'esquiva.

En passant dans le hall, il vit M. Georges, le concierge, occupé à s'étirer :

– Sacrée dure journée, hein ?

Charly masqua son sourire.

– Oui, monsieur.

– Bon, je ne vais pas attendre que tes petits copains aient fini le ménage ! Z'auront qu'à claquer la porte derrière eux, ça se ferme tout seul.

– Je crois qu'ils ont l'habitude, répondit aimablement Charly. Bonne soirée, monsieur Georges.

Dans une rue adjacente à l'établissement, sa mère faisait déjà démarrer la voiture. À quelques mètres, un autre conducteur attendait la place. Ses cris firent lever un sourcil à Charly, qui banda les muscles de ses épaules sans même s'en rendre compte.

– Mais c'est qu'elle prend tout son temps, la petite dame ! Ça vous ennuierait de vous presser ? Il y en a qui attendent !

Quand l'homme vit Charly ouvrir la portière et s'installer à côté de sa mère, il baissa d'un ton, impressionné par sa carrure. Charly se demanda un instant s'il lui trouvait une figure de délinquant, avant d'être frappé de stupéfaction par ce qu'il venait de remarquer : l'homme avait un groin à la place du nez.

Sa mère, de son côté, avait achevé sa manœuvre et s'éloignait en ronchonnant.

– Il y a de ces têtes de cochon, je te jure ! maugréa-t-elle.

– Mais, maman !… Il avait *vraiment* une tête de cochon.

– On ne se moque pas du physique des gens. Même quand ils sont très désagréables. Ce monsieur avait peut-être une malformation.

*

La voisine avait réceptionné les bagages de Dame Mélisse. Une dizaine de malles et valises encombraient le passage devant l'escalier. Mandrin s'étalait dessus en propriétaire et formait une flaque de poils blancs. Césaria avança une main pour le chasser, avant d'arrêter son geste.

– Est-ce que tu peux pousser ton chat, mon chéri ? Je n'ai pas envie de prendre un coup de griffes.

– Mandrin, s'il te plaît, tu veux bien descendre ? On doit déplacer les valises, tu ne peux pas rester là.

Césaria leva les yeux au ciel.

– Mandrin est un chat. Tu n'as pas besoin de multiplier les politesses avec lui. Pousse-le, c'est tout.

– Il comprend mieux que tu ne le crois.

En effet, Mandrin se leva en râlant, étira chacune de ses pattes et s'éloigna mollement.

– C'est un hasard, maugréa Césaria. Maintenant, on se dépêche ! Les infirmiers ont appelé. Ils seront là dans une trentaine de minutes.

Et ils commencèrent à tirer les valises dans l'escalier, qui gémit comme si c'était lui qui fournissait tout l'effort.

Charly habitait une de ces bicoques tordues, dans un quartier où tous les bâtiments se marchaient dessus, au point que si l'on en avait retiré un, la ville entière se serait écroulée tel un jeu de dominos. Comme la plupart de ses voisines, la maison était vieille, branlante, mais charmante. Les parquets, les murs, les plafonds avaient l'humeur musicale et grinçaient en chœur pour accompagner chaque déplacement.

Pour ménager sa mère, Charly s'était réservé les malles les plus lourdes et peinait à tenir la cadence. Dans la chambre, Césaria déballait fébrilement les affaires, accrochant les robes aux cintres, remplissant la bibliothèque de livres jaunis. Grand-Ma serait là dans vingt minutes, quinze minutes, dix minutes... Charly commençait à avoir du mal à respirer. Se souviendrait-elle de lui ? Sans doute que non, mais il l'espérait tout de même.

– Flûtre, je n'arrive pas à ouvrir celui-là..., dit soudain Césaria.

Charly coula un œil par-dessus son épaule pour voir de quoi elle parlait. Il s'agissait d'un grand coffret de bois rouge, qui était curieusement scellé d'un cachet de cire. Césaria s'acharna brièvement dessus avant de jeter l'éponge.

– Tant pis, je m'en occuperai plus tard.

Au même instant, on sonna à la porte.

– La voilà !

Charly sentit son cœur battre la chamade et se figea sur place. Il sut gré à sa mère de descendre seule pour accueillir les ambulanciers.

– Bonjour, maman ! l'entendit-il s'exclamer d'une voix qui en faisait des tonnes pour paraître joyeuse.

Quelques instants plus tard, il entendit l'escalier pleurnicher sous le poids des visiteurs.

Elle était là.

– Voici ta chambre. Tu y as déjà dormi plusieurs fois. Tu te souviens ? Non ? Ce n'est pas grave.

Comme elle était maigre ! Comme elle paraissait perdue ! Comme ses cheveux étaient mal coiffés, elle qui avait toujours été si digne et si coquette !

Césaria guida sa mère jusqu'au fauteuil qu'elle avait disposé devant la fenêtre et l'y assit.

– Tu t'occupes d'elle, Charly ? Je dois signer les papiers.

Charly hocha la tête. L'air était bloqué si fort dans sa poitrine qu'il lui faisait mal.

Il entendit sa mère redescendre vers le rez-de-chaussée. Grand-Ma ne bougeait pas. La lumière déclinante du jour s'accrochait à ses mèches blanches et crépues. La pièce était paisible, comme si tout avait toujours été ainsi.

Charly prit le temps de diriger son angoisse dans sa main droite et serra. C'était une vieille habitude. Chasser les émotions négatives au creux de sa paume et y refermer les doigts, comme pour froisser une feuille de papier. Après, il se sentait mieux. Était-ce parce que sa mère laissait toujours exploser ses émotions que lui-même se l'interdisait ? Ou bien cela avait-il un rapport avec ce qui s'était passé cinq ans plus tôt ?…

– Grand-Ma ? appela-t-il doucement.

La vieille dame leva sur lui deux yeux absents.

– C'est moi, dit Charly, déstabilisé. Je suis Charly, ton petit-fils.

Mais le regard resta vide et se reporta sur la fenêtre. Charly serra le poing sur sa déception. Il avait espéré quelque chose et en était le premier surpris. Dans son fauteuil, Grand-Ma avait déjà oublié sa présence et Charly peinait à s'y retrouver au milieu de ses émotions écrasées. Soudain, des chuchotis s'élevèrent :

– *Charly*…

Il regarda sa grand-mère, mais cette dernière n'avait pas bougé.

– *Charly*…, reprirent les voix.

Il fouilla la chambre du regard.

– *Charly… Charly… Charly*…

Ça provenait du coffret de bois que sa mère n'était pas parvenue à ouvrir. Il y posa la main et eut à peine le temps de déchiffrer le cachet de cire, un chat dans un chaudron, que ce dernier fondit. Le couvercle se souleva alors dans un cliquetis.

Charly hésita. Il ne voulait pas fouiller dans les affaires de sa grand-mère, mais cette chose l'avait appelé… Il souleva le couvercle et jeta un œil à l'intérieur.

Le coffret contenait un miroir à manche, dans lequel était incrustée une énorme perle blanche. Il y avait aussi un drôle de chapeau en velours, chiffonné. Et au-dessous, trois énormes papillotes, emballées dans leur papier brillant.

Perplexe, Charly empoigna le miroir et y plongea le regard. Au lieu de son propre visage, ce fut celui de sa grand-mère qui s'y refléta, avec son regard clair et dur d'autrefois.

– Charly, dit le miroir.

– AAAH ! cria Charly en rejetant le miroir dans le coffret.

Il s'était reculé, mais le miroir ne se tut pas :

– Si tu as ce message, c'est que j'ai échoué.

Comme le miroir marquait une pause, Charly le reprit en main. Dedans, sa grand-mère paraissait soudain perdue :

– Qu'est-ce que je disais ? Oui, je sais... ma mémoire disparaît. Ce n'est pas une maladie. Le Cavalier s'empare de mes souvenirs un à un. Tu dois faire attention, à cause de... Où en étais-je ?

Le miroir produisit un bruit de papier et Charly vit le reflet de sa grand-mère lire quelque chose :

– Oui, tu dois... Tu es un magicier, tu sais ? Je ne devrais pas te le rappeler, mais si tu as ce message, c'est que nous nous sommes retrouvés et tu ne dois pas être désarmé...

Le reflet paraissait s'accrocher désespérément à son papier.

– Tu es comme moi. Le lien a dû s'affaiblir, mais si tu parles encore à Mandrin, c'est la preuve que... qu'est-ce que je disais... ?

Des froissements de papier, encore.

– Tu es un magicier, Charly. Va voir Maître Lin de ma part. Sa boutique s'est installée passage Agard. Elle n'a pas bougé depuis des années, tu dois le convaincre de... Dis-lui pour...

Elle secoua la tête, ayant encore une fois perdu le fil de ses pensées.

– Je te laisse ce chapeau-sapeur. Il est particulier, il

pourra t'aider. Les papillotes sont très précieuses aussi, ce sont de puissants sortilèges de hasard. Ils te protégeront. J'ai peut-être perdu la mémoire, mais je suis encore une puissante Magistère ! Et… qu'est-ce que je disais ?… Mes souvenirs. C'est le Cavalier qui me les a pris. Tu dois faire très attention, parce que… je ne pourrai bientôt plus payer !

L'image se brouilla. Charly crut que le message avait pris fin. Mais soudain, le visage de sa grand-mère réapparut, plus net que jamais.

– Et Charly ? Je suis tellement, tellement désolée !

Dans le reflet, à présent, sa grand-mère pleurait.

4

De la magie

Charly resta pétrifié un moment, hésitant à croire qu'il avait rêvé. À présent qu'il avait délivré son message, le miroir était redevenu mat, avec un reflet flou. Dans son fauteuil, Grand-Ma faisait écho à son silence. De son côté, Charly luttait contre la perplexité. Il désirait croire qu'il ne s'était rien passé, mais il ressentait une drôle de démangeaison dans ses souvenirs. Quelque chose d'ancien se réveillait en lui, sans qu'il le comprenne encore. Au bout d'une minute, il finit par faire face à sa grand-mère :

– Est-ce que tu es vraiment une sorc… une magicienne… magicière ?

Pas de réponse, si ce n'est une main qui avait frémi. Un hasard, peut-être. Pendant de longues secondes, Charly ne sut quoi penser. La surprise paralysait chaque esquisse de pensée, peuplant son esprit de points d'interrogation.

– Moi aussi, je suis désolé. Pour ce qui s'est passé, dit-il finalement.

Il ne savait pas exactement de quoi il s'excusait, mais de toute façon, sa grand-mère ne le regardait pas. Il tripota longuement le miroir. Une partie de lui avait envie de hurler « c'est n'importe quoi ! ». Tandis que l'autre avait l'impression de retrouver un vieux jouet d'enfance oublié. Sa mémoire restait muette, mais son cœur se souvenait qu'autrefois… La magie lui était-elle familière ?

Soudain, au rez-de-chaussée, la porte d'entrée claqua et Charly se crispa. Sa mère risquait de remonter et de voir le coffret ouvert… Il le ramassa et s'enfuit dans sa chambre. Une fois à l'abri, la porte refermée derrière lui, il le posa sur son lit.

– Meow, miaula Mandrin qui l'avait suivi.

Bien sûr que c'était absurde. Bien sûr que ça ne pouvait pas être vrai.

Tout de même, et si…?

Il pouvait peut-être enquêter. Il devait bien cela à sa grand-mère. D'ailleurs, il y avait peut-être des pépites de vérité dans ce torrent d'absurdités.

Il repensait à ses propos, peinant à les remettre dans l'ordre. C'était complètement décousu. Il devait trouver un certain Maître Lin, mais pour quoi faire, exactement ? Le prévenir que c'était le Cavalier qui avait volé les souvenirs de sa grand-mère ? Et ensuite ? Lui demander de l'aide pour les retrouver ? Oui, c'était certainement ce qu'il convenait de faire… Mais cette histoire n'avait ni queue ni tête ! Sa grand-mère l'avait-elle inventée parce qu'elle perdait la sienne ?

Charly se pencha sur le contenu du coffret. Les trois papillotes étaient de couleurs différentes et évoquaient ces crackers de Noël dont on tire les extrémités pour libérer les surprises qu'ils contiennent dans un coup de tonnerre. Et ceux-ci détiendraient des sortilèges de hasard ? Qu'est-ce que ça pouvait bien être ?

Charly hésita. Cette affaire était trop étrange et il avait besoin d'informations avant d'aller plus loin. Il ne voulait toutefois pas sacrifier l'une de ses rares papillotes. Il attrapa le chapeau mou qui lui parut plutôt laid… et, faute d'une meilleure idée, le posa sur sa tête.

Il y eut un tourbillon d'étincelles. Charly sentit ses vêtements tiraillés en tous sens. Près de lui, Mandrin éternua plusieurs fois. Puis plus rien.

Il releva les yeux et vit son chat qui le fixait, les oreilles plaquées sur l'arrière du crâne, l'air pas vraiment rassuré.

– C'est moi, mon vieux. N'aie pas… Oh !

Charly venait de croiser son reflet dans le miroir. Il porta une main à son chapeau et hoqueta de surprise. Pour ce qu'il en voyait, il était maintenant vêtu d'un kimono occidentalisé, noué par une large ceinture rouge. Le chapeau de velours était devenu un melon stylé. L'ensemble paraissait d'un autre lieu mais rutilait d'élégance.

Au moment où il posait à nouveau la main sur son chapeau, le kimono se changea en un costume bleu, avec une cape doublée de soie claire et une cravate lâche, piquée d'une épingle d'argent. Le melon était quant à lui devenu un panama. Charly tapota encore une fois le bord de son chapeau et se retrouva avec un costume entièrement noir quoique mâtiné lui aussi d'influences orientales. Cette fois-ci, le chapeau s'était transformé en haut-de-forme.

– Très bien, dit Charly, en accusant le coup.

Il se sentit devenir fébrile. Alors quoi ? Il était de ce monde-là ? Un monde où on tutoyait la magie ? En lui, les résistances cédaient. Il commençait à y croire, du moins en mourait-il d'envie. Et sa grand-mère ? Elle n'était pas malade. Mais on lui avait volé sa mémoire. Ce qui signifiait qu'on pouvait sans doute la lui rendre… Il devait absolument mettre la main sur ce Maître Lin.

Il se précipita hors de sa chambre et trouva sa mère auprès de sa grand-mère.

– Est-ce que je peux… aller me promener, s'il te plaît ?

Sa mère le regarda avec une espèce de reproche dans les yeux et Charly grimaça intérieurement. Il donnait l'impression de l'abandonner seule face aux difficultés familiales, alors que c'était tout le contraire.

– Bien sûr, dit-elle finalement. Ça fait beaucoup pour toi, je comprends. Rentre avant neuf heures, d'accord ?

– D'accord.

Il faillit se précipiter vers l'extérieur, mais sa mère le retint :

– Charly ?

Elle va m'interroger au sujet du costume, comprit soudain Charly, et il se demanda comment il allait expliquer ça. Mais sa mère le regarda un moment avant de demander :

– C'est bizarre, tu… Tu as changé de coiffure ?

Elle paraissait confuse, comme pendant une dégustation à l'aveugle, lorsqu'on se retrouve avec un aliment inconnu en bouche, dont le goût échappe aux papilles.

– Non. Pas vraiment. À tout à l'heure, maman. Tu viens te promener, Mandrin ? appela-t-il, en quittant la pièce.

– Mandrin est un chat, cria sa mère depuis la chambre. Il ne te comprend pas, tu sais.

Mais Mandrin trotta devant la porte à la suite de Charly.

– Ça ne veut rien dire ! s'exclama sa mère en les regardant sortir. Cet animal a toujours été contrariant !

*

– Charly ? appela June.

Charly se retourna, étonné. Il ne s'était pas attendu à trouver son amie ici. Pourtant, June faisait rebondir sa balle à l'endroit habituel, une placette étroite où une fontaine sans prétention crachotait son eau. C'était un endroit encrotté par les pigeons où le vent se laissait piéger après avoir connu la grande liberté des montagnes. Il y tournoyait toujours avec son cortège d'odeurs dont il ne savait plus quoi faire. Pour l'heure, c'était un parfum de romarin et de feuilles brûlées. L'ensemble était écœurant et Charly fut surpris que June le tolère. Mais il est vrai qu'elle ne se serait jamais risquée à sonner chez lui. Elle n'avait aucune passion pour l'autorité et préférait se tenir aussi loin que possible de la directrice de son établissement. Ça rendait leurs rendez-vous parfois compliqués. Voilà trois ans qu'elle tannait Charly pour qu'il exige de sa mère un téléphone portable. Mais Césaria était peu portée sur les technologies et Charly n'insistait pas :

avec une amie comme June, on y réfléchissait à deux fois avant de prendre le risque d'être joignable n'importe quand.

– C'est super ! Ta mère t'a laissé sortir ! s'exclama-t-elle, sans paraître remarquer la nouvelle tenue de Charly. J'ai bien fait de t'attendre. On se fait une partie ? Au fait, t'as changé de coiffure ?

– Euh… En fait, je dois aller passage Agard…, éluda Charly.

– Je t'accompagne.

June ponctua sa déclaration d'un coup dans le ballon qui rebondit en direction de Mandrin. Celui-ci évita le tir d'un bond et protesta en miaulant.

– Fais attention à mon chat, dit Charly.

– C'est bizarre qu'il te suive comme ça, quand même. On dirait un chien.

Mandrin lui jeta un regard si abominablement vexé que Charly lui adressa un rictus d'excuse. Puis l'animal bondit le long d'une gouttière et disparut en suivant les toits. C'était plus « chat ».

– Il fait ça depuis qu'il est tout petit. Il n'est pas… Ce n'est pas si étonnant que ça.

Tout le long du trajet, June soliloqua. Elle était si expansive qu'elle ne s'en aperçut même pas. Charly, trop préoccupé par ses récentes aventures, écoutait une phrase sur quatre et jetait un monosyllabe à l'occasion, qui s'asseyait à califourchon sur la conversation.

– Sapotille est vraiment bizarre, disait June. Tout à l'heure, pendant la corvée de ménage, elle nous a sorti : « Laissez-moi le réfectoire. » Eh bien, je suis passée voir dix minutes plus tard et tout brillait, je te promets !

– Ah ?

– On le sait qu'elle est efficace. Mais le truc que je ne comprends pas, ce sont les vitraux. Je suis sûr qu'ils étaient complètement pourris à cause de la bataille de purée de ce midi, qui a été du genre épique. Mais là, ils étaient propres, ils brillaient dans le soleil et tout ! Elle les avait nettoyés ! Alors qu'ils sont super hauts !

– Clair.

– Enfin bref. J'ai commencé à brailler : « Pour Sapotille, on fait la ola ! » Et elle m'a dit : « Mais ça va pas la tête ? » avant de se sauver comme si j'étais complètement dingue.

– Oh ?

– Je veux bien qu'elle soit rodée sur la question du ménage, vu qu'elle est de corvée toutes les semaines et qu'elle a dû trouver des trucs pour aller plus vite, mais c'est quand même…

– Ouais.

– T'écoutes ce que je raconte en fait, ou pas du tout ?

– On est arrivés.

En effet, le passage Agard s'étendait devant eux, tortueux et biscornu, entre ses terrasses qui grignotaient les pavés et celles qui surplombaient les passants, selon leur caractère. C'était une de ces ruelles élégantes semi-couvertes, tout en boutiques proprettes, dont on dit qu'elles ont un charme provençal. June s'esclaffa :

– Ha ha ! Vise le repaire de mémés, là-bas ! Je l'avais jamais remarqué !

Elle désignait un coquet salon de thé qui avait déployé ses porcelaines sur une petite terrasse. Une douzaine de dames d'âge respectable y savouraient la fin de journée à petites gorgées. Le *Tcha-tcha-tchaï*, annonçait l'enseigne.

– Viens avec moi, j'ai une idée ! dit June.

Charly ne lui répondit pas. Sur le salon de thé, il venait d'apercevoir le numéro 30. C'était l'adresse que sa grand-mère lui avait indiquée. Il s'épousseta : il tenait à faire bonne impression. Hélas, ses espoirs furent douchés quand Mandrin bondit à ses côtés et poussa un miaulement réprobateur en direction du salon de thé.

Charly releva les yeux et vit June semer la panique parmi les grands-mères. Elle dribblait avec son ballon, le faisant circuler habilement entre et au-dessus des tables. Comme c'était June, elle souriait à la ronde, avec cette désinvolture de ceux qui s'imaginent qu'on ne leur en voudra pas assez pour leur causer des ennuis. De leur côté, les vieilles dames poussaient les hauts cris, renversant elles-mêmes leurs tasses de thé ou les assiettes de gâteaux que le ballon n'aurait pas touchées. On aurait dit une volée de tourterelles affolées.

– Maître Lin ! Maître Lin ! appelèrent-elles.

En voyant ce dernier apparaître, Charly sut immédiatement qu'il s'agissait de l'homme dont sa grand-mère lui avait parlé. C'était un grand Asiatique aux lunettes rondes… Non, pas des lunettes : des lorgnons. Il avait aussi une longue chevelure brune et un costume écarlate richement brodé.

– Eh bien, que se passe-t-il ici ? demanda-t-il en ajustant le bas de ses manches.

Il avait un débit très lent, faisant l'aumône de chaque mot à ses interlocuteurs.

Les vieilles dames très dignes le furent un peu moins quand elles pointèrent June du doigt avec force caquètements. Maître Lin tourna aussitôt un regard furieux vers elle.

– Je fais rien d'illégal, m'sieur ! dit-elle avec son sourire le plus crâne.

M. Lin ne s'en laissa pas conter :

– Que veux-tu ?

Il avait posé les mots un à un devant lui, comme il aurait abattu ses cartes au poker. Avec lenteur, élégance et mauvaise humeur. La question était manifestement à prendre au pied de la lettre et June n'en revint pas de remporter la partie si facilement :

– Ben... Avec vingt euros, je pourrais m'offrir une activité plus enrichissante que de jouer au ballon. Vous voyez ce que je veux dire, m'sieur ?

– Ce sera dix euros, et fiche-moi le camp ! rétorqua l'homme en lui tendant un billet.

June n'insista pas et ramassa son ballon. Toute fière, elle revint agiter l'argent sous le nez de Charly qui, jusque-là, avait espéré pouvoir faire semblant de ne pas la connaître.

– T'as vu comment j'ai géré ? Je te paye une crêpe. Tu viens ?

– En fait, dit Charly, je dois aller discuter d'un truc important avec le type que tu as rackett é et qui vient de comprendre qu'on est amis.

– Oh, dit June. Désolée.

Puis, à voix basse :

– Tu veux que je te frappe pour lui faire croire qu'on n'est pas potes ?

– Non, merci. Je préférerais que tu me laisses. On se voit demain en cours ?

– OK, bon courage !

À son grand soulagement, elle décampa.

Charly prit une profonde respiration et se dirigea vers Maître Lin, qui était maintenant aux petits soins pour ses clientes et leur parlait d'une voix de miel :

– Mesdames, veuillez accepter mes excuses pour ce désagrément. Pour me faire pardonner, j'offre un petit chou au chocolat à chacune d'entre vous !

– Voyons, Maître Lin ! Ça n'était pas votre faute ! minaudèrent-elles, l'eau déjà à la bouche.

– Dans ce cas, disons que c'est un cadeau pour célébrer la fidélité de mes chères clientes !

Tandis que les dames gloussaient à qui mieux mieux, Charly s'approcha, Mandrin attaché à ses pas. Dès qu'il le vit, l'homme en rouge fronça les sourcils :

– Jeune homme, si vous comptez m'extorquer quoi que ce soit vous aussi, je vous arrête tout de suite. Ce que j'ai donné à votre canaille d'amie était déjà trop et je vais finir par me fâcher.

– Non, ce… C'est pas… C'est ma grand-mère qui m'envoie vous voir…

– Votre grand-mère est-elle une de mes clientes ?

Charly jeta un œil aux vieilles dames fourrées à la crème qui papotaient sur la terrasse. Même du temps où elle était en bonne santé, sa grand-mère ne lui semblait pas du genre à prendre un moment sucré avec des amies.

– Je ne pense pas, dit-il. En fait, c'est au sujet de… euh… eh bien…

Il perdait pied maintenant qu'il était face à cet homme. Qu'allait-il lui raconter ? Qu'il avait besoin de lui pour retrouver la mémoire de sa grand-mère ? L'étrangeté de cette affaire lui paralysait la langue.

– Alors, jeune homme ? À votre place, je me dépêcherais de répondre parce que votre trombine ne m'inspire aucune conf…

À cet instant, il remarqua le chapeau de Charly et en parut excessivement contrarié.

– Tiens. Un chapeau-sapeur… Et pas n'importe lequel !

Son regard descendit au visage de Charly :

– Vous n'avez pas d'insigne de Patouilleur autour du cou.

Un silence et :

– Nous devrions poursuivre cette discussion à l'intérieur. Ici, on pourrait nous voir.

– Qui ? Les vieilles dames ?

– Elles ? Oh non ! Je pensais à d'autres individus beaucoup plus malveillants.

Charly jeta un œil inquiet par-dessus son épaule mais ne remarqua rien, si ce n'est une femme qui descendait la rue en imperméable. Et qui avait un groin de cochon à la place du nez.

Il secoua la tête pour s'éclaircir les idées et suivit Maître Lin dans son salon de thé. Des centaines de boîtes s'empilaient le long des murs. Une lumière de fin du jour tombait en rais dorés dans la pièce et illuminait des fauteuils de velours rouge. D'épais tapis de laine couvraient partiellement un parquet de bois sombre. L'air avait une texture réconfortante. Charly n'en aimait pas spécialement le goût, mais l'odeur du thé lui avait toujours fait cette impression de l'envelopper dans ses bras comme pour lui souhaiter la bienvenue.

Le plus étrange était indéniablement les deux arbres qui avaient poussé sur le sol. Il y avait aussi quelques buissons, dont Charly fut surpris de découvrir qu'il ne s'agissait pas de plantes en pot. De jeunes tiges s'échappaient des fauteuils ou encore des étagères. C'était comme si tout le bois de la pièce était occupé à pousser.

Soudain, un courant d'air lécha le visage de Charly. Au même moment, il vit l'une des portes se refermer. Maître Lin fronça les sourcils et s'arrêta net, comme s'il venait de se rappeler quelque chose.

– C'est encore ici qu'on sera le plus tranquilles, murmura-t-il en rejetant avec soin sa chevelure en arrière.

Le geste était étudié et les cheveux volèrent avec grâce avant de se replacer en rang impeccable dans son dos. Mandrin avait lorgné le mouvement avec la gourmandise de celui qui découvre un nouveau jouet. Des souvenirs de pelotes de laine emberlificotées dansaient dans sa mémoire. Le chat regarda Maître Lin, Maître Lin regarda le chat. Et le chat décida de ne pas prendre de risque. Histoire de ne pas perdre la face, il se vautra sur un fauteuil comme un vrai prince sans gêne et eut la satisfaction de voir qu'il laissait des poils partout.

– Qui est ta grand-mère ? demanda Maître Lin.

Tout en parlant, il se regardait dans le grand miroir qui recouvrait le mur du salon. C'était un très beau miroir orné de grosses perles brillantes sur les côtés. Maître Lin paraissait y apprécier beaucoup son reflet. En fait, il se contemplait avec la même délectation qu'il aurait eue pour une œuvre d'art.

– Elle s'appelle Dame Mélisse, répondit Charly.

– Dame Mélisse, tu dis.

Il sembla à Charly que l'homme avait cessé de respirer. Il regardait à présent Charly avec des yeux curieux.

– Le Cavalier lui a volé ses souvenirs, dit alors Charly.

Il s'était attendu à ce que ses propos fassent l'effet d'une bombe, mais l'homme se contenta de déclarer :

– Oui, je sais. Et donc, tu es son petit-fils. Je ne te cache pas que je suis un peu surpris. Même pour un Patouilleur, tu m'as l'air sacrément mal dégrossi !

– Pour un quoi ?

– Un Patouilleur. Un débutant qui n'a passé aucun grade mais qui patouille vulgairement la magie. Et je corrige ce que je viens de dire. Tu n'es pas « mal dégrossi », tu es abominablement ignare. Où est ton insigne ? Ne me dis pas que le petit-fils de Dame Mélisse lui-même baigne dans la plus totale illégalité ?

– Hum. Je… Je n'ai appris que j'étais magicier que depuis une heure. Je n'ai pas encore de… « d'insigne ».

– Et ton familier, tu l'as depuis une heure, sans doute ?

Maître Lin désignait maintenant le chat d'un doigt accusateur et Mandrin répliqua d'un regard méprisant. Charly essayait quant à lui de refaire surface :

– Mon animal familier, vous voulez dire ? Non, c'est ma grand-mère qui me l'a offert à Noël il y a sept ans…

– Tu es donc dans l'illégalité depuis au moins sept ans. Merveilleux. Je ne peux pas croire qu'elle ait pris un risque pareil ! Malheureusement, ta grand-mère est une habituée des mauvaises surprises.

Il se précipita vers un meuble et farfouilla dans un tiroir :

– Une chance que j'aie conservé le mien… Si c'était un milicien qui t'avait mis la main dessus, ou n'importe qui de moins bien luné que moi, c'était un aller simple pour Saint-Fouettard, mon garçon !

Charly n'eut pas le temps d'énoncer les questions qu'il se posait que Maître Lin lui tendait une chaîne dorée au bout de laquelle se trouvait un pendentif. Charly l'observa de plus près. C'était une sorte de sablier. Un sable doré était maintenu dans la partie supérieure et paraissait ne pas vouloir s'écouler. Sur le cadre, trois étoiles étaient réparties.

Maître Lin pointa le doigt sur le sable retenu en haut du sablier :

– Ça, c'est la quantité de magie à laquelle tu as droit.

Puis il indiqua la partie inférieure, vide pour le moment.

– Et cette partie-là, c'est ce que tu as déjà utilisé. Au bout d'un mois, le sablier se retourne de lui-même.

– Et si on n'a pas tout utilisé ? demanda Charly qui essayait de suivre.

– Malheureusement, ça n'arrive jamais. La magie se dépense hélas beaucoup trop vite. Même pour moi, qui en tant qu'Élémenter suis mieux doté que toi. Autre chose, prends bien garde à ne perdre aucune étoile, une fois qu'on a commencé, tout peut aller très vite.

– Et comment est-ce qu'on perd une étoile ?

– En faisant des bêtises. À l'infraction suivante, tu perds la deuxième, et si tu perds la troisième, sauf si tu peux payer une monumentale amende, tu te retrouves à Saint-Fouettard.

– Qu'est-ce que c'est, Saint-Fouettard ?

– Ça, mon garçon, tu n'as aucune envie de le savoir. Mais je te conseille d'être vigilant, car, à moins d'un haut fait, il est impossible de récupérer une étoile perdue. Alors le plus simple, c'est que tu sois bien sage. Maintenant, enfile ça, et quand tu auras réglé les formalités, rejoins-nous dans la bibliothèque.

Sur ces mots, Maître Lin fit voler sa crinière et Charly dut se pencher en arrière pour l'éviter. À croire que ce type se prenait pour une licorne. La porte s'ouvrit, puis se referma sèchement. Et Charly resta seul.

– D'accord, dit-il, un peu sonné.

Mandrin vint se frotter à ses jambes pour le réconforter et Charly lui rendit une caresse pour le remercier de son soutien. Il regarda le pendentif et, après une brève hésitation, le passa autour de son cou. Aussitôt, l'insigne produisit un tourbillon d'étincelles et une voix s'éleva qui déplut immédiatement à Charly :

– Quel est ton nom, Patouilleur ?

– Euh… Charly.

– Charly ? répéta la voix sombre.

– Charly… Vernier, finit-il par lâcher à regret.

La voix avait quelque chose de sépulcral et il ne se

sentait pas du tout en confiance. De plus, il avait l'intuition que ce n'était pas pour ce genre de choses que sa grand-mère l'avait envoyé ici.

– Charly Vernier, tu es maintenant recensé en tant que Patouilleur. Tu as jusqu'à tes vingt et un ans pour passer ton diplôme d'Élémenter, sans quoi toute trace de magie sera effacée en toi. Le port de l'insigne est obligatoire en toute circonstance. Tu es désormais soumis aux règles de l'Académie. Au bout de trois manquements relevés par la milice, tu seras consigné à Saint-Fouettard où ton éducation sera prise en main de la façon la plus stricte. En cas de sanction, l'Académie doit-elle prévenir un proche ou un maître ? Merci d'indiquer une personne de niveau Élémenter minimum.

– Euh, je… euh, pataugea complètement Charly, avant de lancer au hasard : Maître Lin ?

Il aurait pu donner le nom de sa grand-mère, mais il avait le sentiment qu'il devait la protéger de cette voix affreuse.

– Maître Lin. Nom validé. Bienvenue chez les magiciers, Patouilleur Charly Vernier.

Au grand soulagement de Charly, la voix se tut enfin. Il reprit son souffle et écrasa dans son poing un début d'inquiétude. Si fascinant soit-il, ce monde ne lui semblait pas accueillant.

Comme il avait accompli ce qu'on lui avait demandé, il frappa poliment à la porte avant de la faire coulisser. En voyant la pièce, il eut le souffle coupé : c'était une forêt-bibliothèque. Non que l'endroit fût immense, mais les étagères étaient redevenues des arbres, à l'intérieur desquels des rayonnages de livres s'empilaient. Adossé à un chêne, Maître Lin parlait au téléphone à voix basse. Impossible de saisir le moindre mot, mais, alors que Mandrin se rapprochait, Charly entendit soudain beaucoup mieux :

– Je ne sais pas si cet artefact a un rapport avec nous. Il se peut que ce soit un piège, évidemment… ! Mes souvenirs ont beaucoup de valeur. D'un autre côté, c'est peut-être juste ces gamins qui se croient tout permis. C'est tout à fait leur genre. On ne devrait pas crier au loup trop vite.

Tout en écoutant, Charly laissait courir ses yeux dans la pièce. Non loin, sur un canapé rouge, était assise une jeune fille qui devait avoir son âge. Toute vêtue de rouge, elle arborait un chapeau conique sur le large bord duquel poussaient des champignons manifestement décoratifs. Il y avait aussi une perle blanche, cousue sur un ruban, mais elle était sans éclat. La fille portait ses cheveux argentés en chignon et sa robe avait des restes d'élégance. Plusieurs pièces de tissu avaient été ajoutées, sans doute pour en cacher des accrocs. Elle avait une allure vaguement familière, mais Charly ne s'y attarda pas, car elle dardait sur lui un regard à la fois furieux et bizarre : elle plissait anormalement les paupières.

Soudain, sur ses genoux, un livre s'envola en battant des pages. Charly vit son chat se préparer à bondir, il pouvait presque lire les pensées de son chat qui tenaient en un seul mot : « oiseau ! ».

– Non, ne…, commença-t-il.

Mais la jeune fille l'avait précédé et foudroyait Mandrin du regard :

– N'y pense même pas, sale bête, ou je te jette un sort qui fera tomber tous tes poils !

Mandrin s'allongea par terre, comme si ç'avait toujours été son intention. Et Charly se dit qu'il était assez mauvais comédien. De son côté, Maître Lin poursuivait ses chuchotements :

– Non, je n'ai pas de nouvelles de Mornille… Bien sûr que ça m'inquiète ! Elle devrait déjà être rentrée !… Tu pourrais envoyer quelqu'un pour vérifier ? Je te laisse, j'ai un parasite à gérer, ici.

Il raccrocha et Charly comprit que la dernière phrase lui était destinée. Il se hâta de prendre la parole :

– Voilà, je suis enregistré à… à l'Académie.

– On s'en fiche. Puisque tu sembles si intéressé par cette jeune personne, tu peux lui dire bonjour, c'est ainsi que les gens civilisés procèdent. Sache aussi qu'elle est mon apprentie et qu'elle se nomme…

– Parchemine, l'interrompit la jeune fille. Pardonnez-moi, Maître Lin, mais je préfère me présenter moi-même. Et concernant le fait que je suis votre apprentie… je croyais que je devais être la seule ? Que vous ne pouviez vous permettre d'en prendre un second ?

Il y avait de l'acidité dans sa voix et Maître Lin fronça les sourcils, comme si on lui donnait un souci supplémentaire à gérer alors qu'il avait déjà largement sa dose.

– Je suis désolé, dit alors Charly. Je n'aurais pas dû donner votre nom à l'insigne, sans doute. Mais j'ai été pris de court et…

– Tu as donné mon nom ? sursauta Maître Lin, manifestement contrarié.

– Je suis désolé, répéta Charly.

Maître Lin laissa passer un silence auquel il donna une allure de réflexion, puis ses yeux se posèrent sur la jeune fille. Il paraissait vouloir lui rabattre un peu de sa superbe. Finalement, il déclara :

– En effet, je compte ne prendre qu'un seul apprenti. Vous êtes trop coûteux en magie et je risque d'avoir bien besoin de ma réserve dans les temps à venir. Mais rien ne dit que je te garderai la place, *Parchemine*. Après tout, ce jeune homme est le descendant d'une de mes plus chères amies.

– Je vous demande pardon ? s'offusqua la jeune fille en se relevant brusquement. Vous n'arrêtez pas de répéter que je suis brillante et que je pourrais passer l'examen d'Élémenter dès l'an prochain ! J'excelle dans presque toutes les matières et…

– Presque, souligna M. Lin.

– Oui, mais lui, il…

Elle pointa un doigt accusateur vers Charly qui tressauta sous l'impact imaginaire.

– Je suis sûre qu'il en sait à peine plus qu'un quiéton !

Elle s'avança vers Charly et s'arrêta à quelques centimètres de son visage.

– Tu peux nous faire une démonstration de tes pouvoirs, peut-être ?

– Mon chat comprend tout ce que je lui dis, lança Charly à tout hasard, mais avec une certaine fierté, car le fait lui semblait tout de même remarquable. Et en général, je le comprends aussi.

Mandrin se rengorgea et fit bouffer son pelage pour faire honneur à son maître. Mais Parchemine poussa un éclat de rire scandalisé :

– C'est une plaisanterie ? Il se croit arrivé juste parce qu'il a lié un familier ? Sérieusement ?

Puis, se tournant vers M. Lin :

– Maître, je vous en prie ! Dites-moi que vous n'allez pas me remplacer par ce… ce Patouilleur !

Cette fois, au-delà de l'arrogance, Charly entendit l'accent de désespoir. Parchemine était véritablement inquiète à l'idée de perdre sa place.

– Premièrement, je te rappelle que toi aussi, tu es une Patouilleuse, répondit Maître Lin. Il est donc inutile de mettre tant de mépris dans ce mot. Deuxièmement, toi, tu n'as jamais réussi à lier un familier et encore moins un chat. Troisièmement, je n'ai pas encore pris ma décision. Mais puisque tu sembles si sûre de toi, j'imagine que tu n'auras rien contre une petite mise à l'épreuve.

Le silence tomba dans la pièce et l'enveloppa. C'était comme un rouleau qui écraserait doucement une pâte à tarte sous son poids. Parchemine et Charly étaient suspendus aux lèvres de Maître Lin, qui déclara enfin :

– Un attrape-quiéton est apparu en ville aujourd'hui et sème le désordre. J'imagine que la jeunesse dorée de Thadam est de passage dans la région et qu'elle cherche à tuer le temps. Il n'y a qu'elle pour jeter ainsi des fortunes par les fenêtres, tout en se moquant de la législation !

– Qu'est-ce que c'est, un attrape-quiéton ? intervint Charly. Et c'est quoi, Thadam ?

Parchemine afficha une moue crispée et Maître Lin soupira, agacé d'être coupé dans son élan.

– Thadam, répondit-il malgré tout, est en quelque sorte la capitale des magiciers, en tout cas dans cette partie du monde. C'est là que siège l'Académie.

Charly regarda son insigne :

– L'Académie auprès de laquelle je suis enregistré ?

– On y est tous enregistrés, rétorqua Parchemine. Par contre, il faut être plein aux as pour habiter à Thadam. C'est pour ça que nous, on n'y vit pas.

– On n'y vit pas, parce qu'on n'a aucune envie d'y vivre, corrigea Maître Lin. C'est à plus de mille kilomètres d'ici, mais je me dis souvent que ce n'est pas suffisant... Quant aux attrape-quiétons, ce sont des artefacts animés par des sortilèges maléfiques et destinés à jouer de mauvaises plaisanteries aux quiétons, c'est-à-dire aux personnes qui ne sont pas initiées à la magie. Je peux reprendre ?

Charly aurait voulu poser plus de questions. Il était fasciné par ce monde qui s'ouvrait à lui, mais plus il en apprenait, plus il avait l'impression de poursuivre un feu follet dans un marécage, à la merci des premiers sables mouvants en embuscade. Seulement, Maître Lin ne le laissa pas l'interrompre davantage. D'un ton où perçait l'autorité, il reprit :

– C'est moi, le magicier de la région. C'est donc moi que les miliciens risquent d'accuser, s'ils s'en rendent compte. Inutile de vous dire que je n'ai aucune envie de payer l'amende qu'ils me factureraient. Pas plus que je n'ai envie d'aller nettoyer les cochonneries de ces petits crétins. J'enverrai donc des Patouilleurs régler ça, c'est toute l'attention qu'ils méritent.

Il soupira, comme s'il n'endossait ses responsabilités qu'à regret et qu'il les eût volontiers cédées à quelqu'un d'autre. Ce qui, en fait, était le cas.

– Merci pour nous, grommela Parchemine. Et donc, que dois-je faire, précisément ?

Elle excluait déjà Charly de l'affaire.

– Détruire l'attrape-quiéton et récupérer la *gemnez*. Je garderai comme apprenti celui qui y parviendra. Quant au second… eh bien, je ne peux pas former tout le monde, n'est-ce pas ?

– Qu'est-ce que c'est, une gemnez ? interrompit une nouvelle fois Charly.

Maître Lin se rapprocha de lui.

– Peux-tu enlever ton chapeau ? Personne ne peut ôter un sapeur de la tête de son porteur si ce n'est lui-même.

Charly obéit et tendit le chapeau à Maître Lin, soulagé de voir qu'il conservait malgré tout son costume. Maître Lin passa le doigt dans la doublure du chapeau et montra une perle incrustée à l'intérieur, que Charly n'avait pas encore remarquée. C'était la même que celles qu'il avait vues sur le miroir de sa grand-mère, celui de Maître Lin ou encore le chapeau de Parchemine.

– C'est ça, une gemnez, dit Maître Lin. C'est ce qui anime l'attrape-quiéton. Et maintenant, fiche-moi le camp.

Parchemine avait attrapé une sorte de balai tordu posé contre le mur et quittait déjà la pièce. Charly lui emboîta le pas. Ils étaient presque sortis du salon, quand Parchemine souffla sèchement :

– Je vais t'écraser.

La seconde d'après, elle s'emplafonnait méchamment contre la porte d'entrée.

BLENG.

– Outch ! Ça va ? s'inquiéta Charly.

Parchemine porta très vite une main à ses cheveux, comme pour contrôler son chignon, puis maugréa :

– Qui est l'idiot qui a fermé cette porte ? C'est toi, je parie. D'habitude, elle est toujours ouverte.

Elle parut chercher la poignée à tâtons comme si elle la voyait mal, ouvrit la porte et enjamba son balai. À y regarder de plus près, Charly s'aperçut que de petites branches bourgeonnantes avaient poussé sur le manche. À l'arrière, les crins étaient pleins de feuilles et de fleurs. Parchemine se hâta d'arracher une des branchettes.

– Ça ne veut rien dire, d'accord ? Mon balai est très bien tenu ! Je n'ai simplement pas eu le temps en arrivant.

Et elle s'envola.

Incrédule, Charly la regarda s'élever dans les airs, percuter une gouttière, râper les tuiles rousses d'un toit, s'emmêler dans des câbles de téléphone et éviter de justesse une cheminée. Puis elle disparut.

– Cool, dit-il, faute d'une meilleure réplique.

De toute façon, ç'aurait été du gâchis, personne n'écoutait.

5
Parchemine

Curieusement, Charly paraissait être le seul à avoir remarqué l'envol de Parchemine. La rue était pourtant pleine de monde.

Comment trouver cet attrape-quiéton ? Maintenant que Parchemine l'avait planté là, il piétinait, en plein désarroi, ne sachant comment démarrer son enquête.

Soudain, un hurlement se fit entendre. À quelques mètres, un groupe d'adolescents à peine plus âgés que lui s'agitait : l'un d'entre eux arborait un groin de cochon.

– Enlevez-moi ça ! Enlevez-moi ça ! hurlait-il en tirant dessus.

Charly se remémora les deux groins qu'il avait déjà observés plus tôt dans la journée. C'était donc l'origine de cela, qu'il devait trouver ? L'attrape-quiéton ne devait pas être loin. Mais comment lui mettre la main dessus ? Il se souvint que son chat avait éternué lorsqu'il avait enfilé son chapeau.

– Mandrin ? Tu peux sentir la magie ? Tu la sens près de nous ?

Le chat parut hésiter, renifla l'air et s'élança. Puis, il escalada un muret et poursuivit sa course par les toits, il y était plus à l'aise. Charly se précipita tant bien que mal à sa suite. Ils remontèrent deux rues, après quoi, Mandrin s'arrêta à un croisement. Pas trace de Parchemine. En revanche, au milieu de la rue, un étrange chariot avançait seul, sans conducteur pour le pousser…

– Bien joué, murmura Charly.

Le chariot était un petit véhicule d'allure foraine, qui distribuait des navettes, ces biscuits provençaux en forme de fuseau. La fleur d'oranger embaumait dans toute la rue. « Servez-vous », indiquait un petit panneau. Charly chercha du regard la fameuse jeunesse dorée à l'origine de cette magie, mais ne vit personne.

Les passants se contentaient d'attraper une navette, avant de reprendre leur chemin. Certains visages s'ornaient déjà d'un groin, mais nul ne semblait l'avoir encore remarqué.

Charly s'approcha, il apercevait la fameuse perle, encastrée sur la poignée du chariot… C'est alors qu'une ombre projetée sur la façade en face de lui attira son attention : une silhouette humaine suspendue dans les airs… et qui se rapprochait vite.

– Il est à moi ! s'écria Parchemine en atterrissant brutalement près de Charly.

Par réflexe, ce dernier fit un bond pour l'éviter. Il nota du regard que le balai s'était à présent presque transformé en buisson. Le chariot, quant à lui, avait reculé avec une vitesse stupéfiante, faisant s'écrouler au sol une cascade de biscuits. À présent, il paraissait aux aguets.

– Tu crois que tu peux débarquer comme ça et me voler mes cours de magie ? s'écria Parchemine.

C'était curieux de la voir s'énerver ainsi, parce qu'elle était vraiment beaucoup plus petite que lui. Elle connaissait sans doute quelques sortilèges désagréables, mais Charly n'était pas effrayé. En revanche, il était sensible à la colère dont elle vibrait. Charly étouffait ses propres émotions, mais il avait un talent certain pour percevoir celles des autres.

– Je suis désolé, répondit-il. Ça n'est pas contre toi. C'est juste que j'en ai absolument besoin, et…

– Et tu crois que moi, je n'en ai pas besoin ? J'étais là la première ! Va te trouver un autre maître !

Elle n'eut pas le temps de s'emporter davantage car à cet instant, le chariot chargea dans sa direction. Elle voulut l'esquiver, mais l'engin était proche et la coinça contre un mur.

– AAAH ! cria-t-elle, tandis que le chariot l'écrasait de tout son poids.

– J'arrive !

Charly s'était précipité pour l'aider, mais il fut arrêté net par son regard foudroyant.

– Je n'ai pas… besoin… d'être protégée… d'accord ? lui dit-elle, le souffle coupé par la pression.

D'une main experte, elle traça alors dans les airs un symbole en lignes de feu. Cela produisit comme une décharge, le chariot fut propulsé à plusieurs mètres et des navettes giclèrent dans tous les sens, produisant des étincelles de miettes. Libérée, Parchemine tomba à genoux en haletant. Aussitôt, le chariot revint à la charge. Elle avait beau ne pas vouloir de son aide, Charly jeta une main en avant et saisit la poignée du chariot. Sous la force de traction, il sentit tous les os de son corps craquer. *La gemnez !* songea-t-il. Le chariot avait abandonné sa cible première et risquait maintenant de le charger. Vite ! Charly jeta sa main en direction de la perle blanche et la fit sauter de son écrin. À son grand soulagement, elle vint assez facilement.

Immédiatement, le chariot se figea.

Près de lui, Parchemine se relevait, déconfite. Elle observait le pendentif qu'elle avait autour du cou et qui semblait en tout point identique à celui de Charly, si ce n'est qu'un peu de sable s'était écoulé.

– Quand je pense que j'ai gaspillé de la magie pour ça, marmonna-t-elle.

– Tu vas bien ? demanda Charly.

Parchemine contemplait avec dépit la perle qu'il tenait dans sa paume. Finalement, elle ramassa son balai-buisson et commença à en arracher les branchettes qui y avaient poussé.

– Écoute, dit-elle finalement, je te propose un marché. Disons que nous avons récupéré cette gemnez ensemble, ne répète pas à Maître Lin à quel point j'ai été lamentable et débrouillons-nous pour qu'il nous prenne tous les deux comme apprentis. Ça te va ?

Charly ouvrit la bouche pour lui répondre que oui, ça

lui allait tout à fait. Mais Parchemine lui coupa l'herbe sous le pied :

– En échange, j'accepte de partager une partie de mes connaissances avec toi. Tu as droit à trois questions.

À la façon très cérémonieuse dont elle le proposait, elle pensait lui faire trop d'honneur. Charly aurait accepté sa proposition sans rien en retour, mais les enjeux ne concernaient pas que lui. Et s'il voulait aider sa grand-mère, il devait cesser de patauger. Il accepta donc, tandis qu'ils reprenaient le chemin du Tcha-tcha-tchaï.

– C'est normal que personne ne soit venu nous aider, tout à l'heure ?

Parchemine le regarda en plissant les yeux. *Elle n'y voit rien, ou quoi ?* s'interrogea Charly. Mais le mépris dans la réponse de Parchemine le doucha net :

– Ma parole, tu es vraiment une bleusaille ! Les quiétons ne voient pas la magie. Ils peuvent en subir les effets, mais leur cerveau cherche une explication rationnelle et gomme tout ce qui leur paraît bizarre. Ils ont dû croire qu'on était en train de se disputer.

– Maître Lin a dit que les quiétons ne faisaient pas de magie. Alors ce sont des gens qui n'ont pas notre don, c'est ça ?

Au moment où il posait la question, Charly se dit qu'il l'avait gaspillée. C'était déjà la deuxième, alors qu'il ne cherchait qu'une confirmation. Mais, à son étonnement, Parchemine s'énerva :

– Notre *don* ? Non, mais pour qui tu te prends ? Tout le monde peut apprendre à faire de la magie ! Ne va surtout pas t'imaginer que tu es spécial sous prétexte que tu as été initié !

– Hum, désolé… Je cherche juste à comprendre. Donc, les Patouilleurs sont les débutants… Et quand on est bon, on devient Élémenter.

Il avait essayé de ne pas s'exprimer sous forme de question, espérant que Parchemine se laisserait entraîner par son ton professoral, ce qui fonctionna :

– En fait, c'est un grade. Maître Lin pense que j'aurai la possibilité de passer le mien avant mes seize ans. Je deviendrai alors la plus jeune Élémentère depuis plus de dix ans !

– Impressionnant, concéda Charly. Et donc, Maître Lin est aussi un Élémenter…

Encore une affirmation, sur laquelle rebondit Parchemine :

– Oui. Mais si tu veux mon avis, il aurait largement le niveau pour devenir Magister. Il devait passer l'examen il y a cinq ans, mais sa marraine l'a abandonné. Il n'aime pas trop en parler.

Comme Charly ne cachait pas sa perplexité, elle précisa :

– Tu ne peux pas te présenter à un grade par toi-même. Il faut toujours quelqu'un d'un niveau supérieur pour se porter garant. Dans mon cas, Maître Lin a accepté de me parrainer pour l'examen d'Élémenter.

– Ça fait pas mal de grades, quand même. Et donc, il n'y a rien au-dessus de Magister.

Encore une question déguisée en affirmation. Parchemine ne tiqua pas, mais sa réponse se fit plus hésitante :

– Non… enfin si… Il y a les Allégories. Mais ce n'est pas vraiment un grade. Je veux dire que les Magisters sont déjà rares. Ceux qui décident de devenir des Allégories et qui y parviennent se comptent sur les doigts d'une main. Le problème, ce n'est pas juste la difficulté, c'est aussi que le niveau d'Allégorie offre autant de contraintes que de pouvoirs. En bref, ça ne tente pas grand monde. Et ça fait au moins cinq questions, même sans point d'interrogation. Maintenant, ça suffit.

Sur ces mots, elle serra les lèvres. Charly lui aurait volontiers demandé des détails sur ces étranges sabliers qui formaient leurs insignes, mais il n'insista pas.

– Tu as raison, lui répondit-il, j'exagère.

Il avait emballé sa réponse d'un sourire et Parchemine le regarda avec suspicion, presque surprise qu'il ne lui cherche pas querelle. À force de le regarder en plissant les yeux, elle finit par trébucher et se rattrapa de justesse. *Elle aurait quand même besoin de lunettes*, songea Charly.

Il commençait à être tard et le Tcha-tcha-tchaï avait fermé ses portes. Toutefois, quand ils entrèrent, ils trouvèrent Maître Lin occupé à tracer de grands symboles de feu dans les airs. Parchemine plissa les yeux plus fort que jamais.

– Maître ? Vous lancez des sortilèges de protection ? Ils ont l'air… puissants.

Maître Lin eut un sourire altier et plongea la main dans sa poche. Il en sortit un sablier, un peu plus gros que celui de Charly, et contempla le sable qui s'y était écoulé en fronçant les sourcils.

– Un magicier doit toujours protéger sa demeure, ma chère Sa… Parchemine, dit-il finalement. Cela faisait un moment que je n'avais pas renouvelé mes sorts. Simple mise à jour, ne t'inquiète pas. Dites-moi plutôt lequel de vous deux a vaincu cet attrape-quiéton ?

Parchemine se tortilla et se lança dans un récit très édulcoré de leur combat où elle passa ses propres mésaventures sous silence. À cette occasion, Charly se dit qu'elle mentait aussi mal qu'une personne qui n'en a pas du tout l'habitude. Il n'osait pas intervenir, mais il songea que June se serait beaucoup mieux débrouillée. En fait, June aurait si bien menti qu'elle serait parvenue à se convaincre elle-même.

Finalement, au bout de quelques bafouillages, d'un nombre incalculable de « euh… » et de plusieurs « non, attendez… ce n'est pas ce que je voulais dire ! », Parchemine conclut :

– Ce qui fait que nous avons récupéré la gemnez ensemble. L'un n'a pas plus de mérite que l'autre.

Charly soupira comme si c'était lui qui avait fourni tout l'effort : il avait eu mal pour elle. Le regard de Maître Lin s'attarda longuement sur Parchemine qui lui renvoya un sourire abominablement crispé.

– Je vois, dit-il. Cela tombe plutôt bien alors que je te reprochais justement d'être incapable de faire équipe. N'est-ce pas ?

Comme Parchemine évitait son regard, il sourit et ajouta :

– Il ne me reste plus qu'à vous prendre tous deux comme apprentis. C'était bien votre idée, oui ?

Charly sentit son estomac lui descendre jusque dans les genoux et retint son souffle. Maître Lin finit par reprendre :

– Eh bien, puisque vous avez respecté ma consigne, c'est à moi de trouver une solution, après tout.

Charly sentit un énorme poids le quitter. Parchemine lui donna un coup de coude et murmura :

– Donne-lui la gemnez ! Qu'est-ce que tu attends ?

Il récupéra la perle dans le fond de sa poche et la déposa dans la main ouverte de Maître Lin.

– Merci beaucoup, dit celui-ci. À présent, je dois discuter avec Charly, tu peux rentrer chez toi, *Parchemine*.

Cette dernière parut affreusement vexée :

– Je ne peux pas rester ?

– Non, tu as trop de travail. Tu dois rédiger une dissertation pour demain. Je te donne le sujet : *en huit pages, expliquez pourquoi vouloir manipuler son maître est une mauvaise idée*.

Parchemine ouvrit une bouche horrifiée. Elle la referma et finalement inclina la tête.

– Très bien, maître. À demain, maître.

Sa voix tremblait un peu sur la fin de la phrase, comme si elle craignait que Maître Lin ne lui donne un congé définitif. En quelques secondes, elle tourna les talons et disparut, non sans avoir jeté un regard assassin à Charly. Il l'entendit s'écraser sur la porte vitrée quelques secondes plus tard : BLENG.

Oups. Il l'avait encore refermée derrière lui.

6

Les gemnez

– En fait, dit Charly sitôt qu'elle fut partie, elle se serait très bien débrouillée si je n'avais pas été là.

– Je sais, dit Maître Lin. C'est un peu le problème, avec S… Parchemine. Elle est trop habituée à agir en solitaire. Maintenant, suis-moi.

Charly obtempéra. À présent que le salon de thé était désert, l'ambiance y était très différente. Une cheminée ronronnait en grignotant des bûches et les flammes projetaient dans la pièce une lumière pourpre. Comme Charly lorgnait avec gourmandise une cloche de verre qui abritait un monumental éclair fraises-pistache, Maître Lin lui glissa :

– Ce ne sont pas de vrais gâteaux, je n'ai pas le talent de ta grand-mère et, à dire vrai, je n'ai aucun goût pour la pâtisserie. J'ai simplement enchanté les assiettes. En bouche, mes illusions n'abusent que les quiétons. Quant à toi, tu te retrouverais à mâcher du vide.

Ils s'installèrent près du feu, dans deux fauteuils confortables, quoique en partie couverts de lierre. Sur une petite table, une théière et deux tasses les attendaient.

– Elle va te servir toute seule, lui dit Maître Lin. C'est une théière perpétuelle. Elle produit un thé différent à chaque tasse, qu'elle sélectionne en fonction de ton humeur.

Charly n'était pas un buveur de thé, mais il fut fasciné de voir la théière s'avancer sur ses petits pieds de porcelaine et le servir délicatement. De son côté, Maître Lin faisait rouler la perle dans sa paume.

– Si tu permets, je dois vérifier quelque chose.

Il ferma les yeux et serra le poing. Cela ne dura que quelques instants au bout desquels il soupira. Puis, il présenta la gemnez à Charly et lui demanda :

– Sais-tu ce qu'est cette chose ?

– C'est… une sorte de pile qui permet d'enchanter un attrape-quiéton ? Mais j'imagine que ça doit fonctionner avec n'importe quel objet magique, vu qu'il y en a une dans mon chapeau.

– Pas mal, pour un Patouilleur complètement ignorant. Évidemment, ton ignorance te protège et je ne devrais pas trop t'encourager à t'instruire. C'est probablement ce pour quoi ta grand-mère…

Maître Lin s'interrompit et hésita, le temps d'une gorgée de thé. Il faisait rouler la gemnez entre ses doigts.

– La magie…, commença-t-il. La magie est une denrée rare dans notre monde. C'est la raison pour laquelle tout le monde ne peut pas en bénéficier… et que nous préférons laisser les quiétons en dehors. L'Académie en réglemente l'accès d'une main de fer. Elle recense scrupuleusement chaque nouveau Patouilleur et en réalisant un écrémage considérable lors des passages de grade. Ceux qui ratent l'examen, et ils sont nombreux, ne peuvent plus jamais pratiquer la magie. Mais surtout… à l'exception des Académiciens et des Allégories, nous avons tous ces sortes de sabliers…

Il sortit le sien de sa poche et Charly put constater qu'il était deux à trois fois plus gros que celui qui était pendu à son cou.

– Comme tu l'as compris, ce sont des jauges. Chaque fois que tu fais usage de magie, ta dépense est comptabilisée par l'Académie. Les compteurs sont remis à zéro chaque mois. Tu pourrais être tenté de tricher et d'enlever ton pendentif pour jeter quelques sorts, mais sache que certains miliciens et Académiciens passent leur vie à examiner la trame pour y détecter les fraudes. Et si tu es pris, les sanctions sont… Je préfère éviter de te faire peur en te parlant des sanctions.

Il but une nouvelle gorgée de thé et, devant l'air interrogateur de Charly, précisa :

– La trame est une sorte de… carte vivante de la magie. Ça ressemble à une gigantesque tapisserie tissée en fils magiques. Les Académiciens qui la lisent sont comme de grosses araignées qui ressentent les tressaillements à distance… Tu t'en doutes, avec de telles restrictions, les magiciers se montrent assez économes en sortilèges. Mais il existe un élément qui stocke littéralement la magie.

– Les gemnez ?

– Exactement. Et ces dernières ne sont rien d'autre que des souvenirs de magiciers. Le principe est simple : plus le souvenir et le magicier sont puissants, plus la gemnez est chargée de magie. Plus on en tire de magie, plus le souvenir s'efface. Il y a un autre fait intéressant, avec les gemnez… C'est qu'il est impossible d'arracher un souvenir à qui que ce soit. Seul son propriétaire peut en faire don. Du moins était-ce le cas jusqu'à il y a environ huit ans. Cette gemnez-ci – il brandit celle que Charly lui avait rapportée – appartenait à une puissante Magistère. Et je pense que tu devrais y jeter un œil.

Sur ces mots, Maître Lin lui tendit la perle. Charly s'en saisit et la serra dans son poing. Puis il ferma les yeux, tâchant d'imiter les gestes qu'il avait vu faire une minute plus tôt. La cheminée, le tapis et les fauteuils disparurent. Il était à présent dans un autre décor…

Dame Mélisse n'est pas bien sûre de ce nouveau sortilège, mais elle veut qu'il fonctionne car elle a brisé ses vieux reins à creuser la terre meuble du printemps. Il fallait que ce soit profond.

Elle place le haricot et rebouche.

Son dos craque comme un fétu de bois sec quand elle se redresse. Déjà, le sol tremble, ce qui est bon signe. Quelques secondes plus tard, la pousse crève la terre et fuse vers le ciel. Il y a une espèce de FROUTCH qui surprend Dame Mélisse. Ce n'est pas exactement le bruit qu'elle attendait. Elle comprend quand Lin s'écrase pitoyablement à ses pieds, avec son balai.

– Cette… chose a brutalement poussé sur ma trajectoire de vol, proteste-t-il.

Et il recoiffe ses longs cheveux en catastrophe. Par jeu, elle trace une rune du bout des doigts et lui renvoie une bourrasque de vent.

– Ça n'est pas drôle, proteste Lin en écartant le rideau de ses cheveux à nouveau ébouriffés. Arrêtez de gaspiller la magie.

– Et toi, essaie de t'amuser un peu, mon cher élève !

– Je n'ai pas le cœur à cela… Vous avez lu Le Temps des magiciers aujourd'hui ?

– Hmm, pas depuis deux semaines. Il y a des faucons qui nidifient dans les parages et ils prennent le journal pour une menace. Il faut dire qu'il fait un de ces bruits en volant !

Le jeune Lin paraît agacé.

– Donc vous n'êtes au courant de rien. Je m'en doutais. J'arrive juste de Thadam : nous avons une nouvelle Allégorie.

Dame Mélisse ôte immédiatement ses gants de jardin pour masquer son trouble. Elle a en effet raté un événement d'envergure.

– Et qu'est-ce donc ? demande-t-elle. Cet horrible juge Dendelion est-il enfin parvenu à devenir la Justice ? Ou est-ce que par miracle une Vérité serait arrivée parmi nous ? Ce ne serait pas un luxe…

Lin secoue la tête.

– Non, c'est quelque chose qu'on n'a jamais vu. Ils l'appellent le Cavalier.

– Curieux. Sa fonction n'est pas… pas claire.

– Je pense qu'ils ont voulu éviter la panique. Dame Mélisse, c'est… c'est un psychopompe. Un porteur d'âme.

Dame Mélisse sent le sang se retirer de son visage. La panique est inutile. Aussi, c'est d'une voix tout à fait posée qu'elle demande :

– Es-tu en train de me dire qu'il y a une Allégorie de la mort parmi nous ?

– Oui.

– Et de quel Académicien s'agit-il ?

– Ce n'est pas un Académicien. Je veux dire que les quarante sont toujours à leur poste. Et pour ce qui est de l'identité du Cavalier, on n'en a aucune idée.

– L'Allégorie la plus effrayante jamais imaginée vient de naître et personne ne sait qui est derrière ?

– L'Académie doit le savoir, elle !

Et Lin la regarde par-dessous ses lorgnons.

– Arrête ce ton acide, réplique Dame Mélisse. Contrairement à ce que tu crois, l'Académie ne m'aurait jamais laissée pénétrer ses rangs. Je fais de la magie trop populaire à ses yeux.

– Tout de même, la prochaine fois qu'un de ces nuisibles décède, vous devriez présenter votre candidature.

– Hmm. Ces nuisibles ont toujours aimé se faire appeler « Immortels ». C'était métaphorique, mais à présent qu'une Allégorie contrôle la mort, je pense que nous ne verrons trépasser aucun d'entre eux avant très longtemps…

– Vous croyez vraiment qu'ils oseraient ? C'est un tabou épouvantable !

– Voilà pourquoi nous devrions réunir la Loge. De toute façon, tu étais venu pour cela, n'est-ce pas ?

Le souvenir prit fin et Charly fut de retour dans son fauteuil.

– C'était un souvenir de ma grand-mère !

– Oui. Curieux hasard, n'est-ce pas ? Mais il y a peut-être une explication rationnelle… Si de nombreux souvenirs lui ont été volés en même temps, cela signifie qu'il y en a beaucoup sur le marché. Ce qui justifie que la jeunesse thadamaise ait pu facilement mettre la main dessus.

Charly essaya de rassembler ses pensées.

– Donc… ce Cavalier peut non seulement voler la mémoire, mais il contrôle aussi la mort ?

– À dire vrai, ça ne fonctionne que sur les magiciers. Il n'a aucun pouvoir sur les quiétons. Le Cavalier est capable de détacher l'âme du corps. Nous le soupçonnons de pouvoir ôter toute l'âme, ou seulement quelques morceaux. C'est ce qui fait qu'on reste en vie ou pas. Tu comprends ?

Charly hocha la tête et Maître Lin poursuivit :

– Le souvenir que tu viens d'observer a huit ans. Depuis cette époque, il s'est passé exactement ce que nous redoutions : un trafic de magie s'est mis en place. Quelques puissants magiciers ont mystérieusement perdu la mémoire et, plus étrange encore, cette maladie frappe essentiellement un groupe qui s'oppose aux dérives de l'Académie.

– La Loge dont ma grand-mère parlait dans son souvenir, c'est ça ?

– Pour ton bien, tu ferais mieux d'oublier cette information. Le problème, c'est que nous n'avons pas la preuve que le Cavalier vole des souvenirs. Officiellement, il se contente de récolter l'âme de ceux qui sont déjà morts. Étant donné les restrictions, le fait de pouvoir récupérer la puissance magique des morts a été vu comme une bénédiction. Depuis huit ans, Thadam est dans une santé florissante et les jeunes gens qui y vivent vont jusqu'à gaspiller les gemnez en répandant des attrape-quiétons aux quatre coins du pays.

– Vous êtes en train de me dire qu'ils gaspillent les souvenirs de ma grand-mère ?

– Je pense surtout qu'on est en train de me tendre un piège. On serait trop heureux de s'emparer d'une âme aussi précieuse que la mienne. Je suis sûr que d'autres attrape-quiétons fleuriront dans cette ville, dans les jours à venir. Il est hors de question que je morde à l'hameçon, mais j'aimerais que tu ouvres l'œil en allant régler la question à ma place.

– Attendez… Ce serait trop dangereux pour vous d'y aller, alors vous m'envoyez ?

– Eh bien quoi ? Tu ne veux pas récupérer les souvenirs de ta grand-mère ?

– Si, mais j'apprécierais de ne pas finir dans le même état qu'elle.

– Ça n'arrivera pas. Les souvenirs de Patouilleur ne valent quasiment rien, surtout à ton pitoyable niveau. Le Cavalier ne prendra jamais le risque d'intervenir personnellement pour une prise aussi décevante.

Ce disant, il élargit son sourire de presque un centimètre et il sembla à Charly que c'était la mesure exacte d'un mensonge. Comme il affichait ses doutes sur son visage, Maître Lin insista :

– Je t'assure que tu n'affronteras pas le Cavalier, en

revanche… tu feras sans doute des rencontres intéressantes, parmi la jeunesse thadamaise. Cela me permettrait de traîner cette dernière devant le tribunal académique lors du prochain sabbat et de faire cesser le déferlement d'attrape-quiétons un moment. Sans parler du fait que je me réjouis d'avance de la pagaille que ça va semer !

Charly se tut et fit rouler la gemnez dans sa main. Que devait-il faire ? Aller à la chasse aux souvenirs en se montrant attentif ? Il était presque certain que Maître Lin omettait de lui révéler des détails sur cette affaire… D'un autre côté, avait-il le choix ? S'il voulait retrouver les souvenirs de sa grand-mère, il était obligé d'en passer par là… Surtout si Maître Lin comptait bientôt tarir le flot d'attrape-quiétons qu'il lui promettait.

– Et… ce sabbat, c'est quand ? finit-il par demander.

– Très bientôt. En vérité, ça commence ce week-end.

Charly leva les sourcils, étonné. Tout se précipitait donc.

– Si tu fais ce que je t'ai demandé, reprit Maître Lin, je te promets que je t'emmène. Et peut-être que… je ne veux pas m'avancer, mais en négociant finement avec les bonnes personnes, nous pourrons peut-être récupérer la mémoire de Dame Mélisse. Ce qui n'a pas été dépensé, en tout cas.

– Très bien, dit Charly. En ce cas, je vous promets d'être vigilant.

Comme d'habitude, il avait répondu avec fermeté, sans faire étalage de ses émotions, mais son cœur avait accéléré. Était-il possible que sa grand-mère retrouve sa mémoire, et ce dès la semaine prochaine ? Cette perspective méritait qu'il prenne des risques, c'était certain.

Il rangea la gemnez dans sa poche tandis que Maître Lin repeignait une énième fois ses longs cheveux.

– À présent, il est tard, et passé une certaine heure, la seule compagnie que je supporte est celle de Justine.

– C'est qui, Just… ?

Au même moment, les yeux de Charly tombèrent sur un énorme crocodile qui se prélassait près de lui. Mandrin, qui s'était jusque-là vautré sur un dossier, fit un bond gigantesque et s'enfuit en crachant. Quant à Charly, il recula précipitamment vers la porte en manquant de renverser plusieurs tables.

– Premier cours de magie demain à dix-huit heures, ne sois pas en retard et prends soin de ce chapeau-sapeur. Quand on fait de la magie, on doit s'habiller ou en donner l'illusion. Les magiciers mal nippés sont très mal tolérés.

La porte se claqua toute seule au nez de Charly.

*

– J'ai failli appeler la police ! s'écria Césaria quand il passa la porte de la maison.

Elle se reprit aussitôt, au prix d'un effort visible :

– Mais le principal, c'est que tu sois rentré. Tu veux manger quelque chose ?

Après la soirée qu'il avait passée, Charly n'avait pas faim. Il accepta néanmoins un bol de soupe pour rassurer sa mère. Les parents sont toujours rassurés quand ils voient leurs enfants manger.

– Est-ce que… Est-ce que tu veux qu'on parle de ta grand-mère ?

À voir la tête de sa mère, elle avait déjà pris beaucoup sur elle ce jour-là et cette conversation risquait de l'achever. Charly décida de lui faciliter les choses :

– Ne t'inquiète pas, tout va bien. En fait, cette promenade m'a remis les idées en place. Je suis désolé de t'avoir laissée seule pour l'installation de Grand-Ma. Est-ce que je peux aller la voir maintenant ?

Au soupir de soulagement qu'elle dissimula fort mal, Charly sut qu'il avait dit exactement ce qu'il fallait.

– Bien sûr. Je l'ai préparée pour la nuit… Je pense qu'elle ne sera pas si mal chez nous. Et puis, je lui ai trouvé une excellente aide-soignante qui s'occupera d'elle pendant que nous serons à l'École.

Charly acquiesça et gravit l'escalier, qui, comme d'habitude, gémit sous son poids.

Dame Mélisse était assise dans son lit. Césaria lui avait passé une chemise de nuit qui croulait sous la dentelle. Elle avait aussi posé un livre sur ses genoux auquel Grand-Ma ne prêtait aucune attention. Elle avait l'air égarée et trop petite dans cette chambre qu'elle ne reconnaissait pas.

Charly s'assit timidement au bord du lit. Dans sa tête, les doutes se marchaient dessus.

– Tiens, c'est à toi, dit-il à sa grand-mère en lui tendant la gemnez.

Elle leva sur lui un regard éteint, mais se saisit de son souvenir. Sans doute que ce dernier la reconnut car il devint lumineux et fondit dans sa paume. Les yeux de

Grand-Ma s'écarquillèrent et elle se redressa d'un coup, retrouvant sa dignité passée.

– Il faut absolument prévenir la Loge.

– Ça va, je crois qu'elle est prévenue, maintenant.

Alors, elle ajouta d'une voix désespérée :

– Je n'ai plus de quoi payer.

Charly lui retourna un regard perplexe.

– Euh… Ce n'est pas grave, Grand-Ma, on t'héberge gratuitement. On est ta famille, quand même.

Elle ne répondit rien et Charly se sentit vaguement mal à l'aise.

Soudain, il y eut un frémissement à la fenêtre. En allant ouvrir, Charly fut surpris de voir un énorme livre s'effondrer quasiment sur ses pieds. C'était un très gros ouvrage relié d'un cuir hors d'âge et sur le dos duquel était incrustée une gemnez ternie.

– On se connaît tous les deux…, chuchota Charly. Tu es… le grimoire ?

Il lui semblait que de très vieux souvenirs chassés depuis longtemps revenaient frapper à la porte de sa mémoire. Ils étaient faibles et flous comme des fantômes, mais ils revenaient.

Le grimoire caressa son visage en faisant défiler ses vieilles pages parcheminées. Et Charly en eut les larmes aux yeux. Il releva le visage vers sa grand-mère et vit cette dernière lui sourire avec une infinie tendresse.

7
Des tartes

– Et alors, qu'est-ce que tu lui voulais au type du salon de thé ?

– Chht ! J'écoute !

June n'insista pas. Charly se montrait toujours attentif en cours de français. Bien sûr, elle ignorait que ce jour-là il avait encore plus de raisons de l'être que d'habitude.

– Évidemment, il y a la figure de rhétorique dont nous avons parlé il y a deux semaines, poursuivait leur professeure, mais ce que je voudrais évoquer aujourd'hui, c'est la représentation d'une notion abstraite sous forme d'une figure personnifiée. On l'appelle également « allégorie ». Regardez la projection…

Ce n'était pas la première fois que le sujet était abordé. Jusqu'ici, Charly l'avait classé distraitement parmi toutes les informations qu'il lui fallait retenir, c'est-à-dire entassé en vrac dans le désordre de sa mémoire, en attendant de voir si ce serait utile un jour. Cependant, à cause des événements de la veille, il tendait l'oreille.

Leur professeure enchaînait les images.

– Parmi les plus connues, vous avez peut-être déjà rencontré l'allégorie de la Justice qui a une balance dans une main, une épée dans l'autre et un bandeau sur les yeux. Ici, ce n'est pas une figure humaine, mais le lion est souvent l'allégorie de la Royauté. Et enfin, celle-ci, vous la connaissez tous : c'est la Mort.

Charly regardait attentivement les images. Sur l'une d'elles, la mort était représentée en squelette, sur l'autre, en jeune fille encapuchonnée de noir. Dans les deux cas, elle portait une faux et un grand sablier. Était-ce à cela que le Cavalier ressemblait ?

Charly essayait de tisser le lien avec ce qu'il avait appris, malheureusement il ne put se concentrer davantage. Une énorme tarte à la crème venait d'entrer par la fenêtre en flottant dans les airs.

Une tarte à la crème. Volante. Dans la classe.

Charly écarquilla les yeux. Non, pas de doute. Il s'agissait bien d'une pâtisserie à la croûte dorée, dont la garniture évoquait les neiges éternelles, comme toute chantilly bien élevée.

La tarte parut hésiter, voleta de droite et de gauche… Au moment où Charly comprit qu'il était le seul à la remarquer, elle se figea comme un chien à l'arrêt, puis s'inclina légèrement et fusa dans sa direction. Elle produisit un assez joli SPLATCH en s'écrasant sur sa figure.

Enfoncé jusqu'au cou dans la crème fouettée, Charly entendit l'exclamation étouffée de June à côté de lui. Il attrapa le moule et le décolla de sa figure. Puis, il essuya son visage du mieux qu'il put. La crème était collante à souhait. Quand ses yeux furent dégagés, il regarda au fond. Il y avait un petit papier, recouvert d'une écriture fine :

Il est horriblement difficile de se trouver un maître. Si on doit partager Maître Lin, n'essaie pas de me doubler, ou je ferai de ta vie un enfer.

Parchemine

P.-S. : J'espère que tu as apprécié ma tarte-chercheuse, c'est une recette que je réussis très bien !

– Fichtre, Charly ! Que vous est-il arrivé ?

La professeure venait de remarquer la figure de son élève couverte de pâte et de crème. La classe entière se retourna sur Charly.

– Euh…, répondit celui-ci, très inspiré.

– Je vous préviens, celui qui a fait ça, je vais le pourrir ! glapit June en bondissant de sa chaise, toute prête à défendre son ami.

En moins de trente secondes, ce fut le chaos dans la classe. Tout le monde sauta sur le prétexte pour rire, crier ou se lever. Les trois seuls à rester sages furent Charly, June et Sapotille. Charly parce qu'il était trop abasourdi, June parce qu'elle n'avait pas encore trouvé le coupable et Sapotille parce qu'elle ne dépensait pas son énergie si inutilement.

Le désordre ne dura pas. Leur professeure n'était pas du genre à se laisser déborder. Elle était issue d'une longue dynastie d'enseignants dont le règne s'était étendu sur des générations d'élèves dissipés. À force, les cordes vocales de sa famille avaient muté pour se doter de vibrations musclées.

– ÇA SUFFIT, dit-elle sans crier, mais de façon à faire rouler très distinctement les majuscules dans sa bouche.

Les élèves regardèrent leur professeure. En un instant, ils enregistrèrent les mâchoires contractées, les yeux réduits à deux fentes, la posture tellement droite qu'elle en aurait remontré à une statue équestre. Et ils comprirent qu'ils avaient en face d'eux l'Allégorie de l'Autorité.

Chacun s'écrasa le plus bas possible sur sa chaise et on n'entendit plus une mouche voler, car même elles préférèrent rester silencieuses. La professeure fit peser son regard sur Charly. Et finalement, reprit d'une voix très basse :

– Charly, va te débarbouiller. Sauf si tu désires venir me parler, je ne veux pas connaître le fin mot de cette histoire. June, tu l'accompagnes. Les autres, sortez une copie. Rédaction surprise.

Nul n'osa protester. June et Charly sortirent sur la pointe des pieds. Par précaution, les mouches les accompagnèrent.

*

Dans la cour, Charly se débarbouilla consciencieusement à la fontaine du Dragon. C'était une fontaine pas du tout aux normes, qui n'avait rien à faire dans une école. Mais ce dragon était l'emblème de l'ancienne fabrique d'allumettes, alors on avait enlisé sa démolition sous les méandres administratifs. Après tout, le collège s'était installé dans ce bâtiment presque cinq ans plus tôt, à la façon d'un bernard-l'ermite qui se choisit une coquille à son goût, on n'allait pas commencer à tout casser. Et puis, Aix-en-Provence était la ville des fontaines. Supprimer la moindre d'entre d'elles aurait plongé la ville entière dans l'indignation.

Soudain, Charly sursauta. Ayant pris appui sur la sculpture pour se pencher sur l'eau, il venait de sentir un battement de cœur sous la pierre. Très lent mais tout de même. Est-ce que… C'était lui qui avait provoqué cela ? Ou bien était-ce son imagination qui se laissait emporter par cette folie ? Il regarda le dragon avec suspicion.

– T'en fais une tête ! l'admonesta June. Faut te détendre ! C'est pas grave, cette histoire de tarte ! Même si franchement, j'aimerais bien savoir qui a fait le coup. Je lui demanderai des cours. J'ai rien vu venir, c'était impressionnant.

Charly restait concentré sur le dragon. L'animal avait été sculpté avec humour. Un sourire un peu flou au coin de la gueule, le sourcil levé dans une asymétrie légère, il avait l'air de se moquer, avec cette insolence discrète des étudiants face à un professeur pris en défaut. Sous sa main, le battement cessa aussi subtilement qu'il avait commencé. Il entendit la voix de June dans son dos :

– Attends, je vais t'aider à finir de te rincer…

La fin des cours avait sonné et, au milieu du flot d'élèves qui se déversait dans la cour, Charly préféra ne pas insister. Il ôta ses doigts de la pierre.

Au même moment, il prit une énorme giclée d'eau

dans la figure. Il eut à peine le temps d'apercevoir la mine rigolarde de June, fière de sa plaisanterie, qu'un cri de surprise retentit dans son dos. Il se retourna. Sapotille était passée derrière lui au mauvais moment. Son pull et ses cheveux étaient trempés, sans parler des lunettes au travers desquelles elle ne devait plus voir grand-chose. Elle jeta un tel regard à June que celle-ci protesta :

– Oh, ça va ! C'était une blague, je te signale, si tu connais le sens de ce mot ! En plus, c'est même pas toi que je visais !

Elle lança son bras vers Sapotille et lui arracha ses lunettes.

– Je vais te les nettoyer, ce sera comme si rien ne s'était passé !

Immédiatement, Sapotille se couvrit les yeux des deux mains et s'écria, paniquée :

– Mes lunettes ! Rends-moi mes lunettes !

June était du genre à crier sur les chats après leur avoir marché sur la queue, parce qu'elle détestait se sentir coupable. Elle répliqua avec humeur :

– Arrête ton cinéma ! Tiens, les voilà tes binocles !

Sapotille les récupéra précipitamment et se cacha derrière le rideau de ses cheveux pour les remettre.

– Vraiment désolé, dit alors Charly. C'était un peu ma faute. Est-ce que ça va ?

– Je n'ai pas besoin d'être protégée, d'accord ?

Ce fut dit avec une tonne de glaçons dans la voix. Après quoi Sapotille décampa et Charly se sentit un peu bête.

– Pfiou ! souffla June. Elle a vraiment un balai dans le…

– Sérieusement, tu ne voudrais pas arrêter de l'asticoter ? Tu vois bien que ça ne la fait pas rire.

Mais June s'était mise en boule. Elle n'aimait pas qu'on la croie méchante, quand elle était simplement vive et maladroite.

– Vous seriez parfaits ensemble, maintenant que j'y pense, rétorqua-t-elle. Charly et Sapo, le célèbre couple qui n'a aucun humour !

Et sur ces mots, elle se fendit d'une affreuse grimace, tirant les coins de sa bouche vers le bas avec ses doigts. Charly roula des yeux, mais il connaissait assez son amie pour savoir qu'il n'aurait pas le dernier mot.

– Bon, on peut passer à autre chose ? demanda-t-il.

June ne changea pas de figure.

– Ça va, j'ai compris.

Elle ne bougeait toujours pas.

– June ?

D'abord agacé, Charly s'inquiéta.

– Tu boudes ?

Il lui envoya une pichenette légère sur le bras : aucune réaction. Il finit par la secouer carrément.

– Ohé ! C'est pas drôle !

Elle paraissait pétrifiée pour de bon.

– OK, je vais chercher quelqu'un à l'infirmerie, surtout ne bouge pas !

Ce qui, à bien y réfléchir, n'était pas la chose la plus intelligente à dire.

*

Charly avait foncé vers le hall, mais à peine avait-il passé la porte qu'il s'arrêta brusquement. Face à lui, son professeur de maths était figé, un doigt dans le nez, dans une posture assez peu cartésienne. Près de lui, un élève moqueur avait voulu l'imiter et s'était pétrifié à son tour. Une camarade paniquée le giflait méthodiquement.

– Mais réveille-toi ! lui braillait-elle dans les tympans.

Sans succès.

– D'accord, dit Charly.

Un attrape-quiéton ? Encore ? C'était forcément ça.

Il se rua vers la sortie de l'établissement. M. Georges, très concentré sur une série de mots croisés, le laissa passer sans lui poser de question.

Le chapeau-sapeur était dans son sac. Charly hésita, puis l'en sortit et, d'un mouvement sec du poignet, le déplia. Immédiatement, le chapeau retrouva son lustre.

Charly le posa sur sa tête et un tourbillon magique lui tirailla les vêtements comme la première fois. En quelques secondes, il avait retrouvé un costume de magicier. C'était peut-être superficiel, mais Maître Lin avait paru trouver la chose importante.

Il repartit au pas de course. Cette fois-ci, Mandrin n'était pas avec lui. Comment dénicher la source du maléfice sans son aide ? Il remontait une première ruelle, prenant faute de mieux la direction du Tcha-tcha-tchaï, quand une voix retentit dans son dos :

– Tu devrais laisser ça aux experts.

Bien sûr, c'était Parchemine. Elle le fusillait du regard, tellement digne dans sa posture qu'elle parvenait à faire oublier que sa robe rouge avait connu des jours meilleurs.

Ses cheveux argentés étaient coiffés comme la veille, dans un chignon impeccable.

Charly lui adressa un grand sourire, ce qui parut la prendre de court. Elle ignorait qu'il réglait au charme la plupart des disputes dans lesquelles on voulait l'entraîner.

– Elle était délicieuse, ta tarte. Surtout la crème. Je n'ai pas pu goûter la pâte, c'est dommage.

Parchemine ouvrit puis ferma la bouche, chercha l'ironie et sentit peu à peu le conflit lui glisser entre les doigts.

– Je suis plutôt bonne pâtissière, dit-elle finalement.

Elle eut un geste crispé au niveau de ses hanches, comme pour dissimuler les rondeurs que son aveu dénonçait, puis renonça. Au bout de quelques pas, elle reprit :

– J'imagine que tu ne vas pas laisser tomber, n'est-ce pas ?

– Ça ne risque pas, avoua Charly. Surtout que cet attrape-quiéton est peut-être animé par un souvenir de ma grand-mère. Alors j'aimerais bien le récupérer, tu vois ?

Parchemine hocha la tête avec réticence.

– Bien sûr. Comment s'appelle-t-elle, ta grand-mère ?

– Dame Mélisse.

Elle s'arrêta net :

– Attends… Dame Mélisse comme… LA Dame Mélisse ?

– Hmm, j'imagine… Pourquoi ? Tu la connais ?

Parchemine parut gênée :

– C'est elle qui a inventé les tartes-chercheuses. Entre autres. Je, hem… J'aime beaucoup son travail.

Tout à son trouble, elle trébucha contre le trottoir qu'elle n'avait pas vu et se rattrapa in extremis.

Elle a vraiment besoin de lunettes, songea Charly.

Ils n'étaient plus très loin du Tcha-tcha-tchaï, quand ils tombèrent sur un petit garçon qui tirait la langue à sa mère sans bouger.

– Salomon, ça suffit ! Arrête de faire le bêta, maman commence à s'inquiéter !

– On brûle, en déduisit Charly.

– Je sais, dit Parchemine. J'ai regardé dans la trame avant de partir, c'est juste… ici.

Le Tcha-tcha-tchaï était à deux pas et Charly se dit que Maître Lin avait vu juste en pensant être la nouvelle cible du Cavalier. L'attrape-quiéton trônait au beau milieu de la rue. C'était un grand miroir pivotant, qui avait la même allure foraine que le chariot de calissons. Au-dessus, une pancarte exigeait : « Regardez-moi ! » Les passants jetaient un œil à leur reflet, rectifiant rapidement leur mise ou leur coiffure, puis reprenaient leur route comme si de rien n'était.

– Ils ne se pétrifient pas avant d'avoir fait une grimace…, comprit Parchemine. Bon, je vois la gemnez d'ici, ça ne devrait pas être trop compliqué.

Elle fit un pas vers le miroir.

– Attends, la retint Charly. Ce truc n'est pas arrivé là tout seul. Maître Lin m'a demandé de regarder s'il n'y aurait pas des Patouilleurs dans les parages.

Parchemine haussa les sourcils :

– Il en fait vraiment une affaire personnelle… Très bien. Va récupérer la gemnez pendant que j'inspecte les lieux. S'il y a encore un de ces abrutis thadamais dans le coin, je te promets que je vais lui faire sa fête.

Charly acquiesça et s'avança doucement vers le miroir, laissant Parchemine enquêter de son côté. L'attrape-quiéton n'était qu'à quelques mètres. *L'idée, c'est de ne pas croiser le reflet*, songea-t-il. *Si je reste sur le côté, ça devrait fonctionner.*

À cet instant, le miroir fit un quart de tour et se braqua dans sa direction. Charly ne put que constater sa mine décomposée dans le reflet. Il se reprit vite. Pas de panique. Il suffisait de ne pas loucher et tout irait bien…

Il se concentra pour obliger son visage à rester le plus neutre possible et s'approcha davantage. Il voyait la gemnez rutiler au sommet du miroir. *Ça va être du gâteau*, pensa-t-il en tendant le bras.

Au même moment, le cadre du miroir bascula violemment en arrière. Charly l'arrêta de justesse avant qu'il ne lui fracasse le menton et sentit le bois craquer sous sa poigne. L'attrape-quiéton allait se défendre. C'est alors que la voix de Parchemine retentit dans son dos :

– Eh, toi ! Reviens ici !

Charly ne put s'empêcher de se retourner par réflexe. Sous ses doigts, il sentit le miroir basculer dans l'autre sens. Il ne s'était pas attendu au renversement de force et laissa le cadre lui échapper des mains. La seconde suivante, le haut du miroir s'abaissa brutalement sur le sommet de son crâne. Le choc l'assomma presque. C'est alors que, consterné, Charly sentit son visage *grimacer* de douleur…

Et tout devint noir.

8
Le Grimoire qui Mord

Quand il revint à lui, Charly vit le miroir en miettes. Ça venait juste d'avoir lieu, des morceaux crissaient et roulaient encore sur le sol. Un éclat de lumière attrapa son regard. C'était la gemnez qui avait roulé hors de son écrin. Vite ! Il se hâta de la ramasser. Avec soulagement, il pensa que June devait à présent être libérée du sortilège qui l'avait pétrifiée, à l'École. Mais il doutait que l'affaire soit déjà terminée…

Il chercha Parchemine des yeux. Elle se tenait toute droite à une quinzaine de mètres de lui, dans une posture qui traduisait la colère. Face à elle, beaucoup trop proche, se tenait un garçon légèrement plus vieux et trop bien habillé pour son âge. Il était grand et délicat, avec une peau pâle et une ossature fine, le cheveu bouclé comme un poète. Un costume chargé de nœuds de brandebourg qui lui donnaient un je-ne-sais-quoi militaire. Charly le détesta sur-le-champ.

Le garçon avait un gant de cuir noir à la main gauche,

avec laquelle il avait saisi l'insigne de Parchemine qu'il tirait fermement à lui.

– Dis donc, l'entendit ricaner Charly. Tu ne vas quand même pas gaspiller ton quota pour mes beaux yeux, si ?

Parchemine paraissait folle de rage, mais elle avait, elle aussi, les yeux rivés sur son sablier et le niveau de ce dernier ne lui plaisait pas.

Charly s'avança vers eux :

– Laisse-la tranquille !

Il ne s'attendait pas à des remerciements mais fut tout de même surpris quand Parchemine le fusilla du regard :

– Je n'ai pas besoin d'être protégée, d'accord ? lui lança-t-elle d'une voix glaciale.

Charly avait entendu cette phrase trop souvent. La dernière fois, c'était… Soudain, il comprit et laissa sa bouche s'arrondir en un O d'étonnement.

Dans le même temps, d'une main agile, Parchemine avait tracé un symbole à toute vitesse dans les airs.

– Non, ne…, tenta de protester le garçon.

Il ne finit pas sa phrase. Le sortilège de Parchemine l'avait projeté huit mètres plus loin, histoire de lui montrer que le trottoir était plus intéressant vu de près.

– Sapotille ? murmura Charly, avec effarement.

– Oh, parfait ! Non seulement j'ai quasiment épuisé ma réserve mensuelle en deux jours, mais en plus tu m'as démasquée.

À dire vrai, Charly se demandait surtout comment il avait fait pour ne pas la reconnaître plus tôt. C'est vrai que Sapotille avait ce pull qui lui mangeait le menton, ces cheveux blonds plutôt qu'argentés qui lui mangeaient les joues et ces lunettes qui lui mangeaient les yeux, mais tout de même…

– C'est à cause de moi que tu avais enlevé tes lunettes ? Mais pourquoi ?

– Bon, tu as ta gemnez. C'est l'essentiel, non ? Maintenant, si tu permets, j'ai horreur d'arriver en retard.

Et elle fonça vers le Tcha-tcha-tchaï sans l'attendre. Avant de la suivre, Charly jeta un dernier regard vers le garçon qui les avait affrontés. Il s'était redressé et les regardait. La haine toute nue se lisait sur ses traits.

*

Les mêmes vieilles dames gardaient la terrasse du salon de thé, comme un Cerbère à dix têtes. Elles laissèrent passer Charly en l'épinglant de leurs yeux mauvais. Il remarqua la théière perpétuelle qui remplissait les tasses à tour de rôle sans qu'elles paraissent s'en étonner. À peine certaines l'effleuraient-elles d'un regard flou et confus.

À l'intérieur, le salon était désert. Maître Lin l'attendait peut-être dans la bibliothèque, où Parchemine avait dû se réfugier… Charly décida de profiter de ces quelques secondes de tranquillité pour ressortir la gemnez qu'il venait de ramasser. Est-ce qu'elle appartenait à sa grand-mère ? Il hésita avant de se plonger dans ce souvenir qui ne lui appartenait pas, mais il était trop perdu dans ce monde de magie. Il avait vraiment besoin d'informations.

Il serra la gemnez au creux de sa paume et ferma les yeux.

Des livres, beaucoup de livres qui sentent le neuf... La chaleur est lourde et la lumière poudrée. On entend un bruissement incessant, car les livres s'éventent en agitant leurs pages pour se rafraîchir.

Dame Mélisse est assise à une table. Devant elle, il y a une file de personnes, toutes dans des costumes élégants qui leur tiennent trop chaud. Dame Mélisse est fatiguée. Elle n'a aucune envie d'être ici, mais la volonté de faire plaisir la cloue à cette table. À force de dédicacer, elle sent les os de ses doigts se gripper. Comme si, sous la peau fine de ses mains, des noix trop sèches se heurtaient les unes aux autres. Cela craque un peu. Elle met la douleur de côté, comme on reporte un problème pour faire face à une urgence et tant pis pour les conséquences.

Le garçon en tête de file lui tend un livre à couverture bleue. C'est un gamin d'aspect fragile mais soigné, avec une ample tignasse bouclée. Dame Mélisse se crispe en le reconnaissant, mais elle parvient à n'en rien laisser paraître. Comment ose-t-il venir la provoquer jusqu'ici ?

– Votre ouvrage est devenu une référence chez nous ! Mon père l'adore, il ne s'en sépare plus !

– Je vous remercie, c'est un très beau compliment.

Elle a fait un effort terrible pour empêcher sa voix de vaciller. Elle ouvre le livre à la première page. Mes gourmandises, *annonce la page de titre. Dame Mélisse trempe sa plume dans une encre épaisse, puis ses yeux se relèvent sur le garçon.*

– À quel nom, la dédicace ?

Elle n'a pu s'empêcher de jouer le jeu.

– Thibald Dendelion. Je suis le fils du juge. Vous avez peut-être entendu parler de mon père ?

Quand Charly revint à lui, il se sentit plus perplexe que jamais. Le garçon qu'il venait de voir dans le souvenir de sa grand-mère n'était autre que celui qui venait d'affronter Sapotille. Certes, il avait alors quelques années de moins – cinq ou six à vue de nez –, mais c'était à n'en pas douter la même personne.

Quant à la séance de dédicace, elle ne l'étonnait pas plus que ça. Il savait que sa grand-mère avait écrit des livres de cuisine. À présent, il comprenait pourquoi il n'avait jamais réussi à en dénicher en librairie. C'était de la cuisine magique qui n'avait pas sa place dans le monde quiéton.

Il gagna enfin la bibliothèque, où Sapotille était assise sur le divan. Elle avait remis ses lunettes, retrouvé sa chevelure blonde et ouvert son sac, pour encourager quelque chose à en sortir :

– Allez, va te dégourdir les pages !

Finalement, après qu'elle l'eut un peu secoué, son grimoire s'envola du sac et alla se percher sur un rayonnage.

– Maître Lin n'est pas là ? demanda Charly, surpris de la trouver seule.

Du menton, Sapotille pointa un mot laissé sur la table basse :

J'ai un important détail à régler aujourd'hui.

Que Charly débroussaille la bibliothèque pendant que Parchemine fait ses exercices habituels.

Maître Lin

P.-S. : Parchemine, je n'arrive pas à m'habituer à ce nom, je préférais l'ancien.

Charly reposa le mot.

– Débroussailler la bibliothèque ? interrogea-t-il.

– On fait beaucoup d'exercices, ici. Du coup, ça produit pas mal d'éclaboussures de magie.

Il y eut un silence.

– Oh, par pitié ! s'exaspéra Sapotille. Même ça, tu l'ignores ? La magie fait pousser le bois. Maintenant, fiche-moi la paix ! On a du travail tous les deux.

– Désolé, mais j'ai une dernière question. Le garçon qu'on a croisé tout à l'heure, c'était un certain… Thibald Dendelion, c'est ça ?

Sapotille lui retourna un regard étonné.

– C'était lui, confirma-t-elle. Et le fils du juge Dendelion n'est pas n'importe qui. Ce qui signifie que cet attrape-quiéton n'était sans doute pas là par hasard, comme Maître Lin le supputait.

– Hmm, il sera content de l'apprendre. Félicitations à toi d'avoir réussi à le débusquer.

Sapotille parut troublée et reposa le livre qu'elle était en train d'ouvrir.

– En fait, c'est lui qui m'est tombé dessus. Il tenait

absolument à m'emmener prendre un thé… Comme tu as pu le constater, j'ai refusé.

Sur ces mots, elle se lança dans des mouvements de mains et de poignets assez complexes, tout en parcourant le livre qu'elle avait sur ses genoux, comme si elle lisait des instructions. Charly comprit que la conversation était close et se tourna vers les bibliothèques. Elles lui paraissaient assez mal entretenues. De l'écorce, des branchages épais et même des champignons y avaient poussé. C'était joli, mais si on laissait les choses dégénérer davantage, les livres seraient bientôt atteints. D'une main hésitante, Charly brisa une brindille. Il se sentait un peu déçu. Il avait imaginé son cours de magie tout à fait autrement.

Comme il s'attelait sérieusement à la tâche, le grimoire de Sapotille vint lui tourner autour avec ce qui lui sembla être de la curiosité.

– Salut, toi ! lui souffla Charly discrètement.

Le livre s'approcha un peu plus et s'ouvrit en douceur. Charly souffla doucement sur les pages pour les faire défiler. Dans son dos, il ne vit pas Sapotille sursauter et porter brusquement une main à sa nuque. Elle avait frissonné.

Comme l'ouvrage paraissait vouloir jouer, Charly passa un doigt sur son dos en une caresse légère. Il n'entendit pas le souffle de Sapotille s'accélérer derrière lui, tandis qu'elle raidissait son dos.

Le grimoire de Sapotille avait une couverture de velours rouge, très douce. À l'intérieur, toutes les pages étaient recouvertes d'une écriture fine et serrée.

Sapotille avait écrit jusque dans les marges. Partout, au-dessus des formules plus ou moins longues, il y avait des cadres avec des symboles pour la plupart complexes. Charly passa son doigt sur l'un d'eux avec curiosité et le grimoire s'abandonna aussitôt dans ses mains. Il le maintint fermement, surpris de constater que l'objet était à la fois tiède et souple.

– Mais qu'est-ce que tu fiches ! lui cria Sapotille au même moment.

Elle lui arracha le livre des mains.

– Un grimoire, c'est personnel !

– Excuse-moi, mais… c'est lui qui est venu me voir…

– Oui, eh bien il n'est pas supposé faire ça !

Sapotille était très rouge et Charly se sentit bientôt mal à l'aise. Il essaya de rebondir sur la discussion :

– Hum. Et tu crois que moi aussi, je devrais avoir un grimoire ?

– On ne peut pas étudier la magie sérieusement sans grimoire.

– Je vois. Dans ce cas, est-ce que tu pourrais m'indiquer où je peux en trouver un ?

– On peut aller à la librairie, si tu veux. Mais je te préviens, ça coûte très cher.

– Je suis prêt à investir.

Sapotille hésitait encore. Finalement, elle regarda le message de Maître Lin et dit :

– J'imagine qu'il ne nous reprochera pas d'être allés te chercher quelque chose d'aussi indispensable… On va s'y rendre en balai.

Devant le regard de Charly, elle ajouta :

– Je vais devoir t'apprendre ça aussi, pas vrai ?

Comme toujours quand il était embarrassé, Charly lui adressa un sourire plein de charme. C'était incroyablement efficace. Contaminée, Sapotille sourit à son tour avant de se diriger vers un placard. À l'intérieur, un porte-parapluie rassemblait de grosses branches vertes et couvertes de mousse. Il y avait quelques brindilles vaguement ficelées au bas. L'ensemble était très rudimentaire.

– Ce sont des balais, ça ?

– Plus ils sont verts, plus c'est facile de les faire voler. Mais évidemment, ils poussent plus vite. Bon, maintenant, la rune. Regarde bien, il faudra que tu la traces sur le manche du balai.

– Les gestes que vous faites avec Maître Lin, ce sont des runes ?

Un instant, Sapotille parut désespérée par son ignorance. Mais elle trouva plus rapide de passer directement aux explications :

– OK, je vais te faire un préambule très rapide sur la magie. Les sorts de base ne sont pas très compliqués, mais plus tu progresses, plus cela exige du doigté. Et de l'élégance aussi. Un sort élégant est mieux réussi. La magie est une chose vivante qui réagit différemment en fonction de la personnalité de chacun. Nous ne faisons que l'interpréter… En général, la magie passe par des symboles fixés par l'Académie de Magie, qu'on appelle des runes. Tu peux les dessiner dans les airs ou sur une feuille, ou encore les prononcer à l'oral. Pour faire voler un balai, c'est très facile.

Elle effectua un mouvement d'un seul doigt. C'était une simple boucle pointée.

– Quoi ? C'est tout ? s'étonna Charly.

– Je t'avais dit que c'était un sortilège facile. Mais il faut que tu le reproduises très exactement. Sinon, le résultat risque d'être… bof.

– Bof ?

– Bof, avec peut-être une explosion.

Charly se concentra, retint son souffle et reproduisit le geste de Sapotille sur le manche moussu du balai.

– C'est normal que ça ne fasse rien ?

– C'est parce que ça n'a pas marché. Réessaie.

Charly s'exécuta une nouvelle fois. Puis encore une. Rien.

Sapotille soupira, regarda son sablier en grinçant des dents et dessina la rune sur son balai à sa place. Cette fois-ci, le dessin apparut dans une ligne de feu qui s'éteignit bien vite. Le balai se mit aussitôt à léviter.

– Merci.

Ils quittèrent la boutique. Sitôt qu'ils furent dans la rue, Sapotille s'installa à cheval sur son balai et s'envola. Sans doute aidée par ses lunettes, elle volait mieux que la première fois, mais on voyait quand même qu'elle n'était pas à son aise. Elle évita de justesse du linge tendu entre deux fenêtres et ratiboisa les plantations d'un balcon.

Voyons si je peux faire pire, songea Charly.

Il enjamba tant bien que mal son propre balai et donna une impulsion au manche. Le balai décolla à la verticale, avant de piquer du nez tout aussi vivement. La chute fut plutôt violente et Charly embrassa les pavés de plein fouet. Il se releva un peu sonné.

– Aïe.

C'était quand même un soulagement que les quiétons ne lui prêtent aucune attention.

Le second décollage fut mieux maîtrisé. Charly s'accrochait au manche avec hargne. Il avait atteint les premiers toits en essayant de ne pas penser au vertige, quand il remarqua que son balai s'ornait d'un tas de nouvelles branchettes et se couvrait déjà d'un feuillage dru.

– Ça pousse vite, ce truc !

Il atterrit en catastrophe près d'une cheminée. Sapotille voulut se poser à ses côtés, mais rata la corniche de cinquante bons centimètres. Elle n'avait pas l'air beaucoup plus douée que lui. Elle finit par se stabiliser et arracha une petite tige qui avait poussé sur son propre manche.

– C'est ça, le problème, avec les balais, dit-elle. Et plus il y a de branches, moins le vol est stable.

– Et si on se transforme… en espèce de buisson ?

– Oh, là, en général, on s'écrase.

Charly se hâta de défricher grossièrement son balai. Sapotille repartait déjà. La lumière de fin de journée teintait la ville de jaune. Les tuiles rondes et rouges rendaient les ombres presque tranchantes. Les toits paraissaient s'entrechoquer les uns contre les autres, de toutes les hauteurs, jalonnés par endroits de cheminées et de terrasses verdoyantes, qui roussissaient doucement avec la venue de l'automne.

Soudain, Sapotille fit demi-tour, s'emmêla péniblement dans une vieille antenne télé, et passa près de lui en trombe.

– Je me suis trompée de direction ! J'avais oublié que la librairie s'était déplacée la semaine dernière !

– Comment ça, « déplacée » ? cria Charly quand il se fut enfin stabilisé. Elle a déménagé, tu veux dire ?

– Non, elle s'est déplacée. Sur ses pattes.

– … Tu te moques de moi ?

– C'est une boutique magique ! Tu ne croyais quand même pas qu'on allait dans une librairie ordinaire ? Tu n'as jamais entendu ces histoires où une boutique mystérieuse apparaît et disparaît du jour au lendemain ?

– Si, convint Charly.

– Eh bien, c'est pour ça. Quand elles ont envie de se dégourdir les pattes, elles se déplacent pendant la nuit. Voilà, c'est ici ! On a de la chance, on arrive juste à l'heure d'ouverture. J'avais peur qu'on soit là trop tôt.

Devant la grimace d'incompréhension de Charly, elle ajouta :

– La libraire est insomniaque, elle préfère travailler de nuit.

Ils se posèrent juste devant la boutique. Le balai de Charly était à nouveau couvert de branches et il chut plutôt lourdement sur les dallages.

– Je me sens épuisé, dit-il à Sapotille en se débarrassant du buisson.

– En général, les débutants ne savent pas diriger leur

flux, lui répondit-elle d'un ton péremptoire. C'est pour ça, que les balais poussent aussi vite.

Charly n'osa pas lui faire remarquer que son balai à elle n'était pas beaucoup moins vert que le sien. D'ailleurs, une petite pomme avait poussé sur le manche. Lui-même était fier de son exploit : il venait de faire de la magie pour la première fois. Aussitôt, il voulut voir si ça se traduisait sur son insigne. Il l'empoigna : en effet, un peu du sable doré contenu dans le haut du sablier s'était écoulé dans la partie du bas. Les grains en question étaient devenus noirs. Charly prit note mentalement de ce que ce vol en balai lui avait coûté et releva le nez pour s'intéresser à la librairie, tout en boiseries vert et or. L'enseigne était une cage dans laquelle voletait un livre. Sous le regard de Charly, il se posa sur un petit perchoir et ébouriffa ses pages. À côté, le nom du lieu s'étalait en lettres capitales : *LE GRIMOIRE QUI MORD.*

– Tu viens ? s'impatienta Sapotille.

Charly se hâta de passer la porte carillonnante derrière elle, pour se retrouver sur la trajectoire d'un vol de dictionnaires. Il en prit un en pleine tête, qui paniqua aussitôt, tournant ses pages à toute vitesse contre son visage. Par réflexe, Charly jeta ses bras devant lui pour le repousser. Aussitôt, une nuée d'autres livres vinrent au secours de leur congénère et il croula bientôt sous l'attaque.

– Qu'est-ce que c'est que ce comportement inadmissible ? GAAAARDE À VOUS !

Aussitôt, les livres s'alignèrent soigneusement le long

d'une étagère. La libraire faisait à présent face à Charly. C'était une femme gigantesque qui portait un majestueux tartan, sous un veston vert. Elle était rousse avec des cheveux très courts et fixait sur Charly un regard vert glacé.

– Une explication, peut-être ?

Sa poitrine était si vaste que les mots entraient en résonance. C'était comme entendre parler une cathédrale. Charly bafouilla une réponse :

– Je suis désolé, c'était… la surprise. Toutes mes excuses.

Et comme chaque fois qu'il était embarrassé, Charly décrocha son sourire le plus charmant. La cathédrale n'était pas une tendre, mais elle fut suffisamment touchée pour acquiescer d'un vague « humpf » avant de regagner le fond de sa boutique.

– Si tu as fini tes bêtises, c'est par ici, dit sèchement Sapotille.

Elle paraissait contrariée et, tandis qu'ils avançaient entre les rayonnages tortueux de la boutique, elle ajouta à voix basse :

– T'es vraiment pas sortable !

Par réflexe, Charly lui sourit également (il n'était jamais à court), mais ses pensées s'accrochaient à tout ce qu'il voyait autour de lui. L'endroit était à la fois fascinant et familier… *C'est ici que ma grand-mère a dédicacé son livre*, comprit-il soudain. Il était happé par les ouvrages près desquels ils passaient : *Faire pousser des citrolles toute l'année*, *La Vérité sur Anasthème l'Invaincu*, *Comment faire d'un dragon votre familier (en théorie)*, *Guide touristique de*

Thadam : les douze curiosités à ne pas rater… Du regard, il cherchait la couverture du livre qu'il avait entraperçu dans le souvenir de sa grand-mère : *Mes gourmandises*…

Soudain, Sapotille fit halte :

– Voilà, c'est ici.

Ils étaient arrivés au rayon des grimoires.

Il y en avait de gigantesques qui faisaient la taille de son buste, d'autres, minuscules, pouvaient tenir dans sa poche, il y avait des couvertures en velours, en carton ou en cuir, incrustées de pierres précieuses ou de plumes… Certains fermaient à l'aide d'un simple ruban, d'autres se remarquaient par un dispositif complexe mettant en jeu jusqu'à des dizaines de serrures. Les prix n'étaient pas clairs. Les étiquettes allaient de « cher » et « très cher », jusqu'à carrément « exorbitant ». Charly en attrapa un « particulièrement hors de prix », dans un cuir étrange qui chauffait les doigts.

– Laisse ça, lui dit Sapotille d'un air dégoûté, c'est du cuir de dragon.

– Du dragon ? C'est la première fois que je vois un dragon !

– Oui, les dragons sont des animaux rarissimes et certains magiciers ne trouvent rien de mieux à faire que de les découper en lanières pour en faire des grimoires ! Tiens, celui-ci t'irait bien, je crois.

Elle lui en tendait un à la couverture noire incrustée de fils d'argent. Une petite serrure le verrouillait. Quand Charly le saisit, le grimoire fit un léger bond, comme s'il le saluait. Il était épais mais tout petit, haut comme sa main à peine.

– Bonjour, toi ! lui répondit Charly, ravi.

Puis, à l'adresse de Sapotille :

– Il est parfait !

– Super, maintenant allons-y avant que tu déclenches une nouvelle catastrophe.

Elle essayait de le pousser vers la sortie, mais Charly était nettement plus grand qu'elle et ne se laissait faire que mollement. C'était la première fois qu'il pénétrait dans une boutique magique et tout l'appelait. Son regard venait de tomber sur une série de bouteilles d'encres de toutes les couleurs, disposées près d'un bouquet de plumes. *Encre invisible, encre violette à la violette, encre dorée, encre à léviter, encre à retardement*, pouvait-il lire sur les étiquettes…

– Il me faudrait peut-être une encre magique pour aller avec mon nouveau grimoire, non ?

– Pff ! C'est du gadget, tout ça ! Tu n'en as pas besoin, un stylo normal suffit largement.

Elle cherchait à le tirer une nouvelle fois vers la sortie, quand Charly aperçut de minces liasses de parchemins. *Recharges de grimoire*, annonçait une pancarte.

– Tu peux recharger un grimoire ? s'étonna-t-il.

– Bien sûr ! Comment veux-tu faire quand tu arrives au bout, sinon ?

– J'imaginais en acheter un autre.

Tandis qu'il prononçait ces mots, il sentit son grimoire frémir d'horreur entre ses mains.

– Ça va pas ou quoi ? lui rétorqua Sapotille, sincèrement choquée.

Et elle le poussa vers la caisse.

– Excusez-moi, demanda alors Charly à la libraire,

mais est-ce que vous auriez *Mes gourmandises*, de Dame Mélisse ?

– Il est en rupture de stock depuis un petit moment déjà, lui répondit la libraire avant de lui annoncer le prix du grimoire.

Charly déglutit en entendant la somme qu'elle lui demandait. Puis il fouilla frénétiquement dans son portefeuille. Il devait avoir assez d'argent, mais à peine.

– Vous pouvez payer en gemnez, si vous le souhaitez, suggéra la libraire en le voyant racler le fond de son portefeuille, en quête de ses dernières pièces.

– Ne le fais pas ! lui souffla immédiatement Sapotille. Tu débutes en magie, ça te demanderait un souvenir trop important.

Charly la remercia et déposa toute sa fortune sur le comptoir. Il y avait seulement une poignée de centimes en trop. La libraire renâcla :

– Ça fait beaucoup de monnaie… Vous n'auriez pas des sonnantes, plutôt ?

– Des… sonnantes ?

– La devise magicière, expliqua Sapotille. Les sonnantes sont en or, les trébuchantes sont en argent.

Puis elle ajouta à l'intention de la libraire :

– Payer en sonnantes n'est pas obligatoire !

– Non, en effet, reconnut la libraire.

Mais elle paraissait contrariée en ramassant la monnaie. En sortant, ils évitèrent un nouveau vol d'ouvrages et l'entendirent hurler derrière eux :

– ET ON VOLE PAR ORDRE ALPHABÉTIQUE ! hurla-t-elle. OÙ EST-CE QUE VOUS VOUS CROYEZ ?

Aussitôt, les livres se réorganisèrent en frémissant de peur.

– Tu devrais le marquer tout de suite, suggéra Sapotille quand ils eurent passé la porte. Sinon, tu risques de te le faire voler. Il suffit que tu places une gemnez dans la reliure.

Et elle lui montra un orifice étoilé placé sur le dos.

– Ne t'inquiète pas, le grimoire est relié à toi, alors tu ne perdras pas ton souvenir. En plus, le sortilège est très simple. Regarde.

De l'index, elle traça une rune qui paraissait en effet assez basique : un cercle traversé d'une ligne ondulée.

– Trace-la sur ton front.

Charly se concentra et tenta une fois… Deux fois… Trois fois…

– Je suis désolé, dit-il finalement, mais on dirait que ça ne fonctionne pas.

Face à lui, Sapotille paraissait consternée :

– Mais ce n'est pas possible ! Comment arrives-tu à rater des sorts aussi simples ?

Elle eut un regard navré pour son propre insigne, puis :

– Bon, je t'aide, mais c'est vraiment parce que ça ne consomme presque rien. Et c'est la dernière fois !

– Merci, lui souffla Charly, un peu gêné.

Elle avança une main timide vers son front. Elle hésitait à le toucher.

– Concentre-toi sur le souvenir de ton choix et surtout, laisse-toi faire, parce que ça ne marchera pas sans ton consentement.

Charly ferma les yeux et sentit les doigts frais de Sapotille peser sur son front. C'était un contact doux et agréable. Il y eut un picotement d'étincelles et il plongea dans son souvenir…

Charly est dans le salon, une odeur de résine et de pain d'épices lui chatouille le nez. Des guirlandes scintillent aux murs. Il y a quelque chose du bonheur qui flotte dans l'air.

– Je crois que le Père Noël est passé ! s'exclame la voix de Grand-Ma.

– OUUUUAAAAIS !

Charly regarde les paquets sous le sapin avec ravissement. Dans le miroir, il croise son sourire en noir et blanc : il y manque au moins deux dents.

– Vas-y doucement, mon dragonneau, dit Grand-Ma en le voyant saisir un paquet. Mon petit doigt me dit que celui-ci est très fragile.

– Oh, un chat ! C'est un chat ! Maman, le Père Noël m'a offert un petit chat blanc !

– Un chat ?! s'écrie sa mère d'une voix inquiète. Tu veux dire un chat en peluche, bien sûr ?

– Non, c'est un vrai chat ! Il est trop mignon !

– Ah. Un chat. Pour une surprise, c'est une surprise ! s'exclame sa mère en fusillant Dame Mélisse du regard. Le Père Noël a dû se dire que tu ne faisais pas assez de bêtises tout seul.

Mais Dame Mélisse paraît très satisfaite. Elle s'approche de Charly et s'agenouille péniblement près de lui. Ses os craquent un peu. Elle a l'air de s'en moquer.

– Tu sais, en vérité il n'est pas à toi, ce petit chat. Parce

que nos amis ne nous appartiennent pas et que ce petit chat va devenir ton ami. Je vais t'expliquer comment faire…

Charly rouvrit les yeux. Tout près de lui, Sapotille lui tendait la perle blanche. Il s'en saisit délicatement et l'enfonça dans la reliure où elle se clipsa sans difficulté. Aussitôt, il eut l'impression que son esprit devenait… plus grand.

– Tu devrais y inscrire les deux runes que je t'ai apprises aujourd'hui. Quand ce sera fait, tu auras peut-être moins de mal à réaliser des sortilèges. Un grimoire représente la mémoire d'un magicier. Tout ce que tu écris dedans, tu peux t'en souvenir quand tu le souhaites.

– Hmm, dit Charly, avant de tendre son grimoire à Sapotille. Tu voudrais bien les écrire à ma place ? J'ai peur de faire des ratures.

À son grand étonnement, Sapotille rangea précipitamment ses mains derrière son dos.

– En fait, ça ne se fait pas de toucher le grimoire de quelqu'un d'autre. Je veux dire dans une famille, ça va, ou entre deux personnes qui, euh… Mais nous, on n'est pas…

Elle releva un visage pincé pour finir sa phrase :

– Nous n'avons pas gardé les cochons ensemble !

Puis, reprenant son balai, elle ajouta :

– Je te laisse, j'ai des trucs à faire.

Et elle le planta là, sans ambages.

– Ah bon, dit Charly.

Elle n'était déjà plus là. Il décida de rentrer chez lui également. Lui aussi avait des trucs à faire.

Il avisa le balai, qui, en son absence, avait pris racine et s'était lancé dans une carrière de buisson. Puisqu'il n'avait pas le choix, il l'abandonna là. Il rentrerait à pied en espérant que Maître Lin ne remarquerait pas l'absence de son balai pourri.

9

Les échecs

Charly passait la porte de chez lui quand il perçut une voix qu'il ne s'attendait pas à entendre :

– C'est merveilleux d'avoir un jardin.

– Oui, la maison n'est pas grande, mais nous avons de la chance de ce côté-là…, répondit sa mère. C'est curieux d'ailleurs, je ne me rappelais pas que l'herbe avait poussé si haut…

– Et vous ne cultivez rien dans cet angle, là-bas ? poursuivit la voix que Charly connaissait.

– Par pitié, arrête de regarder ce jardin ! se mit à rire sa mère. Son manque d'entretien me fait honte !

Tout le monde était dans le salon, le lit de sa mère avait été replié en canapé, les tubes de peinture repoussés à la hâte et le chevalet tassé dans un coin. À présent, le café était servi sur la table basse. Même à cette distance, il avait l'air soigneusement raté, comme seule sa mère savait le faire.

– Charly, te voici enfin ! Eh bien, tu ne salues pas ton maître ?

Césaria paraissait très satisfaite. Grand-Ma avait manifestement l'esprit ailleurs mais laissait flotter un petit sourire sur ses lèvres. Face à elles, Maître Lin trônait dans le plus grand fauteuil. Il portait un costume vert émeraude, couvert de passementerie. Charly fut si surpris qu'il en oublia d'être poli :

– Maître Lin ? Qu'est-ce que vous faites ici ?

– Charly ! s'indigna sa mère.

Toutefois, Maître Lin ne se démonta pas :

– Je suis venu rendre visite à ta grand-mère et prendre connaissance de son état… exact. Je voulais aussi demander à ta mère la permission de t'emmener en week-end, pour le sabbat.

– Le sabbat ? répéta Charly, de plus en plus perdu.

Que savait sa mère ? Que devait-il cacher ? Césaria Vernier intervint, elle rayonnait de fierté :

– Oui, le fameux tournoi d'échecs. Je suis si heureuse que tu aies choisi d'apprendre cette discipline ! Tu sais que j'étais plutôt douée à ton âge ?

Charly ouvrit des yeux grands comme des assiettes. Non, il ne savait pas.

De son côté, Mandrin avait entrepris de voler les biscuits posés sur la table basse. Le voyant faire, Maître Lin claqua la langue de réprobation et Mandrin l'affronta aussitôt du regard. Mais malgré l'habileté légendaire des chats pour cet exercice, il finit par se détourner et partit bouder sur les genoux de Dame Mélisse.

Charly, lui, n'en revenait pas.

– Tu verrais ta tête ! se moqua Césaria. C'est ta grand-mère qui nous donnait des leçons à Maître Lin et à moi. Tu te souviens, maman ?

Dame Mélisse lui retourna un regard vide, tout en caressant Mandrin, ce qui envoya des poils partout.

Charly n'était pas sûr de comprendre. Sa mère avait étudié la magie dans sa jeunesse, avec Maître Lin ? Et Dame Mélisse avait été leur professeure ? Il envoya un regard interrogateur à Maître Lin. Celui-ci demeurait impassible, mais Charly avait l'impression qu'une tempête avait lieu derrière ses yeux.

Il se racla la gorge et demanda à sa mère :

– Mais… si ça te plaisait, pourquoi as-tu arrêté ?

Césaria parut soudain confuse.

– Je ne sais pas… Je crois que… J'ai perdu un exam… un tournoi très important et après… J'ai été malade, je crois… C'était compliqué.

Charly coula un regard vers Maître Lin. Une ombre triste était fugitivement passée sur son visage. Le magicier essuya très rapidement ses lorgnons et se releva d'un coup.

– Je vais vous laisser en famille. Charly, je te retrouve demain pour ta leçon. Une dernière chose… La citrolle que j'avais plantée a subi une mésaventure. Comme tu possèdes un jardin, c'est toi qui t'occuperas de faire pousser notre moyen de locomotion pour Thadam.

Il lui tendit une grosse graine blanche striée d'orange, une fiole et un parchemin roulé. Charly y jeta un œil et vit qu'il était couvert d'une écriture minuscule.

– Voici les instructions. Dans la mesure où nous partons dans deux jours, j'ai ajouté un engrais. Surtout, dose-le correctement.

Une citrolle ? s'interrogea Charly. Mais, à cause de la proximité de sa mère, il n'osa pas poser de question.

Maître Lin effectua une révérence solennelle devant Grand-Ma qui n'y prêta aucune attention, puis il salua la mère de Charly et quitta la maison.

– Je suis tellement heureuse que tu te mettes aux échecs ! répéta encore une fois sa mère.

Charly se tut et lui retourna un petit sourire, mais il serra son poing sur sa honte. Jusqu'ici, il s'était dit qu'il *oublierait* simplement de lui parler de cette affaire de magie. Mais à présent, le mensonge enflait comme un éléphant dans leur maison. Au moindre faux pas, il casserait toute la porcelaine du salon.

– Je vais dehors.

Après tout, il avait cette graine à planter et ça lui changerait les idées.

Leur jardin avait toujours été peu entretenu, mais Charly avait le sentiment qu'il comptait encore plus d'herbes folles depuis la veille. Au milieu, un gros olivier prenait presque toute la place, une vieille balançoire pendouillait lamentablement à une branche à demi brisée. Elle n'avait pas supporté le poids de Césaria au printemps dernier. L'arbre ne semblait pas lui en tenir rigueur car il était couvert de fruits noirs.

Charly choisit un coin de jardin particulièrement en friche. Il s'agenouilla et déroula le parchemin de Maître Lin. Les indications lui semblèrent complexes, pour une simple graine, quelle que soit la plante qu'elle était supposée donner. Comme le nom ressemblait à « citrouille », il devait sans doute s'agir d'une sous-espèce magique. Charly avait hâte de voir de quoi il retournait précisément.

Réaliser un trou parfaitement rond de 3,5 cm de diamètre, sur 9 cm de profondeur. Disposer quelques grains de sable pas trop fin sur 3 mm, ajouter 3 mm de terre, recommencer l'exercice sur plusieurs épaisseurs, comme un mille-feuille, etc.

Il se plia aux consignes de son mieux. Il était soulagé de n'avoir à tracer aucune rune : à son grand désespoir, il avait aujourd'hui constaté son absence de talent pour la réalisation de sortilèges. Intérieurement, il en était blessé et inquiet. Non seulement il ne faisait pas honneur à sa célèbre grand-mère, mais cela compromettait peut-être ses chances de retrouver sa mémoire.

Il reboucha le trou. Pour finir, Maître Lin exigeait qu'il arrose la graine de trente centilitres d'eau, dans lesquels il aurait dilué le quart de la fiole d'engrais. Charly se rendit en cuisine pour y récupérer le verre à mesure. Quand il revint, il eut la surprise de voir que Mandrin se tenait là où il venait juste de planter la graine de citrolle.

– Mandrin, mais qu'est-ce que tu… Mandrin !

Le chat était paisiblement en train d'uriner.

– Arrête ! Tu vas tout faire rater !

– Mewwrroow, répondit Mandrin.

Il finit tranquillement son affaire et quitta les lieux en se dandinant comme un pacha, ravi d'avoir pu se venger de celui qui s'était interposé entre de la nourriture et son estomac.

– Bon, dit Charly, navré. J'espère que ça ira quand même…

En remontant dans sa chambre, il sortit son grimoire de son sac et le posa à côté des instructions de Maître Lin destinées à la citrolle. Le grimoire réagit immédiatement. Il eut une espèce de reniflement, puis il tendit sa couverture vers le parchemin et l'engloutit dans un bruit de mastication. Dans l'esprit de Charly, les instructions se déployèrent alors avec une clarté inédite. Il savait à présent à la perfection comment faire pousser une citrolle… et commençait à avoir certaines inquiétudes quant aux frasques de son chat.

C'est incroyable, ce truc, songea-t-il.

Et la rune pour faire voler les balais ? Il la redessina sur plusieurs brouillons avant d'oser se lancer sur son grimoire. L'écrire sur ses pages lui donnait des sensations étranges. Comme si l'encre se déversait directement dans sa mémoire. Au fur et à mesure qu'il la dessinait, la rune s'imprimait dans son esprit avec une netteté parfaite. Il était certain, à présent, qu'il ne l'oublierait plus.

Derrière la cloison, il entendait sa mère aider sa grand-mère à s'installer. Il décida de les rejoindre.

– Je vais lui tenir compagnie un moment, proposa-t-il en entrant.

Césaria lui renvoya un sourire reconnaissant et partit préparer le repas. Dès qu'elle eut tourné le dos, Charly sortit la gemnez et la tendit à sa grand-mère. Comme la première fois, la perle vola doucement jusqu'à la peau de la vieille dame et s'y fondit. Dame Mélisse ouvrit des yeux surpris.

– J'ai écrit un livre, dit-elle avec une certaine fierté.

Charly lui sourit tendrement.

– Oui, et on m'a dit qu'il avait eu beaucoup de succès, renchérit-il. Je suis allé dans la librairie où tu l'avais dédicacé, aujourd'hui. J'y ai même acheté un grimoire… C'était cher : je n'ai plus un centime.

– Moi non plus, je n'ai plus de quoi payer…

Charly hésita.

– Oui, mais… ce n'est pas grave. Tu n'en as pas besoin, Grand-Ma.

Alors sa grand-mère le regarda droit dans les yeux :

– C'est très grave, de ne plus avoir de quoi payer.

10
Conspiration

La nuit avait étendu ses ombres sur la maison, et les esprits, alourdis par le sommeil, avaient plongé depuis longtemps. Charly, lui, ne dormait pas. Les propos de sa grand-mère tournaient en boucle dans son esprit et suscitaient en lui une angoisse sourde. Il ne se savait magicier que depuis la veille, mais déjà, il doutait d'être à la hauteur. Ce monde paraissait difficile et, apparemment, il ne disposait pas d'un grand talent pour y faire face. Sa grand-mère avait misé sur lui, mais c'était sans doute faute de mieux…

Il devait se secouer. Faire mieux que cela. Sapotille ne serait pas toujours là pour réaliser les sortilèges à sa place.

Il se leva. Il avait décidé de faire le point sur chacun des objets magiques qu'il possédait. Le miroir. Le grimoire. Les trois papillotes. Et le chapeau. Le miroir servait apparemment à transmettre des messages. Quant au grimoire, c'était un aide-mémoire. Les papillotes le laissaient perplexe, mais il en possédait trop peu pour expérimenter quoi que ce soit. Restait le chapeau-sapeur.

Il le mit et l'enleva. Ses vêtements se transformèrent deux fois. Vautré sur le lit, Mandrin le regardait faire avec un flegme parfaitement félin.

Au bout de quelques tests, Charly comprit que sa volonté était essentielle dans le fonctionnement de l'artefact. S'il voulait garder sa tenue de magicier, il pouvait poser le chapeau sur une table et s'éloigner de quelques mètres. S'il désirait retrouver ses vêtements ordinaires, il suffisait d'en avoir l'envie en enlevant le chapeau.

Vraiment, cet objet était intrigant… Il passa la main dans l'ouverture pour l'examiner plus à son aise… et y fit disparaître son bras jusqu'à l'épaule sans pour autant rencontrer les parois du couvre-chef.

– Mais… ce truc n'a pas de fond !

Il était soudain pris de vertige. Il reposa le chapeau. Mandrin s'était levé pour venir en renifler le bord, sa curiosité piquée.

– Fais attention, ça a l'air méchamment profond, dit Charly. HÉ ! MANDRIN, NON !

Le chat venait de plonger dans le chapeau. Paniqué, Charly essaya d'y braquer sa lampe mais n'y rencontra que le noir.

– Mandrin, tu es là ? Mandrin !

Le chapeau ne pesait rien de plus, comme s'il se riait du poids de son nouvel occupant. Finalement, Charly y plongea à nouveau la main et parvint à attraper son matou par la peau du cou. Vexé, le chat gronda et se réfugia sous l'armoire.

– OK, dit Charly, surpris d'avoir récupéré son chat si facilement, mais le cœur battant encore la mesure de sa frayeur.

Il fit un nouvel essai avec un stylo, puis avec un pull. Cette fois non plus, il n'eut aucune peine à les retrouver. Finalement, la moitié de son sac de cours y passa. À chaque fois qu'il plongeait la main dans le chapeau, il retrouvait exactement ce qu'il désirait. Il vit rapidement l'avantage qu'il pouvait en tirer et décida d'y entreposer miroir, grimoire et papillotes. Ainsi, il aurait tous ses artefacts sur lui en permanence.

– Marrrow ?

Mandrin avait fini de bouder et grattait à présent la fenêtre pour sortir. En lui ouvrant, Charly laissa son regard tomber sur le jardin… L'olivier trônait au beau milieu du jardinet, implorant le ciel de ses grands bras tourmentés.

– Il faut absolument que j'apprenne à voler, songea Charly.

La seconde d'après, il descendait le long du mur, s'aidant de la gouttière et du lierre, qui, lui sembla-t-il, était devenu plus touffu depuis la veille.

Sous la lune grasse et blanche, Charly se retrouva bientôt à assembler un balai avec la branche cassée de l'olivier. Il avait récupéré une mauvaise hache sous l'auvent extérieur et s'était mis au travail. Au bout de vingt minutes, il avait dégagé un manche, certes tordu, et ajouté un faisceau de branchettes.

Un clocher sonna minuit, ce qui paracheva l'ambiance.

– Allons-y, s'encouragea Charly.

La rune s'affichait clairement dans sa tête, il la traça sur le manche comme il avait vu faire Sapotille. Il se sentait plein d'espoir et d'enthousiasme, mais, une fois de plus, rien ne se passa.

– Insistons un peu…

Il insista une bonne demi-heure. Sans succès.

Furieux contre lui-même, il finit par écraser sa frustration dans son poing et, de dépit, se décida à ranger son balai. Il se passa alors quelque chose de curieux. Alors qu'il tendait la main, paume ouverte, vers le balai, et qu'il avait encore la rune parfaitement à l'esprit, une puissante gerbe d'étincelles jaillit de sa paume et alla se perdre jusque dans la queue du balai. Ce dernier se mit alors à planer, tout en étant parcouru de frémissements nerveux. Il sembla à Charly qu'il réagissait bien mieux que celui qu'il avait testé la veille. Il mit cela sur le compte de la qualité du bois qu'il avait choisi.

– Toi, tu seras un bon balai, dit-il.

Le manche trembla au creux de sa main, comme pour approuver. Charly fut saisi du même réflexe que celui qu'il avait remarqué tant de fois chez Sapotille. Il saisit son insigne et regarda combien de sable s'était écoulé. Il fut surpris de voir l'énergie que ce petit tour de passe-passe lui avait coûtée : presque un dixième du sable était passé du doré au noir. Il eut un regard pour le jardin autour de lui. Ce dernier lui semblait comme pris de folie. L'herbe lui arrivait maintenant aux genoux, la lavande se croyait au printemps, quant à la vigne morte, elle avait ressuscité et s'était lancée à l'assaut de tout un pan de mur. Charly balayait le jardin d'un regard perplexe quand son regard s'arrêta sur la graine qu'il avait plantée à peine quelques heures plus tôt. Elle avait déjà poussé, mais ressemblait à un ballon de foot noir et rabougri. Est-ce que c'était normal ? Il décida de s'en préoccuper plus tard.

Le balai se cabrait presque dans sa main, comme impatient de décoller. Finalement, Charly l'enjamba et décolla en flèche, avant d'être secoué violemment par des soubresauts.

Fort heureusement, il avait de la poigne et des muscles. Il tint bon pendant la courte séance de rodéo que le balai lui imposa. Au bout de quelques minutes, ce dernier se calma. En fait, il avait une bonne tenue et une excellente célérité. Charly se promit de ne pas le laisser s'enfricher. La lune caressait les toits et la visibilité était bonne.

Le vent fouettait son visage et il sentait enfin les contrariétés de la journée le quitter. Il volait ! L'air glacé lui mordait la peau par-dessous ses vêtements, mais il s'en fichait. Sur le manche, il repéra deux branchettes qu'il arracha immédiatement.

Une brève ondée avait mouillé les rues et les avait vidées de leurs passants. Si bien que les tuiles et les pavés luisaient sous la lune, comme léchés par la pluie. Un peu de linge oublié aux fenêtres faisait des taches blanches par endroits. Les lierres grignotaient goulûment les façades, frémissant de toutes leurs feuilles… C'était une ambiance très particulière.

Pour donner un sens à sa promenade, Charly décida

de se rendre à la librairie. Si Sapotille ne s'était pas trompée, il y avait de bonnes chances qu'elle soit ouverte. Il n'avait rien de spécial à y faire et plus un centime à dépenser, mais il espérait accroître ses connaissances sur le monde magique en furetant discrètement entre les rayonnages. Il arriverait bien à y piocher quelques informations qui lui seraient utiles…

Le chemin des airs était rapide et Charly retrouva bientôt la rue dans laquelle se trouvait Le Grimoire qui Mord. Quoique le livre en cage de l'enseigne parût endormi, la vitrine était illuminée.

Il descendit précautionneusement de son balai et s'avança. Au moment où il s'apprêtait à pousser la porte, il s'aperçut qu'elle vibrait. En fait, c'était toute la façade qui tremblait en produisant un bruit de plus en plus fort. Une fenêtre à l'étage s'ouvrit brusquement et la libraire apparut :

– EN AVAAAANT TOUUUUTE !

Puis elle dégaina une monumentale cornemuse et fit feu. C'est-à-dire qu'elle entonna un chant guerrier magistral. Ce fut comme si toute l'Écosse s'était mise en rogne. Charly resta figé une seconde, littéralement piétiné par la musique.

Soudain, la boutique se contorsionna et une énorme patte noire jaillit de sa base pour se poser juste à côté de Charly. Dans sa main, le balai tressaillit, ce qui le sortit de sa stupeur. Il recula précipitamment, juste à temps pour éviter une deuxième patte. Coincée entre les deux maisons voisines, la boutique se tortillait, comme si elle cherchait à quitter cette place trop étroite pour elle.

Une troisième patte jaillit, après quoi, il y eut un raclement terrible de pierres arrachées et la boutique sortit de sa cavité. Derrière elle, les deux maisons voisines se rapprochèrent jusqu'à se coller l'une contre l'autre. Elles paraissaient soulagées : elles pouvaient enfin respirer librement.

Près de Charly, la boutique lança une de ses pattes en avant. Elle en avait quatre à présent et se mettait en marche. Charly se réfugia sur le côté et la regarda passer. Elle avançait sans hâte mais faisait des pas de géant. En quelques secondes, elle atteignit l'angle de la rue.

Charly hésita, puis s'élança derrière elle. C'était sa seule chance de grignoter quelques informations supplémentaires sur ce monde… Une rue, puis une autre. Il avait beau mettre toutes ses forces dans sa course, la boutique le distançait.

Il hésitait à prendre le temps de s'arrêter pour utiliser son balai, quand il entendit un sifflement près du sol. Un instant plus tard, quelque chose s'enroulait autour de ses jambes. La chute fut spectaculaire et lui coupa le souffle. Mais ce qui l'avait fait tomber continuait de l'enserrer. *Un serpent ?!* s'interrogea-t-il avec effroi.

La chose resserra sur lui ses anneaux. Il jeta un regard épouvanté vers ce qui remontait lentement le long de son corps.

Mais c'est… une corde ? comprit-il avec stupeur.

Il était en effet ficelé par une corde de chanvre aussi solide qu'agressive. Il cessa de se débattre, ce qui parut calmer son geôlier, et s'interrogea sur le moyen de se tirer de là. Il ne put pousser sa réflexion bien loin : au même instant, des pas sonnèrent sur les pavés. Charly bloqua sa respiration et leva les yeux vers la rue.

Deux silhouettes avançaient dans sa direction. La première était à la fois hautaine et fluette. La seconde semblait celle d'un géant se déplaçant avec grâce, malgré une raideur dans le cou. Dans la panique, Charly se débattit à nouveau. La corde se resserra d'autant, tandis qu'une troisième personne sortait de l'ombre. Tous s'avancèrent et firent cercle sous le halo maigrelet d'un lampadaire. Charly comprit qu'il s'agissait d'un rendez-vous.

Par chance, lui-même s'était écroulé près de l'escalier d'un immeuble. Il rampa doucement dans leur angle et se fit aussi discret que possible. Il était à une vingtaine de mètres de la scène, mais par un jeu de résonance amplifiée par la pluie il entendait assez bien.

– C'est un peu bizarre de se retrouver ici, dit la troisième personne d'une voix tremblante.

C'était une femme de forte corpulence, vêtue d'un imperméable ample et froissé. Elle respirait la nervosité. Charly avait quasiment l'impression de l'entendre transpirer.

– Je sais, rétorqua avec morgue la silhouette fluette. Malheureusement, je suis coincé dans cette ville de ploucs pour quelques jours encore. Et l'endroit est plus sûr que Thadam.

À cet instant, Charly l'identifia. La tignasse de poète, le gant noir et ce talent pour se faire détester… C'était Thibald Dendelion.

– J'ai fait ce que j'ai pu, reprit la grosse femme en

lui tendant de grands rouleaux de papier. Mais je n'ai pas pu obtenir les plans de mes collègues.

– C'est tout à fait regrettable, rétorqua froidement Thibald en saisissant les rouleaux.

– Vous avez tout de même les plans d'un bon tiers des boîtes ! protesta la femme d'une voix plaintive. Ça vous conférera un énorme avantage ! Vous le direz à votre père, n'est-ce pas ?

– Je vous interdis de mentionner mon père ici ! siffla Thibald et il jeta des coups d'œil nerveux autour de lui.

Charly retint son souffle. La femme transpirante poursuivit :

– Il faut que vous lui parliez ! Mon mari est de plus en plus malade et j'ai vu une ombre rôder autour de la maison. Je suis sûre que c'était le Cavalier !

À cet instant, le troisième membre du trio, un grand homme blond avec une minerve autour du cou qui brandissait son volumineux menton comme un étendard, lui saisit la main avec délicatesse. Il eut un petit mouvement de tête pour dérouler un sourire brillant sur son énorme mâchoire.

– Allons, allons ! Ne tirez pas de conclusions trop hâtives. Une ombre est une ombre. Je suis sûre que le Cavalier a mieux à faire que de harceler votre mari.

– Oui, mais… vous respecterez notre pacte, n'est-ce pas ? Je veux dire… je suis une ingénieure réputée, je risque gros dans cette affaire. Le juge Den…

– AHEM ! la coupa Thibald.

– Je veux dire… *Certaines personnes* entretiennent des relations privilégiées avec le Cavalier et… Je vais manquer de temps ! Mon mari va manquer de temps ! Je sais que le paiement était prévu dans trois mois, mais…

– Cela suffit. Votre message a été entendu. À présent, vous pouvez partir.

La femme en imperméable baissa le regard. Elle parut vouloir ajouter quelque chose, mais le regard glacé de Thibald l'en dissuada. Finalement, elle sortit un objet fin de sa poche, peut-être un stylo. À cette distance, Charly ne pouvait en être sûr. Il y eut un cliquetis et la grosse femme disparut dans un tourbillon.

– Magnifique ! s'exclama l'homme avec une admiration sincère. Il me faut ce truc !

– Pff ! Les ingénieurs fabriquent vraiment n'importe quoi. Après, leurs machins tombent en panne et on retrouve des morceaux un peu partout. Une fois, j'ai découvert un pied dans mon jardin. C'était dégoûtant !

Thibald fixa les rouleaux de papier qu'il avait à la main avec une vraie contrariété.

– Regarde ça ! Elle ne pouvait pas nous donner quelque chose de plus discret ? Enfin ! Ramasse tes cordes, on se retrouve à Thadam.

Il enjamba un balai parfaitement lisse et s'envola, les rouleaux de papier soigneusement calés sous le bras. L'homme blond parut légèrement contrarié :

– Bien sûr, Thibald. À ton service, Thibald. C'est demandé si gentiment, Thibald…

Son exaspération paraissait mal convenir à son allure joviale. Il se dirigea vers l'autre extrémité de la rue, les yeux rivés au sol, poussant un petit sifflement d'appel. *Il cherche ses cordes !* comprit Charly.

Il lui restait peu de temps. S'il restait ficelé comme un rôti, on ne tarderait pas à lui mettre la main dessus. Les papillotes de sa grand-mère lui traversèrent alors l'esprit. S'il parvenait à en attraper une, elle le sauverait peut-être…

À force de contorsions, il parvint à défaire son chapeau et à y plonger la main. Immédiatement, il sentit ce qu'il espérait trouver. Il se saisit de la papillote et en arracha les deux extrémités. Une onde magique se rassembla alors au-dessus de lui et l'emplit d'espoir. Qu'allait-il se passer ? Si ces sortilèges généraient un coup du hasard, il pouvait se produire n'importe quoi ! Une météorite pouvait par exemple s'écraser au bout de la rue et créer une diversion. Des fêtards pouvaient sortir d'une maison et pousser le magicier à s'enfuir. Ou alors… Il y eut un fracas au-dessus de sa tête. Une pluie de tuiles détachées du toit lui tombèrent droit dessus.

– Non ! ne put s'empêcher de crier Charly.

Il rentra la tête dans les épaules et chercha à les éviter en roulant sur lui-même, mais il fut tout de même heurté par les éclats pulvérisés sur le sol.

– Outch, grommela-t-il.

Au moins, il pourrait utiliser les tessons pour couper la corde et peut-être…

– Mais… t'es un gosse ? fit une voix au-dessus de lui.

Charly se tourna autant que la corde le lui permettait. L'homme blond le toisait avec dépit.

– Super, un Patouilleur ! Il ne manquait plus que ça ! Qu'est-ce que tu fiches dehors à cette heure ?

– Je…, bafouilla Charly… Je voulais acheter un livre, mais la librairie est partie et euh… Je la suivais.

L'homme parut le croire.

– Hmm, ça explique pourquoi je retrouve mes cordes ici, alors qu'elles auraient dû t'arrêter cinquante mètres plus tôt. Elles ont dû essayer de stopper la boutique.

Il caressa doucement un bout de corde. Cette dernière se tortilla sous sa main comme pour se faire câliner davantage. De son côté, l'homme paraissait en proie à un sérieux dilemme.

– Ça m'arrange pas, là… Tes parents savent que tu es ici ?

Charly eut d'abord l'intention de mentir. L'homme hésiterait à lui faire du mal s'il lui racontait que ses parents l'attendaient dans la rue voisine. Mais… un je-ne-sais-quoi de sympathique dans son visage le poussa à jouer la carte de la franchise.

– Non, ma mère croit que je dors.

– Et t'as rien trouvé de mieux que de faire le mur pendant la nuit ? Ta mère t'a pas dit que tu risquais de croiser de méchants magiciers ?

– Ma mère n'est pas magicière.

L'homme haussa des sourcils étonnés, son énorme menton s'affaissa de surprise.

– Tiens, ça c'est rare. Enfin, c'est pas de bol surtout. Tu as un maître ?

– Oui, mais il n'a pas l'air très concerné par mon apprentissage…, soupira Charly avec regret.

– Ça arrive souvent. Tu es donc parfaitement isolé. Très bien. Deux dernières questions. Vois-tu qui je suis ?

– Pas du tout, dit Charly.

L'homme eut l'air vexé. Il se plaça de profil et étira un sourire crâne sur ses lèvres. Son menton parut encore plus grand.

– Et comme ça ? Tu es sûr ? Même pas un petit peu ? Je veux dire… Tu as peut-être l'impression de m'avoir croisé quelque part ?

– Non, vraiment pas. Désolé.

– Oh. Ça doit être la minerve. Eh bien… tant mieux, bien sûr. Oui, tant mieux. Le contraire eût été ennuyeux. Et nous as-tu entendus parler tout à l'heure ?

– Non… Enfin, un peu mais je n'ai rien compris.

– C'est mieux pour toi, mon garçon. Bon, bon, bon…

Il hésita encore un instant et soupira :

– Tu ne m'as pas l'air bien dangereux, je vais te laisser partir. J'aime pas trop faire des trucs aux mômes. C'est sale.

Il poussa un petit sifflement et la corde qui ligotait Charly glissa mollement à terre avant de ramper vers son propriétaire qui s'en saisit.

– Une dernière chose, gamin. Ce que tu as pu voir ou entendre ce soir ne te regarde pas, d'accord ? Alors dépêche-toi de l'oublier, parce que si tu ne le fais pas… quelqu'un reviendra le faire à ta place.

Charly acquiesça et se releva avec difficulté. Son balai était resté au sol, à quelques pas. Quand il l'eut ramassé, l'homme avait disparu.

11
Pépouze

La famille était installée autour de la table pour le petit déjeuner. La mère de Charly était d'excellente humeur, ça se voyait parce qu'elle essayait de faire des beignets. L'odeur d'huile brûlée collerait probablement à la pièce pendant des semaines.

– C'est curieux, disait-elle en sortant de la poêle d'affreux galets grumeleux. Je me rappelle avoir joué aux échecs pendant des centaines d'heures dans mon enfance et il ne m'en reste presque plus rien. Je veux dire, je me rappelle la façon dont les pièces se déplacent, le fou, la tour… mais le reste…

Elle posa les beignets sur la table et Grand-Ma se servit aussitôt avec voracité.

– Au fait, tu auras des frais, ce week-end, reprit Césaria. N'oublie pas l'argent que j'ai préparé pour ton maître.

– Il va falloir payer, dit alors Dame Mélisse solennellement.

Et une fois de plus, ses propos firent frissonner

l'échine de Charly. Soudain, elle s'agita sur sa chaise et Charly s'aperçut qu'elle avait dépiauté son beignet en miettes minuscules.

– Où est la prédiction ? s'écria-t-elle.

– Quelle prédiction ? demanda Césaria. Il n'y a pas de prédiction…

– IL Y A TOUJOURS UNE PRÉDICTION ! OÙ EST LA PRÉDICTION ?

Dame Mélisse se mit à attraper tous les beignets les uns après les autres et les déchira, fouillant leur chair brûlante, sans souci pour ses vieux doigts.

– Maman, qu'est-ce que tu fais ? s'affola Césaria. Prends-les plutôt un par un. Je vais t'aider, si tu v…

Soudain, Dame Mélisse jeta la corbeille contre le mur et se mit à hurler.

– LA PRÉDICTION ! JE VEUX LA PRÉDICTION !

– Calme-toi, maman, tâcha de tempérer Césaria, tandis que Charly s'était précipité pour ramasser la corbeille.

Il n'eut pas le temps de se relever que Dame Mélisse se mit à fracasser sur le sol tout ce qui se trouvait sur la table, la carafe de jus d'oranges fraîchement pressées, les fourchettes, les pots de confiture, les assiettes… Césaria essayait de l'en empêcher, mais elle craignait de blesser sa mère en l'entravant. Charly, de son côté, rattrapait le plus d'objets possible en plein vol. Soudain, Dame Mélisse se tut et laissa son regard s'échapper dans le vide. Après quelques secondes de silence, un filet de bave s'écoula de son menton.

Charly entendit sa mère reprendre son souffle.

– Très bien, c'est peut-être une attaque, pas de panique. J'ai le numéro du médecin. Charly, tu devrais partir à l'École, tu vas être en retard.

– Non, je vais rester avec toi. Si Grand-Ma va mal, je…

– VAS-Y MAINTENANT ! l'interrompit sa mère.

Charly se leva. La chair de poule courait le long de sa peau. Il écrasa son poing autour de son inquiétude et ramassa son sac dont il n'avait toujours pas recousu l'écusson. Il avait l'intuition que ce serait une mauvaise journée.

En effet, en cours, June refusa tout net de lui adresser la parole.

– Mais qu'est-ce que j'ai fait ? demanda Charly.

Pour toute réponse, il ne récolta qu'un regard de colère et June s'étala sur leur table, les pieds sur la chaise où il avait coutume de s'asseoir. Charly comprit le message et rejoignit finalement Sapotille. Cette dernière avait tant l'habitude d'être seule qu'elle sursauta quand il tira la chaise près d'elle.

– Toi aussi, ça t'embête que je m'installe à côté de toi ?

Sapotille laissa un petit silence désagréable s'installer entre eux avant de déclarer :

– Non.

Puis leur professeur entra et Sapotille ne desserra plus les lèvres. Charly se demanda s'il avait fait quoi que ce soit pour la contrarier, elle aussi. Il aurait voulu lui parler de la scène à laquelle il avait assisté la veille, mais elle lui semblait assez peu réceptive. On était mercredi et ils n'avaient cours que le matin. Une seule matière, l'histoire, mais qui durait trois heures. Assez rapidement, le cours ronronna et Charly ne put s'empêcher de remâcher le début de sa journée.

Soudain, Césaria frappa à la porte.

– Charly Vernier ? appela-t-elle, comme s'il était un élève lambda et pas du tout son fils.

Il se sentit obligé de lever la main et sa mère s'approcha, se contentant de déposer une enveloppe devant lui. Après quoi, elle quitta les lieux sans un mot de plus.

Ta grand-mère va bien, c'était un trouble passager, il paraît que ça peut arriver.

Je l'ai laissée avec l'aide-soignante, elle avait l'air aussi en forme qu'elle peut l'être.

C'est seulement à la lecture de ce mot que Charly comprit combien la scène du petit déjeuner l'avait remué.

Un peu rasséréné, il décida de discuter sérieusement avec June lors de la séance de ménage, après les cours. Un problème à la fois. Il voulait comprendre ce qu'elle lui reprochait.

*

À l'heure du déjeuner, quand l'établissement se vida enfin de ses élèves, Charly rejoignit dans la cour ceux qui attendaient la séance de nettoyage. Il savait que Sapotille orchestrait toujours les choses de manière optimale. Elle créait des équipes pour déterminer qui vidait les corbeilles dans les classes, qui lessivait le hall, qui briquait les couloirs. On lui concédait cette autorité d'assez bonne grâce car elle se réservait généralement la part du lion : les sanitaires, le réfectoire et surtout toute la tour. June bousculait souvent cette belle organisation avec ses frasques, pour rendre la chose amusante.

Ce jour-là, le rassemblement se faisait mollement. Charly chercha June du regard. Quand il la vit s'approcher, il s'avança à sa rencontre. Mais, se plantant devant tout le monde, elle lança, le verbe haut :

– Dites, vous savez qui tire au flanc depuis le début de la semaine ? C'est Charly ! On l'applaudit bien fort, s'il vous plaît !

Et elle-même se lança dans une salve de bravos que tout le monde suivit : June était une meneuse née. Le ton était moqueur, mais dans son œil, Charly détecta l'éclat de la revanche.

– Du coup, je propose qu'on laisse Charly se rattraper cet après-midi, poursuivit-elle. Il m'a dit qu'il en rêvait. Il va donc tout nettoyer tout seul !

Des cris enthousiastes couvrirent la réaction de Sapotille qui marmonnait :

– C'est ridicule ! On met une heure à tout nettoyer à trente ! Il n'y arrivera jamais tout seul.

Quand les exclamations retombèrent, Charly et June ne se lâchaient plus des yeux. Ils étaient deux lutteurs campés l'un face à l'autre, attendant de voir qui céderait le premier.

– Penses-y, la prochaine fois que tu décides de me lâcher pendant que je cause, dit finalement June.

Et elle tourna le dos à leur amitié avec un panache qui dépita Charly.

Toutefois, il commençait à comprendre. La veille, il l'avait plantée là pour combattre le sortilège qui l'avait pétrifiée. Ainsi qu'il l'avait prévu, elle avait repris conscience après qu'ils avaient détruit l'attrape-quiéton. Mais pour elle, une seconde à peine s'était écoulée, et elle n'avait pas compris comment Charly s'était volatilisé sous ses yeux. Les quiétons ne voient pas la magie, mais quelque chose en elle avait dû se crisper devant la disparition de son ami, d'autant plus qu'ils venaient de se disputer. Dans la confusion de son esprit, elle avait conclu que Charly l'avait abandonnée.

Les autres élèves décampèrent avant de se l'être fait dire deux fois et June leur emboîta le pas. Soudain, elle se retourna et vit que Sapotille était restée au côté de Charly.

– Tu viens pas, Sapo ?

Depuis le temps qu'elle était dans leur classe, Charly avait bien remarqué que Sapotille ne supportait pas qu'on découpe son prénom en tranches. Son agacement se traduisait alors par une crispation des épaules qui produisait une petite vague sèche dans la grande mer de son pull. Mais cette fois-ci, elle se tortilla simplement, mal à l'aise comme si elle dissimulait quelque chose.

– Non. Je dois aider Charly à faire le ménage, dit-elle finalement.

Elle n'avait pas l'air emballée.

– Charly n'a pas besoin de toi, rétorqua June. Charly n'a besoin de personne. Pas vrai, Charly ?

Les lèvres de Charly battirent l'air, cherchant la repartie. Mais Sapotille secoua la tête, comme à regret.

– Si je n'aide pas Charly, il ne va pas s'en sortir. Et demain, nous serons tous punis une semaine de plus.

June haussa les épaules. Elle s'en moquait. Tout ce qu'elle voulait, c'était faire payer à Charly le goût d'eau de boudin qu'avait pris leur amitié. Quand elle eut enfin passé le portail, Charly demanda à Sapotille :

– Tu vas vraiment m'aider ?

– Je n'ai jamais dit que mon coup de main était gratuit. En échange, je veux rencontrer ta grand-mère.

Charly hésita puis secoua la tête.

– Non. Elle n'apprécierait pas qu'on la voie dans cet état. C'était… c'est quelqu'un de très fier.

– Mais… ce n'est pas de la curiosité malsaine ! J'ai toujours rêvé de faire sa connaissance, c'est tout ! Et puis, peut-être que rencontrer une de ses lectrices lui fera du bien ?

Comme Charly hésitait encore, elle insista :

– Tu veux vraiment te débrouiller tout seul pour le ménage ?

C'était la chose à ne pas dire. Surtout après la crise de sa grand-mère et la brouille avec June. Charly passait une sale journée.

– Du chantage, maintenant, siffla-t-il. Sympa.

– Oh, le pauvre petit garçon riche me fait la leçon ? Vas-y, explique-moi comme tu te débrouillerais mieux que moi, toi qui as un toit sur la tête, un familier et une célèbre grand-mère magicière !

– Ma mère dort dans le salon et on gère ma grand-mère malade comme on peut, d'accord ? Ce matin elle a fait une crise horrible, et tu n'aurais pas apprécié d'être là ! Ça commence à bien faire ! J'en ai ras le bol que tout le monde me pourrisse l'existence sous des prétextes bidon ! Tu n'es pas à ma place, OK ?

Il s'arrêta brusquement. Dans son emportement, il s'était rapproché de Sapotille et avait élevé la voix. Comme elle avait gardé un visage résolu, il avait tardé à voir le pli d'angoisse au bord de ses lèvres. En revanche, le pas en arrière qu'elle venait de faire était limpide. Elle avait aussi jeté un œil à son insigne, comme si elle avait hésité à se défendre à coups de sortilèges, avant de renoncer devant le niveau trop bas de son sablier. Il lui avait fait peur.

Charly prit immédiatement la mesure de la situation, qui consistait en vingt centimètres exactement. Vingt centimètres de plus que Sapotille et une musculature nettement plus développée. Sapotille aurait certes pu l'envoyer au tapis d'un sortilège bien placé, mais ce qu'il venait de faire relevait de l'intimidation. En lui-même, il eut la certitude qu'il ne s'y serait risqué ni avec sa mère ni avec Maître Lin. Il sentit sa colère se retourner contre lui-même et referma son poing par-dessus, comme une feuille qu'il aurait froissée pour la faire disparaître. Sa rage s'éteignit doucement.

– Désolé, dit-il finalement. Et c'est d'accord pour ma grand-mère. On y va après le ménage, si tu veux.

Il ne voyait pas bien ce qu'il aurait pu dire d'autre pour se faire pardonner. Ce fut au tour de Sapotille d'être totalement prise de court :

– Qu… ah bon ? Euh… très bien, alors.

Un parfum de gêne les prit à la gorge.

– Hum, j'imagine qu'il faudrait s'y mettre, dit finalement Charly.

Ce disant, il laissait son regard balayer les papiers dans la cour, ce qui ne fut pas d'une efficacité folle. Sapotille lui fit signe de le suivre :

– Par là !

Elle trottinait presque. Avec ses grandes foulées, Charly n'avait aucun mal à se maintenir à sa hauteur. La difficulté était plutôt de ne pas la dépasser.

– Il y a principalement trois façons de faire de la magie. Enfin, quatre. Tu connais les *runes*, les *élixirs* aussi…

Comme Charly balançait un menton dubitatif, elle ajouta :

– La tarte-chercheuse que tu t'es mangée en pleine figure. Tout ce qui touche à la cuisine relève des élixirs. Il y a aussi l'ingénierie à base de gemnez. Et enfin, les *algos*. Mais ça, c'est pour les miliciens trop stupides. On leur tatoue une rune sur chaque main et ils ne peuvent plus lancer que deux sortilèges. Après, ils ont le droit de dépenser des tonnes de magie comme des sagouins. Tu parles d'un gaspillage !

Elle plissait la bouche de mépris en les évoquant.

Ils étaient arrivés devant un placard. Elle l'ouvrit. Aussitôt une brosse lui bondit dans la main et un seau se mit à tressaillir d'impatience.

– Couché, l'admonesta sèchement Sapotille.

Et le seau se plaqua au sol.

– Bref, pour animer les objets, on passe par les runes. Le principe n'est pas simplement de leur donner vie. Ça, n'importe quel crétin peut le faire.

Elle regarda Charly et se reprit, pleine d'indulgence :

– Mais si tu n'y parviens pas, ce n'est pas grave. Ne te mets pas la pression, d'accord ?

Charly fit un effort pour pousser sa vexation sous le tapis.

– D'accord, dit-il simplement.

– Bref, la difficulté de l'animisme, c'est d'imposer son autorité. Démonstration.

Elle pointa un doigt vers le couloir et ordonna :

– Nettoyez ça. Tout de suite.

Aussitôt, brosse, balai et serpillières obtempérèrent. Charly eut même le sentiment de leur voir courber l'échine. Il se sentit vaguement choqué.

– Dis donc, tu leur parles vraiment comme à des…

– Balais ? Ce sont juste des objets, Charly.

Elle fouilla un instant dans le placard et en exhuma une serpillière et un seau qu'elle remplit au robinet enchâssé dans le mur.

– On va commencer simplement.

Elle fit signe à Charly de la suivre vers le hall, où ni l'un ni l'autre ne furent surpris de constater que M. Georges était déjà parti. Depuis le haut de l'escalier, ils pouvaient lire la pancarte accrochée à la porte, écornée à force d'avoir servi : « Claquez la porte en partant. »

– Parfait, dit Sapotille. On a l'École pour nous tout seuls.

Elle s'assit sur une marche, posa le seau par terre et tendit la serpillière pliée en quatre.

– C'est une rune assez proche de celle qui permet de faire voler les balais, mais avec une étoile à la place du point. Dessine ce symbole avec ton index… Mais non, pas en l'air ! Sur la serpillière, évidemment !

Le « évidemment » trimbalait dans ses bagages des tonnes d'arrière-pensées, parmi lesquelles on entendait distinctement : « Faut vraiment tout lui dire ! », ou encore « Mais pourquoi cst-ce que je perds mon temps avec lui, déjà ? » et enfin « Ah oui, parce que j'adore jouer à la prof ».

Charly suivit les instructions à la lettre et rata une bonne douzaine de fois, sous le regard consterné mais pas surpris de Sapotille.

– C'est incroyable, dit-elle soudain. Je n'ai jamais rencontré quelqu'un qui ait aussi peu de dispositions pour la magie. Tu es un vrai cas d'école !

Comme elle tournait la tête, dépitée, vers le hall à nettoyer, Charly se souvint de la façon dont il avait procédé pour le balai. Il ouvrit sa paume et afficha la rune dans son esprit. Aussitôt, une gerbe de feu illumina les fibres de la serpillière, qui fut animée d'un léger frémissement. Elle se tortilla et quelques gouttes d'eau grisâtre glissèrent entre les doigts de Charly.

– Ça y est !

– Pas trop tôt, soupira Sapotille qui n'avait pas vu la façon dont Charly avait procédé. Maintenant, pose-la par terre.

Charly obéit, la serpillière rampa mollement jusqu'aux chaussures de Sapotille sur lesquelles elle se vautra. Sapotille la foudroya du regard et la chose se hâta de décamper jusqu'à un angle de mur où elle se ratatina.

– Commence par nettoyer le hall et les escaliers. Je m'occupe de…

Sapotille toisa Charly, revit sa confiance à la baisse et acheva :

– De tout le reste, en fait.

Puis elle disparut.

– Bon, dit Charly, laissé en tête à tête avec sa serpillière.

Il était vaguement ému tout de même.

– Comment je vais t'appeler ? se demanda-t-il à haute voix. Pépouze, ça te dit ?

Pour toute réponse, la serpillière se mit à ramper loin de lui. Ce ne fut que lorsqu'elle approcha de la porte que Charly comprit qu'elle prenait la poudre d'escampette.

– Attends ! Reviens !

La serpillière hésita.

– S'il te plaît ? tenta Charly.

La serpillière reprit sa route vers la sortie. Charly était à peu près certain qu'il ne pouvait pas laisser une serpillière animée par ses soins se balader en toute liberté dans les rues. Il en était responsable *magicièrement*, ou quel que soit le mot adéquat. Il lui courut après et l'attrapa à pleines mains.

– Il faut qu'on discute, toi et moi.

En réponse à quoi la serpillière lui sauta à la figure et serra de toutes ses fibres.

Quand, dix minutes plus tard, Sapotille passa voir comment Charly s'en sortait, elle le trouva en train de se noyer dans le seau d'eau, la serpillière lui appuyant consciencieusement sur le crâne.

Elle l'attrapa d'une seule main. La serpillière se tortilla avec hargne mais abandonna assez vite. De son côté, penaud et trempé d'eau crasseuse, Charly se releva péniblement, juste à temps pour encaisser une nouvelle attaque, celle du dédain de Sapotille.

– C'est pas permis de manquer d'autorité à ce point ! Avec tous les avantages que tu as… je veux dire, tu es super grand, super musclé et tu te laisses faire comme une chiffe ! Et même *par* une chiffe, ce qui est encore pire !

Charly était lassé de sa propre médiocrité, mais il n'était pas prêt à tout laisser passer :

– Je suis un grand Noir costaud alors je suis supposé être une brute, c'est ça ?

– Non, ce n'est pas ce que je…

– Au cas où personne ne l'aurait remarqué, ça ne me plaît pas d'impressionner les gens ! Je n'aime pas le regard méfiant qu'on me lance quand je passe à moins d'un mètre de quelqu'un comme si j'allais lui cogner dessus. Je n'aime pas que la fille que j'ai failli percuter me regarde comme si je l'avais fait exprès. Ou qu'elle s'imagine que je lui ai tiré les cheveux, juste parce que ses préjugés lui disent que c'est forcément moi le coupable !

La violence, ce n'est pas mon truc. L'autorité non plus. Je n'aime pas… forcer les gens à faire des choses contre leur gré. Et les serpillières non plus, d'accord ?

Sapotille hocha la tête. Elle hésita puis ajouta :

– Je suis désolée de te dire que ça ne va pas te faciliter la vie, parce que… le monde magicier est essentiellement bâti sur le rapport de forces. Ce n'est pas un monde très juste.

Elle soupira.

– Écoute, je vais finir toute seule. Tu as raison pour mes préjugés et… de toute façon, j'irai plus vite si tu n'es pas dans mes jambes.

Charly désigna la serpillière qui ondulait nerveusement sous la poigne de Sapotille.

– Et ça ? Qu'est-ce qu'on en fait ?

Sapotille haussa les épaules :

– Tu n'as qu'à l'abandonner. Elle perdra vie assez vite.

Charly fit la grimace.

– Tu sais quoi ? Donne. On va tâcher de s'arranger, elle et moi.

Dubitative, Sapotille lui tendit sa serpillière et Charly se hâta de l'empoigner avant qu'elle ne se rebelle. Il l'essora de son mieux et la fourra dans son sac.

Après quoi il regarda Sapotille finir de diriger son armée de balais, de seaux et de serpillières. Ce qui prit assez peu de temps. Sapotille savait être remarquablement efficace.

– On va chez moi, maintenant ? proposa Charly. Tu resteras déjeuner.

Sur le chemin de son domicile, il voulut parler de la scène à laquelle il avait assisté en poursuivant la librairie, la nuit précédente. Même si l'homme lui avait paru sympathique et lui avait conseillé de se taire « pour son bien », Charly doutait que ce soit une bonne idée d'obéir. Il cherchait les mots pour raconter au mieux ce qui lui était arrivé, quand Sapotille dégaina la première :

– Je n'arrive pas à croire que Dame Mélisse soit la grand-mère d'un… d'un Patouilleur comme toi ! Tu devrais avoir un niveau extraordinaire, au lieu de quoi…

Pour le coup, Charly en perdit ses mots. Elle le toisait comme s'il était un scandale à lui tout seul.

– C'est toi qui devrais m'apprendre des trucs ! poursuivit-elle. Quel gâchis ! Comment oses-tu ?

Charly se défendit du bout des lèvres :

– Je n'avais pas vu ma grand-mère depuis cinq ans. Et maintenant qu'elle est venue s'installer chez nous, elle a complètement perdu la mémoire, alors ça ne facilite pas l'apprentissage. Je crois qu'elle me faisait faire des trucs magiques quand j'étais petit, mais j'ai tout oublié…

Sapotille hocha la tête.

– C'est parce que tu as arrêté de pratiquer. La magie s'efface des mémoires si on n'a plus recours à elle.

Charly eut une pensée pour sa mère. Ce devait être la raison pour laquelle elle ne se souvenait plus de rien, elle non plus. Seulement pourquoi avait-elle quitté le monde magique ? Il se remémora soudain cette histoire de grade que Maître Lin avait évoquée. Mais avant qu'il ait pu y réfléchir davantage, Sapotille reprenait :

– Qu'est-ce qui s'est passé avec ta grand-mère ? Pourquoi as-tu passé cinq ans sans la voir ? Moi, à ta place, j'aurais toujours été fourrée dans ses jupes.

Dans son sac à dos trempé, Charly sentit sa serpillière se tortiller contre ses omoplates.

– Elle s'est volatilisée, répondit-il. On n'a pas eu de nouvelles d'elle jusqu'au week-end dernier et c'était pour nous apprendre qu'elle n'avait plus aucun souvenir de rien. Ça nous a fait un drôle de choc… La dernière chose dont je me souvienne avant ça, c'est…

Il se tut un instant, le temps de convoquer dans son esprit un souvenir qui lui restait. C'était un souvenir parfaitement net du jour où sa grand-mère avait disparu.

Un été lourd écrase la colline. Le clocher du village voisin vient de sonner midi et les cigales chantent comme des forçats sous le soleil. Charly entre dans la cuisine, pieds nus sur le bois frais de la roulotte. Il porte un pyjama rouge à carreaux blancs. L'élastique est fatigué ; du coup, le tissu bâille sur ses hanches.

Charly se sent un peu drôle. *Comme s'il venait de se passer quelque chose de bizarre. Il décide de s'en moquer.*

Il y a un parfum qui flotte. C'*est une odeur qui promet du gras, du sucre et du qui-craque-sous-la-dent. Des pâtisseries refroidissent sur un plat. Des beignets. Il en cueille un et s'assoit pour le manger. À cet instant, il entend le pas de sa grand-mère, plus rapide qu'à l'ordinaire.*

– Tu fiches le camp d'ici ! Tout de suite !

Elle a refermé une main crochue sur son épaule et le tire vers l'extérieur.

Il n'a même pas mis ses chaussures et se retrouve bientôt les pieds couverts de terre, dans le jardin aux citrouilles. Puis ils courent presque sur le bitume, en descendant vers le village.

– Grand-Ma, qu'est-ce qui se passe ?

Elle ne répond pas. Ils arrivent à la gare en même temps qu'un tortillard hors d'âge et elle le jette dans le train.

– Je ne veux plus jamais te revoir, tu entends ?

Elle se tient sur le quai, toute droite dans sa colère, jusqu'à ce que le train s'éloigne. Alors, seulement, Charly voit la vieille silhouette se détendre : elle est enfin débarrassée de lui.

Quand le souvenir se fut dissipé, il en offrit une version résumée à Sapotille. Il avait toujours trouvé curieux d'avoir une mémoire si nette de ces quelques minutes, alors qu'il était bien incapable de se rappeler ce qui avait pu se produire avant.

– Ça a l'air douloureux, dit finalement Sapotille, faute de mieux.

Il eut un geste vain de la main, comme pour dire « oh, tu sais… ! », mais une vieille culpabilité lui griffait l'estomac comme un matou vengeur.

– On est arrivés, dit-il en pointant du doigt une maisonnette à volets gris. C'est chez moi.

Ça l'arrangeait bien de changer de sujet.

12

Ce qui a disparu

Quand ils entrèrent, ils trouvèrent Césaria occupée à préparer une pizza. Césaria Vernier réussissait les pizzas à la perfection. On peut mettre n'importe quoi sur une pizza et elle était très forte en n'importe quoi.

Sapotille s'était avancée vers la cuisine. En découvrant Césaria, elle recula précipitamment sur la pointe des pieds, comme si elle craignait d'avoir attiré l'attention d'un grizzly.

– Ta mère est notre principale ? chuchota-t-elle avec angoisse.

– Tu dois être la seule personne à ne pas être au courant.

– Je… Je me préoccupe plus de ce qui se passe dans le monde magique que dans notre collège…

– Bonjour, tu es Sapotille, c'est ça ?

Sapotille se tassa sur elle-même tandis que Césaria lui plaquait deux bises maladroites sur les joues.

– Je suis ravie que mon fils se soit enfin décidé à

fréquenter les bons éléments. Surtout, ne faites pas attention à moi ! Parlez de ce que vous voulez, je n'écoute pas du tout !

Et elle retourna à son plan de travail, remuant les casseroles bien fort pour faire entendre qu'elle ne saisirait pas un mot de leur conversation.

– Vous faites une drôle de famille ! Tu es sûre qu'elle n'est pas magicière ? demanda Sapotille à mi-voix, tout en couvant Césaria d'un œil préoccupé. Parce que ça expliquerait beaucoup de choses.

– Ah bon ?

– Elle nous met sans arrêt en compétition à coups d'épreuves tordues. Ça rappelle… ça rappelle vraiment Saint-Fouettard. En moins malsain, évidemment. Tu as dû remarquer que notre collège fonctionnait bizarrement. Je pensais que c'était le bâtiment qui influençait tout le monde, mais ta mère y joue un rôle aussi. C'est logique, maintenant que j'y pense.

– En fait, j'ai cru comprendre qu'elle avait étudié la magie avec Maître Lin, il y a longtemps. Mais je ne sais pas pourquoi elle a arrêté. Elle a dû rater son examen d'Élémentère.

– Elle a eu de la chance, quand même. L'échec à cet examen est souvent mortel, et même quand ce n'est pas le cas, on n'en ressort pas indemne. Dans tous les cas, on t'inocule un virus qui t'empêche de pratiquer la magie, si bien qu'elle s'efface de ta mémoire progressivement.

Césaria cessa de remuer ses casseroles. Elle avait l'œil perdu, un peu rêveur. Elle secoua soudain la tête, comme pour saupoudrer autour d'elle des pensées parasites. Puis elle retourna à sa sauce qui brûlait tendrement.

Charly se sentait mal à l'aise, comme s'il venait d'assister à quelque chose de triste. Il effleura l'épaule de Sapotille.

– On devrait peut-être discuter ailleurs. Tu voulais rencontrer ma grand-mère, n'est-ce pas ?

L'escalier grinça copieusement en les portant à l'étage. Charly frappa. À l'intérieur, Dame Mélisse ne sursauta même pas. Elle était assise dans son fauteuil, les yeux tournés vers la fenêtre mais qui ne regardaient que le vide. Elle avait l'air si absente, si transparente que Charly en eut mal au cœur. Elle n'avait même pas daigné les remarquer.

– Bonjour, dit Sapotille d'une voix très douce, comme si elle craignait de la réveiller d'un étrange sommeil.

Contrairement à ce que Charly avait redouté, il n'y avait aucune curiosité malsaine dans le regard de Sapotille, mais plutôt une intense admiration mêlée d'inquiétude. Elle sortit de sa cartouchière un livre très écorné et couvert de taches. C'était un livre avec une bonne tête de chouchou que son propriétaire aurait déjà lu des dizaines de fois. Sur la couverture était écrit *Mes gourmandises*.

– Oh ! s'exclama Charly. Je peux le voir ? S'il te plaît ?

Sapotille lui tendit le livre et Charly se hâta de le feuilleter. Les recettes étaient ornementées d'illustrations riches en détails. *Croissourires pour ronchons du matin*, *choux-péteurs pour enfants trop sages*, *beignets de prédiction pour petits présages sans prétention, tarte-chercheuse pour fâcheux qui l'ont bien cherché...*

– Je ne l'avais pas cherché ! protesta-t-il en se rappelant celle qui avait atterri sur sa figure.

– Tu as essayé de me piquer mon maître ! Tu l'avais plus que cherché.

Soudain, un brin de conscience remua au fond des yeux de la vieille dame.

– Autrefois, j'ai écrit un livre, dit-elle d'une voix incertaine.

– Oui, l'encouragea Sapotille. C'est celui-ci.

– Ah, dit Dame Mélisse, le sourcil froncé sur la couverture, comme si elle peinait à reconnaître une personne chère.

– Vous savez, Dame Mélisse, j'ai testé presque toutes vos recettes, même les plus difficiles. Je suis l'une de vos plus grandes admiratrices.

– Ah, dit à nouveau Dame Mélisse, du ton de celle qui sent bien qu'on attend d'elle quelque chose mais qui ne sait pas quoi.

Sapotille soupira et, comme la vieille dame ne faisait aucun geste pour s'emparer de son livre, le rangea dans sa cartouchière.

– J'aurais payé cher pour qu'elle me fasse une dédicace, mais...

– Tu peux payer, petite ? Paye ! Paye si tu peux ! Moi, je n'ai plus rien !

Soudain, la vieille dame s'était tournée vers elle et lui avait agrippé le bras avec férocité. Une vague de panique submergea Sapotille, mais elle n'eut pas le temps de réagir. Dame Mélisse croisa le regard de Charly et tout son visage s'affaissa en point d'interrogation. La chair était à nouveau indécise autour de ses yeux perdus, les rides confuses comme sur la peau d'un lac troublé. Elle lâcha Sapotille.

Charly eut l'impression de lutter contre la main d'un géant qui lui écraserait les côtes. Il serra le poing droit et reprit finalement son souffle. Le silence devenait oppressant et Sapotille regarda par la fenêtre pour se donner une contenance. Avec un soulagement palpable, elle trouva alors un nouveau sujet de discussion :

– Juste par curiosité, ce truc ignoble dans ton jardin, là… C'est la citrolle que Maître Lin t'a demandé de faire pousser ?

Charly se sentit vaguement honteux.

– J'avoue que s'il comptait dessus pour sa soupe…

– Oh là là. Il vaut mieux éviter de penser à sa réaction ! En tout cas, tu devrais désherber ton jardin, sinon votre maison ne tardera pas à être envahie par la jungle.

– Oui, c'est curieux, il n'arrête pas de pousser… Pourtant, je ne fais quasiment pas de magie.

– Ta grand-mère est une Magistère et comme elle est… malade, toute sa puissance est absorbée par les plantes. Du coup, elles vont pousser, pousser et pousser encore. Ça ne s'arrêtera pas tant que Dame Mélisse restera ici, je le crains.

Tout en parlant, elle examinait la décoration de la chambre. Charly s'aperçut qu'elle évitait de regarder sa grand-mère. Soudain, son regard s'arrêta sur un point du mur.

– Il est curieux, ce tableau…

– C'est ma mère qui l'a peint. C'est… assez abstrait, concéda Charly.

Sapotille fixait le tableau avec un intérêt croissant. Charly s'en sentait un peu embarrassé. Il n'avait jamais trouvé que sa mère avait un grand talent pour la peinture, mais il n'avait pas envie que Sapotille la critique d'une quelconque manière.

– Il est à l'envers, non ? demanda-t-elle soudain en fronçant les sourcils.

– Le repas est prêt ! appela Césaria au même instant, offrant une distraction bienvenue.

Dame Mélisse ne fit aucune difficulté pour les accompagner en bas et, après la scène qui venait de se produire, Charly en fut grandement soulagé. Sa mère les attendait près de la table, au centre de laquelle trônait une pizza assez spectaculaire.

Mais Sapotille ne paraissait pas pressée de déjeuner. Elle regardait à présent les tableaux que Césaria avait peints et qui étaient suspendus un peu partout. Elle semblait particulièrement intriguée par la toile en cours, encore posée sur son chevalet. Flattée de la voir intéressée par son travail, Césaria s'approcha.

– Ça fait trois jours que je travaille sur celle-ci, mais je ne suis pas encore fixée sur les couleurs. Qu'est-ce que tu en dis ? Elles te plaisent ?

Le tableau était vert, brun et violet. Charly croisa les doigts pour que Sapotille oublie d'être franche. Il avait déjà pu constater qu'elle n'était pas très douée en mensonge.

– Oui, commença-t-elle, c'est… c'est très…

Elle paraissait furieusement concentrée et tout à coup, elle attrapa le cadre de la toile à pleines mains.

– Extraordinaire, murmura-t-elle entre ses dents.

Charly fut épaté par l'absolue sincérité qui sourdait de sa voix.

– Eh bien, merci, je suis flattée ! s'exclama Césaria en riant. Allez, je vais couper la pizza ! À table !

Charly profita de ce qu'elle s'était éloignée pour adresser à Sapotille un sourire reconnaissant.

– Merci ! Tu lui as remonté le moral pour toute la semaine. Elle en avait besoin !

Sapotille approcha alors ses lèvres de son oreille. Elle était vraiment près et Charly pouvait sentir sa chaleur qui se communiquait à lui.

– Dis-moi, ça fait longtemps que ta mère s'est mise à la peinture ?

– Oui, quelques années déjà.

La coïncidence lui sauta soudain aux yeux. Cela faisait exactement cinq ans que sa mère s'était prise de passion pour la peinture. Pile au moment où sa grand-mère avait disparu…

– Ce n'est pas de l'art abstrait, murmura Sapotille.

Et Charly s'aperçut qu'elle était devenue pâle.

– Ta mère peint des runes, enfin, elle essaie, parce qu'elles sont ratées, poursuivit Sapotille. Vu qu'elle alterne les couleurs, ça les rend difficiles à lire, mais l'intention est claire. Ce sont des sorts de protection… Et sur sa dernière toile, elle a essayé d'en dessiner un très puissant.

– Est-ce que tu veux me dire que ma mère fait de la magie sans s'en apercevoir ?

– Ce que je veux te dire, c'est qu'au fond d'elle ta mère est persuadée que quelqu'un dans cette maison est en danger de mort.

13
La noire Allégorie

Durant tout le déjeuner, Sapotille garda une attitude étrange. Ses gestes balançaient entre retenue et brusquerie, on aurait dit quelqu'un ravi d'être là mais terrifié à l'idée de commettre un impair. Charly pensa tout d'abord qu'elle était impressionnée de manger à la table de sa directrice. Mais elle paraissait apprécier sincèrement Césaria, alors ce devait être autre chose.

Charly avait du mal à comprendre Sapotille. Elle pouvait se montrer assez chaleureuse avant de lui battre froid… Elle était continuellement sur la défensive. Ce matin, ils s'étaient quasiment disputés deux fois, alors qu'il était expert dans l'art de s'extraire des conflits à coups de sourire. Comment avait-elle réussi à le faire déraper ? Il tâcha de se remémorer leur discussion dans le détail et tressauta en se souvenant des paroles de Sapotille. Sur le coup, il n'y avait pas prêté attention, mais elle avait dit : « Explique-moi comme tu te débrouillerais mieux que moi, toi qui as un toit sur la tête, un familier et une célèbre grand-mère magicière ! »

Un toit sur la tête ?

Il se rendit alors compte qu'il n'avait pas la moindre idée de l'endroit où logeait Sapotille. Sapotille qui était toujours toute seule. Sapotille qui n'avait jamais évoqué ses parents.

– Pourquoi tu me regardes comme ça ? demanda-t-elle soudain.

Charly fut dispensé de répondre car, au même moment, son chat entra dans une fureur folle sous la table.

– Mandrin ? Qu'est-ce qui se passe ?

– Ne me dis pas que ce chat est en train de se battre avec une serpillière ! s'exclama Césaria. Bon sang, cet animal est complètement dingue !

Catastrophé, Charly se hâta d'aller sauver Pépouze, qui s'était enfuie de son sac à dos. En regardant le sol, il s'aperçut qu'elle s'était promenée dans tout le rez-de-chaussée, qu'elle avait consciencieusement nettoyé. Il la monta prestement à l'étage et lui installa un seau d'eau dans un coin de sa chambre, où elle sembla se plaire puisqu'il l'entendit y barboter avec entrain.

Finalement, il retourna à table et la fin du repas se déroula sans nouvel incident.

– Merci, c'était vraiment délicieux.

Sapotille paraissait presque bouleversée et Charly fut peiné qu'un simple repas de famille la mette dans un tel état. Elle l'aida même à faire la vaisselle avec un enthousiasme hors de propos.

– Je vais y aller, dit-elle finalement en reposant le torchon. Je dois aller m'entraîner.

– Tu vas chez Maître Lin ? demanda Charly.

– Oui.

– Toi aussi, tu prends des cours d'échecs ? s'étonna Césaria.

– Euh…, commença Sapotille, perplexe.

– Tout à fait, la coupa Charly. Sapotille et moi, on s'entraîne dur. D'ailleurs, je vais l'accompagner, ça ne t'embête pas, maman ?

– Pas du tout ! De mon côté, je vais passer un moment au jardin avec ta grand-mère, ça lui fera prendre l'air.

Avant de quitter les lieux, Charly déposa un baiser sur la joue de Dame Mélisse. Elle n'y prêta aucune attention.

*

– Elle est gentille, ta mère, dit Sapotille alors que Charly se coiffait de son chapeau-sapeur.

– Je suis content que tu l'aies remarqué. Comme elle est assez autoritaire, la plupart des gens ne s'en rendent pas compte.

Il se racla la gorge et se jeta à l'eau :

– Et toi ?

– Quoi, moi ? lui demanda Sapotille, redevenue revêche en un clin d'œil.

– Eh bien… tes parents ? insista Charly, tout en se demandant si c'était la meilleure chose à faire.

Le visage de Sapotille se ferma d'un coup et elle

accéléra le pas. Finalement, alors qu'elle le distançait déjà d'un bon mètre, il l'entendit répondre :

– Morts.

Charly retint son souffle, avec ce respect qu'on doit aux fantômes. Dans ces cas-là, que faut-il dire ? Il hésitait entre rattraper Sapotille et la laisser seule. Avait-elle seulement envie de se laisser consoler ? Désirait-elle en parler ? Ou préférait-elle se taire comme on referme une tombe ?

– Je vous en supplie, aidez-moi ! hurla soudain un homme non loin d'eux. Je n'arrive plus à m'arrêter !

Il était lancé dans une danse endiablée. Question technique, c'était très mauvais, mais il y mettait du cœur.

Sapotille se retourna enfin vers Charly. Elle avait les yeux trop brillants, mais il fit semblant de ne rien remarquer.

– On dirait qu'il y a un nouvel attrape-quiéton dans les parages ! s'exclama-t-elle.

Comme pour lui donner raison, une vieille dame commença un numéro de claquettes à peine quelques mètres plus loin. Elle aussi appelait au secours.

– Par là ! s'écria Charly.

Ce fut assez rapide, *comme s'ils étaient attendus*, se souviendrait Charly plus tard. Ils suivirent le sillage des danseurs, dont beaucoup suppliaient qu'on les arrête, et finirent par tomber sur l'attrape-quiéton, deux rues plus haut, bien en évidence. Ce fut *vraiment très facile*.

Sur une placette, près d'une fontaine, une jolie

machine d'allure foraine cirait gratuitement les chaussures, à grand renfort de brosses à reluire.

– Je vois la gemnez, dit Sapotille.

– Est-ce que Thibald ne devrait pas être dans le coin ? s'interrogea Charly à voix haute.

Au même moment, il s'aperçut qu'il n'avait toujours pas raconté à Sapotille sa sortie nocturne, lors de laquelle il avait vu ledit Thibald tremper dans une affaire suspecte. Il n'eut toutefois pas l'occasion de le faire, puisqu'à la même seconde, le dénommé Thibald leur fonça dessus en balai.

Il bénéficia magistralement de son effet de surprise. Lancé à pleine vitesse, il attrapa Sapotille par la taille et l'enleva dans les airs. Charly entendit la jeune fille pousser un cri de rage épouvantable. Dans la panique, il se lança à leur poursuite avant de s'arrêter. Il était impuissant à pied car le balai de Thibald avait déjà atteint les toits. Devait-il trouver un moyen de les rejoindre malgré tout ? La phrase de Sapotille résonna alors dans son esprit : « Je n'ai pas besoin d'être protégée, d'accord ? »

Elle n'avait pas tort. Elle était bien plus puissante que lui. Et elle serait encore plus furieuse s'il négligeait l'attrape-quiéton pour tenter de la secourir. *L'attrape-quiéton d'abord, ensuite, si elle n'est pas revenue, je trouve un moyen de l'aider.*

Il fonça sur la machine à cirage. Sur le coup, il ne trouva pas bizarre que cette dernière le laisse venir sans réagir. Il put même déchasser la gemnez sans rencontrer la moindre difficulté.

C'est alors qu'il entendit un bruit de sabots juste derrière lui.

Un frisson planta ses griffes dans son cou.

Et il comprit qu'il venait de tomber dans un piège.

Se retourner lui demanda une bonne dose de courage.

L'homme était tout en noir. Noir son cheval. Noire sa cape. Noir son chapeau à large bord. Noir le foulard qui masquait son visage.

Le Cavalier.

Le cœur de Charly trébucha quand il nota les accessoires du personnage. Pendu à sa ceinture, un énorme sablicr de verre laissait s'écouler des gemnez dans un bruit de perles. Et son bras droit, qu'il relevait lentement, tenait une gigantesque faux.

La faux. Le sablier. Le cheval.

Le Cavalier était sans conteste l'allégorie de la Mort, songea Charly avec terreur.

Après s'être arrêté une seconde, son cœur repartit à fond de train. Sa pulsation était comme un galop. Il fuyait pour Charly qui, de son côté, restait pétrifié et n'entendait plus que le bruit de son souffle.

La faux se dressa bien haut. Au moment où elle allait s'abattre, Charly se jeta en arrière. Il percuta le chariot à cirage et, dans un réflexe désespéré, le jeta sur le Cavalier. Le cheval hennit avec fureur et rua. Le chariot craqua dans un bruit sourd. La faux, déviée de sa trajectoire, trancha l'air à quelques centimètres de Charly. Ce dernier avait retrouvé le contrôle de ses mouvements. *Fuis ! Fuis ! Fuis !* Il se mit à courir.

Le bruit de sabots reprit dans son dos, lento, moderato, allegro… La percussion de mort se rapprochait. Charly voulut accélérer. Un pavé disjoint accrocha sa chaussure et il tomba à plat ventre. Sa mâchoire claqua sur le sol et un goût de sang envahit sa bouche. Le Cavalier était déjà sur lui.

– Nous y voici donc, dit alors une voix si élégante qu'elle donnait l'impression d'enfiler des gants.

Quand Charly tourna le regard, il reconnut les broderies du pantalon blanc de Maître Lin. Il leva les yeux juste à temps pour voir son maître achever une rune. Aussitôt, le Cavalier fut projeté vingt mètres en arrière et son cheval hennit de rage en se rétablissant douloureusement sur ses membres. Charly sentit qu'on le soulevait du sol. Il fut presque jeté en travers d'un balai.

– Reprends-toi, ou je te promets que je te laisse ici.

Charly s'accrocha au manche de toutes ses forces et le balai décolla comme une fusée. Dans son dos, il crut sentir le vent d'une faux qui déchire le vide.

Quand ils furent assez haut, il s'aperçut que de grosses branches avaient poussé le long du manche. D'une main qui manquait pour une fois de force, il les arracha.

– Ça va, calme-toi. Tu es en sécurité, à présent… Et moi, j'ai la preuve que le Cavalier ne respecte pas les règles.

Maître Lin brandissait un miroir face-à-main, assez semblable à celui que Dame Mélisse avait légué à Charly.

– J'ai tout enregistré.

Le sourire de Maître Lin paraissait compter plus de dents que d'ordinaire.

– Je vais porter cette affaire devant le tribunal académique. Ça va faire un scandale comme on n'en a jamais vu ! Pas de quoi faire tomber l'Académie, mais j'abattrai leur plus puissant allié. Depuis le temps que j'attendais ça !

Et il éclata d'un rire féroce. Mais un doute chatouillait Charly de plus en plus fort.

– Excusez-moi, Maître Lin, mais… est-ce que vous m'avez tendu un piège ? Je veux dire… est-ce que je vous ai servi d'appât ?

– Cela a fonctionné très au-delà de mes espérances. Je m'en félicite.

D'un mouvement de tête tout à fait maîtrisé, il rejeta ses cheveux en arrière et Charly les prit dans la figure.

14
Tant qu'il y a du thé

Devant le Tcha-tcha-tchaï, les mêmes vieilles dames étaient assises aux mêmes tables et Charly se demanda si elles ne faisaient pas partie intrinsèque du décor.

Au moment où Maître Lin et lui se posaient, ils virent revenir Sapotille dans une robe déchirée, essayant de cacher un boitillement. Elle avait aussi la naissance d'un bleu sur la pommette et une lèvre fendue, mais elle souriait largement :

– Vous auriez vu la misère que je lui ai mise ! annonça-t-elle fièrement.

Elle empoigna son sablier et le regarda avec consternation :

– Par contre, il a presque vidé mes réserves, cet abruti. Quand je pense que lui, il a collé une gemnez sur son insigne ! C'est complètement illégal ! Ils se croient vraiment tout permis, les Thadamais !

– Et tu as fait comment pour t'en débarrasser ? demanda Maître Lin.

– Il me tenait les poignets pour m'empêcher de tracer. Du coup, je me suis mise à esquisser des runes avec les doigts, n'importe lesquelles. Comme elles étaient inachevées, ça a éclaboussé beaucoup de magie et on s'est retrouvés sur un buisson de pommier en cinq secondes à peine ! Après ça, il a mis toute son énergie à empêcher le crash… et moi, j'ai sauté. Je l'ai vu s'écraser contre un mur un peu plus loin. Ça n'a pas dû arranger son petit minois de poète !

Tandis qu'elle parlait, Maître Lin traçait discrètement des runes de la main droite. Le geste était léger et très maîtrisé. En quelques secondes, Charly vit la robe de Sapotille se recoudre, la lèvre fendue se refermer et le bleu s'estomper. Finalement, Sapotille remua sa jambe, comme si elle était surprise de sentir la douleur s'envoler. Elle se racla la gorge :

– Hmm. Merci.

Maître Lin tendit la main vers le chapeau de son apprentie :

– Cette déchirure aurait dû se refermer d'elle-même. Ton sapeur m'a l'air à bout de souffle… D'ailleurs, sa gemnez est bien terne. Si tu ne le changes pas prochainement, tu risques d'attirer l'attention.

Sapotille se tortilla :

– C'est-à-dire que… je ne suis pas très en fonds en ce moment. Mais je me referai une santé financière pendant le sabbat. Oh, bonjour Justine !

Tout en parlant, ils étaient entrés dans le salon, où le crocodile les attendait devant la cheminée. Maître Lin poussa Charly dans un siège.

– Dis bonjour à Justine, elle est très susceptible.

– Bonjour, Justine, souffla Charly en vitesse.

Le crocodile fit claquer ses mâchoires et se vautra à ses pieds… que Charly enfouit sous son fauteuil, par sécurité. Maître Lin revint, sa théière perpétuelle à la main :

– Tant qu'il y a du thé, nous sommes sauvés.

– Je n'apprécie pas que vous m'ayez tendu un piège, dit soudain Charly. J'aurais pu en mourir et je trouve que vous prenez les choses trop à la légère.

En retour de quoi, Maître Lin se contenta de le regarder de haut. Charly crispa ses mains sur les accoudoirs. Il y eut un craquement équivoque quand celui de droite céda. Charly passa de la colère à la gêne. Pour se donner une contenance, il se hâta d'attraper la tasse de porcelaine sur la table, mais Maître Lin la lui ôta très délicatement des mains.

– Si tu permets, le fauteuil repoussera, mais je tiens à ce service.

Et il remplaça la tasse par une espèce de mug obèse en métal.

– Très bien, je te dois des explications, soupira-t-il enfin. Commençons par l'Académie de Magie, ce ramassis de charognes. Dans ce coin du monde, qui n'est pas exactement découpé en pays comme celui que tu connais, c'est elle qui régit la magie. L'Académie en définit absolument toutes les règles, et les transgresser expose à des sanctions redoutables. Mais si l'Académie surveille tout le monde, personne ne surveille l'Académie, et nous pensons qu'elle en abuse monstrueusement. Ta grand-mère et moi, avec d'autres gens, faisons – faisions – partie d'un groupe qui… s'oppose discrètement à ses dérives. Si bien que l'Académie avait tout intérêt à faire sortir Dame Mélisse du jeu. Notre vrai problème dans tout cela, c'est que nous ne pouvons faire que des suppositions. Ta grand-mère était notre cheffe de file, notre meilleure enquêtrice, et elle a brusquement disparu il y a cinq ans.

Maître Lin ôta ses lorgnons, comme si par ce geste il pouvait chasser l'humidité de ses yeux.

– Ces cinq dernières années, six magiciers de notre loge ont eu la mémoire intégralement vidée. Plus Mornille…

Il essuya ses lorgnons comme s'ils étaient responsables de ses yeux mouillés.

– Mornille a été retrouvée morte… Il est impossible de prouver que le Cavalier soit à l'origine du crime sur ordre des Académiciens, mais nous en avons la certitude. Quand j'ai vu des attrape-quiétons apparaître en ville, j'ai su que j'étais leur nouvelle cible. C'est la raison pour laquelle j'ai préféré vous envoyer, Sapotille et toi, sur les lieux, sous ma discrète surveillance. Je ne pensais pas que le Cavalier prendrait le risque de se montrer pour des Patouilleurs ! En revanche, j'espérais voir à l'œuvre un jeune Thadamais qui impliquerait l'Académie. Les jeunes ne risquent pas grand-chose, même en cas de flagrant délit. C'est pour ça que leurs parents les envoient. Au pire, ils se retrouvent avec une amende. C'est ainsi que vous vous êtes trouvés face à Thibald Dendelion, le fils du juge en personne ! Ça aurait fait son petit effet au tribunal, je peux vous le garantir ! De quoi acheter quelques mois de tranquillité, ce que je n'aurais pas renié… Mais nous avons eu beaucoup mieux !

À présent, il peinait à masquer son excitation. Il sortit le miroir qu'il avait rangé contre sa poitrine :

– Ce miroir est la chose la plus précieuse que nous ayons désormais. La preuve que le Cavalier transgresse les règles ! On en parlera dans le monde entier, je peux vous le garantir. Et ils n'auront pas d'autre choix que de destituer le Cavalier de ses pouvoirs. Destituer une Allégorie, cela n'arrive jamais, vous ne pouvez pas imaginer !

Charly était pensif.

– C'est tout de même curieux que j'aie été la cible du Cavalier, si mes souvenirs ne valent rien…

– Surtout qu'il désirait vraiment s'en prendre à Charly, ajouta Sapotille. Thibald a cherché à m'éloigner à deux reprises. Le Cavalier ne voulait pas de témoin, j'imagine…

– À ce sujet, j'ai quelques hypothèses, reprit Maître Lin. Même si Charly a un niveau vraiment faible, débarrasser le monde magique de la lignée de Dame Mélisse serait hautement symbolique. Césaria est déjà hors circuit, mais l'Académie n'apprécierait pas du tout que Charly reprenne le flambeau de sa grand-mère. Par ailleurs, je songe à une autre possibilité… C'est que Charly dispose sans le savoir d'un souvenir gênant pour eux…

– Mais j'ai perdu presque tous mes souvenirs magiques ! intervint Charly.

– Certes. Mais ils ne le savent pas. Et il se peut que tu aies assisté à certains événements dans ton enfance. Cela expliquerait que le Cavalier tienne à nettoyer ta mémoire…

Maître Lin posa soudain sa tasse de thé sur la table.

– Il est plus que temps de préparer notre voyage. La citrolle que tu as plantée pousse bien ?

15
Voyage en citrolle

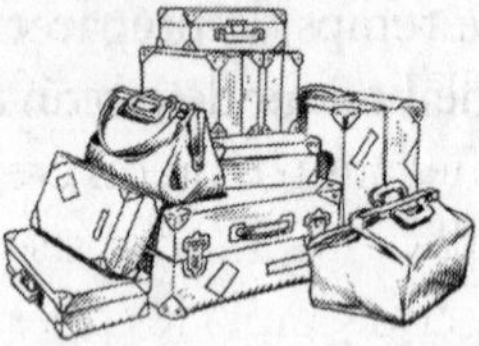

En constatant les dégâts, Maître Lin avait levé un sourcil contrarié.

– Oh là là ! s'était aussitôt exclamée Sapotille, comme si elle ne l'avait jamais vu si en colère.

À présent, il trônait sur leur pile de valises, au milieu du jardin de Charly. Il était absolument hors de lui et ne faisait rien pour le cacher. La preuve : il n'en finissait plus de se limer les ongles.

– Dans la vie, il y a ceux qui maîtrisent les sorts élémentaires, et ceux qui creusent. Toi, tu creuses.

Charly essayait désespérément de se faire pardonner :

– Je suis vraiment désolé !

Un énorme SPLOUTCH lui répondit. Sapotille venait d'éjecter un seau de chair de citrolle pourrie par l'ouverture.

– Charly, dit-elle froidement, tais-toi et creuse.

La citrolle avait atteint la taille d'une petite voiture,

ce qui était apparemment le but. Mais elle avait aussi une drôle de peau verdâtre, cloquée et suintante.

Sapotille et Charly étaient supposés y creuser un habitacle pour voyager jusqu'à Thadam, mais la chair était anormalement molle et s'écrasait dès qu'ils y posaient la main. Seule Justine, le crocodile, ronronnait d'aise, ravie de l'odeur de putréfaction générale.

– Je crois qu'il ne faut pas qu'on creuse davantage, dit finalement Sapotille. Sinon, tout risque de s'effondrer.

Elle ressortit et contempla les tiges qui formaient des roues très approximatives.

– Elles ne sont même pas droites. On va avoir mal au cœur…

– Il faudra que ça aille, trancha Maître Lin. Hissez les bagages sur le toit. Très honnêtement, j'ai honte devant les chevaux que j'ai loués.

Le toit ploya un peu quand Justine escalada la pile de valises, trônant sur l'ensemble comme une revanche sur tous les sacs à main du monde. Charly n'avait pas emporté de bagage. Il avait glissé tout ce dont il avait besoin dans son chapeau qu'il ne quittait plus. Il avait même réussi à y fourrer son balai, quoique Maître Lin lui ait certifié qu'il était illégal de voler à Thadam. Malgré cette interdiction, il préférait l'avoir sur lui.

– Je suis sûre que ça ne va pas s'écrouler, dit Sapotille en s'installant à l'intérieur.

Charly se hâta de retourner une dernière fois dans sa maison, pour embrasser sa mère et sa grand-mère. Il n'osait croire qu'il reviendrait bientôt de Thadam avec la mémoire de Grand-Ma et que c'était sans doute la dernière fois qu'elle le contemplait avec ce regard vide…

La veille au soir avait été bizarre. Choqué par sa rencontre avec le Cavalier, Charly n'avait pipé mot de la soirée. Sa mère avait mis cela sur le compte de la préoccupation du voyage et avait rempli trois fois son assiette pour marquer son soutien.

C'est seulement après le repas que Charly avait pu s'isoler pour consulter la gemnez qu'il avait récupérée sur le chariot à cirage. Il avait laissé Mandrin s'installer sur ses genoux, puis avait serré le poing sur la perle blanche et fermé les yeux.

Des odeurs de cire et de vieilles confitures… Un vent de printemps siffle et fouette les carreaux colorés de la roulotte d'une giboulée tardive…

– Oui, bon. C'est un chapeau-sapeur, en somme, dit la vieille voix de Dame Mélisse. Tu gagnes suffisamment à présent pour laisser cela aux Patouilleurs sans le sou.

Elle regarde son élève avec un brin de déception. Lin a posé le chapeau sur sa tête et paraît incroyablement bien habillé. Un costume à mi-chemin entre l'Orient et l'Occident, dans une coupe recherchée et près du corps qui l'avantage en diable.

– Je dois admettre qu'il est stylistiquement plus recherché que ce qu'on croise d'habitude…, reprend Dame Mélisse. Mais si tu veux te présenter au grade de Magister, ça ne va pas suffire.

– Vraiment ? demande Lin avec un sourire qui en fait un peu trop dans la provocation.

Il touche la bordure de son chapeau une fois, deux fois, trois fois. Et change de tenue une fois, deux fois, trois fois.

– Je peux aussi l'enlever, et conserver néanmoins ma tenue tant que je reste dans un rayon de cinq mètres.

– Intéressant, concède Dame Mélisse.

Avant d'ajouter d'une voix sèche :

– Mais futile. Hors de question que je te présente avec un chef-d'œuvre aussi léger. Ça ne passera pas.

– Et si je vous dis que… j'ai créé un portail vers une autre dimension ?

Dame Mélisse retient un sursaut par pur snobisme : elle est impressionnée.

– Eh bien… je te répondrai que ça me semble beaucoup plus susceptible de séduire le jury. Et où puis-je voir ce portail ?

Lin sourit de toutes ses dents, ôte son chapeau et y plonge le bras jusqu'à l'épaule.

– Mais dans mon sapeur, naturellement !

Et saisissant une madeleine dans une assiette qui en est pleine, il la jette dans le chapeau. Après quoi, il le retourne : rien n'en tombe.

– Un peu de respect pour la nourriture ! s'offusque Dame Mélisse.

Puis, étouffant un rire léger, elle ajoute :

– J'avais préparé ces madeleines de réconfort exprès pour toi. Au cas où ton chef-d'œuvre n'aurait pas été à la hauteur.

Lin replonge la main dans le chapeau et en ressort la madeleine.

– Alors ? demande-t-il. Est-ce que j'en ai besoin, à votre avis ?

Il irradie l'orgueil. Dame Mélisse n'essaie même plus de faire semblant d'être blasée, elle se penche avec fascination sur le chapeau. Elle y plonge la main et rencontre un fond parfaitement normal.

– Le portail n'est ouvert qu'avec l'autorisation du propriétaire, sourit Lin. Si quelqu'un d'autre s'empare du chapeau, il se referme.

– C'est vraiment extraordinaire. Impossible qu'ils te refusent le passage de grade avec un exploit pareil.

Elle pointe du doigt la perle incrustée sur le ruban du chapeau.

– Ça a dû te coûter très cher en souvenir…

Lin tire une drôle de figure, d'une tristesse grimaçante.

– De toute façon, ce n'était pas un souvenir que j'avais envie de conserver. À dire vrai, je me sens mieux maintenant que j'en suis débarrassé.

Dame Mélisse hoche la tête, pensive.

– Très bien, je le présenterai cet été à l'Académie. Tu passeras ton grade lors du sabbat d'automne. Par contre, tu vas devoir me nommer propriétaire pour que je puisse faire une démonstration devant ton jury.

Lin paraît renâcler. Il essuie ses lorgnons d'un air contrarié.

– Je te le rendrai après. Tu me fais confiance, tout de même ?

– Évidemment, souffle Lin, gêné par sa propre réaction.

– En tout cas, à compter d'aujourd'hui, je t'appellerai Maître Lin. En attendant que l'Académie te délivre les galons que tu mérites, ce sera ma façon de t'adouber !

Maître Lin lui tend alors son chapeau qui se change immédiatement en charlotte de velours. Il a le sourire soulagé de l'élève qui a attendu des années la reconnaissance de son maître et qui en est enfin récompensé.

Quand Charly avait rouvert les yeux, il était à nouveau dans sa chambre et ses genoux étaient trempés.

– Hyuurh ! s'était-il exclamé en s'apercevant que Pépouze avait délogé Mandrin de ses cuisses pour s'installer à sa place.

Son chat crachait de rage à deux mètres de là. La serpillière s'était tortillée de plus belle. Apparemment, elle voulait un câlin.

Charly n'avait eu d'autre choix que de l'emporter en voyage. Il l'avait fourrée dans son chapeau avec l'espoir qu'elle ne tremperait pas tous ses pulls depuis l'autre dimension. Il avait conservé une gêne du souvenir qu'il avait visionné. Ainsi, le sapeur que sa grand-mère lui avait offert ne lui appartenait pas… Devait-il le rendre à Maître Lin ? Mais si c'était le cas, pourquoi ce dernier ne le lui avait-il pas réclamé ? Il se promit d'aborder la question quand son maître serait bien disposé, ce qui n'était clairement pas le cas ce jour-là.

– Charly ! Dépêche-toi ! cria Sapotille depuis le jardin.

Par la fenêtre, Charly s'aperçut que Maître Lin avait déjà attelé les chevaux. Sa mère lui donna une accolade aussi timide que rapide.

– Bon courage, mon chéri. C'est un tournoi d'échecs important, celui de l'automne, non ? Il me semble que je m'en souviens…

La pauvre avait l'air très confuse. Son esprit luttait pour ne pas trouver bizarre cette citrouille géante et putréfiée dans son jardin.

– Oh, tu sais ! J'y vais seulement pour observer, dit Charly.

Grâce aux talents de persuasion de Maître Lin, Charly avait obtenu l'autorisation de rater deux jours de cours. Sa mère estimait qu'un tournoi d'échecs était une expérience hautement instructive qui méritait des sacrifices.

Il la salua une dernière fois, attrapa Mandrin qui paraissait moyennement partant et courut vers la citrolle. Elle était sur le départ. Charly bondit à l'intérieur. Quand ils passèrent le portail, il y eut un drôle de bruit, comme si cela arrachait deux larges morceaux du véhicule… Charly serra les fesses.

– Voyons le bon côté des choses, dit Sapotille. C'est probablement un record du monde de, euh… dans la catégorie des véhicules improbables.

– Ça sent la pisse de chat, rétorqua Maître Lin en adressant un regard assassin à Mandrin.

Pour toute réponse, le chat se retourna sur les genoux de Charly et leva la queue, lui offrant la vision de son anus. Maître Lin reprit, la mâchoire crispée :

– J'aurais pu endurer une citrolle étroite – les Allégories savent que je n'ai rien contre la coquetterie – ou même biscornue. Mais ça ? Dire qu'on va arriver là-dedans à la cité du paraître…

Au même instant, un morceau de chair marronnasse se détacha du plafond pour s'écrabouiller sur son magnifique costume bleu, produisant un SPLOTCH sans équivoque. Maître Lin ferma les yeux dans une grimace de souffrance. Un peu inquiet, Charly serra son chat contre lui et essaya de se faire tout petit en se tassant sur son siège. Qui s'enfonça de cinq bons centimètres. Il préféra ne plus bouger et ils roulèrent ainsi plusieurs heures dans un silence absolu.

Thadam était en Bretagne, à l'autre bout du pays, près de là où Dame Mélisse avait été retrouvée. Quoique les quiétons n'accordent aucune attention à l'équipage, Maître Lin évitait les grands axes routiers pour rouler sur les routes de campagne, qui comptaient peu de circulation et beaucoup de vaches. Le paysage était mou comme une feuille de papier trempée. C'était un de ces jours où la France entière était d'une humeur de spleen, avec des nuages gris qui lui allaient bien au teint mais dont on finissait par se lasser.

De flaques en éclaboussures, le trajet était interminable et Charly se demanda comment leur véhicule tiendrait le coup sur une telle distance. Soudain, il vit Maître Lin bouger les doigts. La citrolle eut alors un discret hoquet et la forêt qu'ils traversaient se brouilla brièvement. L'opération se renouvela plusieurs fois avant que Charly ne comprenne ce qui se passait. *Il plie la route !* C'était comme si le bitume n'était qu'un ruban de papier que Maître Lin manipulait entre ses doigts.

Charly resta longuement fasciné par ce décor qui se mouvait en accordéon. Montagnes, lacs, champs, futaies… Puis il trouva que ça faisait assez de géographie comme ça et se concentra sur l'habitacle.

À côté de lui, Sapotille tournait les pages d'un journal qu'elle avait emprunté à Maître Lin et qui s'intitulait *Le Temps des magiciers*. Charly tendit le cou pour déchiffrer l'article à la une :

« LES BLESSURES D'ANASTHÈME L'INVAINCU SONT RÉELLES », titrait l'article. Au-dessous, il précisait : *« Face aux accusations de mensonge, le célèbre conducteur de citrolle a été contrôlé par le docteur Sculape qui a confirmé le diagnostic. Toutefois, celui qu'on surnomme l'Invaincu a tenu à affirmer qu'il serait tout à fait remis pour la grande course du sabbat. Faut-il y voir le premier signe de faiblesse du champion qui a tant occupé la première place du podium, ces dix dernières années ? Les parieurs tendent à le croire et la cote de l'Invaincu s'est légèrement… »*

Soudain, Sapotille replia vivement son journal, agacée que Charly essaie de lire en même temps qu'elle. Faute d'une meilleure occupation, il se mit à ruminer les rares informations qu'il avait récoltées sur leur destination : Thadam, la ville des magiciers. Les sabbats y avaient lieu quatre fois par an, mais celui d'automne était le plus important et rassemblait le plus de monde. Il y avait une course de citrolles légendaire qui attirait les foules. Et il fallait se méfier de la milice. C'était à peu près tout ce que Sapotille avait daigné lui apprendre, et au compte-gouttes encore. Maître Lin, lui, s'était montré beaucoup trop occupé pour lui révéler quoi que ce fût.

Charly s'aperçut que June lui manquait. Il hésitait

à prendre au sérieux cette brouille qui les avait séparés. Juste avant son départ, c'était trop bête. Mais il ne pouvait pas lui parler de la magie, n'est-ce pas ? Au fond, peut-être que ce qui avait mis June en rogne, c'était le pressentiment que Charly lui dissimulait des secrets. June portait ses émotions à fleur de peau. Elle était très intuitive, ça compensait le fait qu'elle n'écoutait jamais. Charly se promit d'arranger les choses à son retour. Pour une fois, il regrettait de ne pas avoir de téléphone pour au moins lui envoyer un message…

– Est-ce qu'on devra s'arrêter encore une fois pour abreuver les chevaux ? demanda soudain Sapotille. Je crois que Justine a mordu quelqu'un au dernier village.

– Sans doute un voleur, dit Maître Lin. Il a dû être surpris de mettre la main sur une valise pleine de dents.

Et il sourit de toutes les siennes, en songeant à l'anecdote. Quoiqu'il parût un peu inquiétant en cet instant, Charly fut rassuré de le voir revenir à une meilleure humeur. De fait, son maître se mit à discourir :

– Parlons un peu du programme de ces prochains jours. Demain, vous aurez quartier libre. J'ai beaucoup d'amis à qui je dois rendre visite pour le procès, je ne vous veux surtout pas dans mes jambes. Sapotille, tu mettras Charly au parfum sur les précautions nécessaires. Débrouillez-vous pour ne pas avoir d'ennuis, c'est tout ce que je vous demande. Après-demain, j'irai faire une demande d'audience au tribunal. Je m'attends à ce qu'on me fasse patienter toute la journée dans les couloirs.

– Pendant ce temps-là, j'emmènerai Charly voir la

course, intervint Sapotille. Il faut absolument qu'il voie cela pour mieux comprendre la culture magicière.

– Je ne doute pas de tes motivations altruistes, c'est très généreux de ta part. Pour en revenir au procès, je pense que nous aurons une date dans les deux jours qui suivent. En attendant ce moment, nous assisterons aux passages de grades d'Élémenter. Ce sera le meilleur moyen de ne pas ronger notre frein et ce sera très formateur pour vous. J'ai entendu dire qu'il y aurait même une cérémonie de Magister, j'en suis moi-même fort impatient…

À cet instant précis, le toit s'effondra sur eux.

Pendant quelques secondes, ils durent se débattre dans la citrolle pourrie, presque assommés par leurs bagages et un crocodile qui ne comprenait pas comment il avait pu descendre si brusquement d'un étage. Ils finirent par réaménager l'espace sans arrêter les chevaux pour autant. Terrifié, Mandrin s'était réfugié sur les épaules de Charly en crachant. Charly, lui, n'osait plus bouger d'un pouce : par manque de place, Justine avait posé sa tête sur ses genoux. Son maître paraissait muet de rage.

– Au moins, maintenant, on voit bien le paysage, tenta Charly pour détendre l'atmosphère.

Pour toute réponse, Maître Lin tourna vers lui des lorgnons recouverts de citrolle. Il n'avait pas fait un geste pour les essuyer. Charly baissa le regard. La fin du voyage se déroula dans une ambiance relativement tendue.

Au crépuscule, ils traversèrent des champs de blé moissonnés, toute une terre tondue sur laquelle les épouvantails avaient poussé en nombre. Les silhouettes empaillées portaient de grands chapeaux colorés et d'étranges redingotes galonnées. L'ensemble avait des allures d'armée revenue d'outre-tombe.

– Ces épouvantails sont bizarres, non ? ne put s'empêcher de faire remarquer Charly.

Comme Maître Lin boudait, ce fut Sapotille qui lui répondit :

– Thadam est une ville réservée aux magiciers. Pour empêcher les quiétons d'approcher, on a cerné l'endroit de sortilèges. Les répulsifs à quiétons génèrent un malaise tellement fort chez les gens qui ne pratiquent pas la magie qu'ils font aussitôt demi-tour.

À peine eut-elle fini de parler qu'ils passèrent un panneau annonçant « Thadam ».

– Enfin ! souffla Maître Lin, comme s'il ne pouvait vraiment plus supporter leur compagnie.

Charly ouvrit grands les yeux pour regarder autour de lui. C'était donc elle, la ville magicière ? Dans les derniers rayons du jour, il en contempla les maisons hautes, étroites et cernées de grilles. La végétation était abondante mais au cordeau. Les moindres fleurs étaient disposées en lignes, selon des motifs géométriques. Les arbres étaient taillés en cubes, gouttes d'eau et autres formes alambiquées. L'ensemble était d'un ordre trop strict pour être honnête.

L'architecture, quant à elle, était… balnéaire. En d'autres termes, c'était n'importe quoi. Les maisons, bâties de granit, murs blancs et toits d'ardoises, avaient adopté, qui une tourelle médiévale, qui un balcon de ferronnerie Art déco, qui une immense véranda dans le plus pur style victorien, qui les trois à la fois. À Thadam, les habitants considéraient qu'ils étaient au-dessus des époques et de la géographie, au-dessus du bon goût aussi.

La citrolle prit soudain un embranchement et longea un canal sur les berges duquel des péniches étaient sagement rangées. Quelque chose de gros bondit au milieu du cours d'eau, mais Charly ne put voir de quoi il s'agissait. La nuit avait fait un pas de plus.

Il faisait vraiment sombre quand une rangée de lanternes orange s'éleva dans les airs pour illuminer les rues.

– Ho ! ordonna Maître Lin.

Et les chevaux marquèrent le pas.

Ils s'arrêtèrent finalement au pied d'un panneau représentant une silhouette de magicier sur un balai, barrée d'un large trait rouge. Plus bas, une autre pancarte annonçait : « LES EXPÉRIENCES EN INGÉNIERIE NON VALIDÉES PAR L'ACADÉMIE SONT INTERDITES EN CENTRE-VILLE. » À Thadam, il y avait des règles.

Justine descendit la première. Maître Lin la suivit sans un mot, en empoignant sa valise. Charly le vit tenter de chasser d'un revers de main le plus gros de la chair de citrolle qui s'était collée à lui, avant d'abandonner.

– Je m'occuperai des chevaux, leur jeta-t-il sèchement avant de disparaître dans un grand hôtel.

– Il est très fâché, non ? demanda Charly.

– Humilié, plutôt, répondit Sapotille. Maître Lin est très à cheval sur les apparences. Mais ne t'inquiète pas. Il ne t'en voudra pas jusqu'à la fin de tes jours.

Elle laissa passer quelques secondes, puis ajouta :

– Sept ou huit ans, tout au plus.

Elle était déjà en train de descendre sa valise, ainsi qu'une mallette de bois rouge, qui paraissait très lourde. Charly la suivit en chassant Mandrin de ses épaules. D'eux tous, le chat était bien le seul à avoir trouvé le moyen de rester propre.

– On ne va pas dans le même hôtel que Maître Lin ? s'alarma soudain Charly, en voyant que Sapotille avait pris la direction inverse.

– Non, on est juste en face, à l'auberge de jeunesse. Les Patouilleurs ne se mélangent pas avec les Élémenters.

Ce disant, elle posa le pied sur le ponton d'une péniche, dont la proue était sculptée d'une imposante figure. Avant de la suivre, Charly déchiffra la pancarte vissée à quai :

– « Auberge Pitchounette », lut-il à voix haute.

– C'est moi, lui répondit une voix de basse, pleine de graviers.

Charly s'aperçut que la figure de proue s'était retournée dans sa direction. C'était une sorte de pirate musculeux et barbu, taillé à la serpe.

– C'est vous, Pitchounette ?

– Yep. Un problème avec ça ?

– Non, c'était pour faire connaissance. Moi, c'est Charly.

– J'en ai rien à secouer, bougonna Pitchounette avant de tourner à nouveau son visage vers le fleuve.

Mais Charly avait intercepté un sourire sur ses lèvres. Il se hâta de rattraper Sapotille. Elle était déjà en train de négocier avec une femme naine aux formes très plantureuses et qui portait son tablier comme un étendard.

– Vos prix sont indécents ! protestait Sapotille. Vous les avez encore augmentés !

– On est en pleine période de sabbat, ma choupette. Si tu veux dormir dehors, libre à toi !

Tandis qu'elles parlementaient, Charly admira la grande salle tout en cuivre et boiseries. De grands hublots ouverts sur la nuit formaient des trous noirs le long des murs. Il y avait cinq grandes tablées de bois massif et d'autres plus petites, auxquelles étaient attablés une poignée de Patouilleurs, chacun dans son coin.

– Et ça ? Ça vient ici aussi ? grincha l'aubergiste. Je vous préviens, il y a un supplément pour les familiers ! En plus, ça fiche des poils partout, ces bestioles !

Elle désignait Mandrin, qui lui retourna son regard de mépris sans ciller, Charly fit la grimace.

– Vous en avez d'autres, des bestioles ?

– … Une serpillière, ça compte ? demanda Charly.

– J'peux voir ?

Charly ôta son chapeau et y attrapa Pépouze. Celle-ci frétilla immédiatement d'enthousiasme.

– Eh bien, eh bien, qu'est-ce que nous avons là ? demanda l'aubergiste d'une voix nettement radoucie.

La serpillière lui fit coucou d'un bout de frange.

– Allez, ça ira pour cette fois, vous pouvez prendre la chambre.

Sapotille fit signe à Charly de la suivre dans l'escalier.

– Cette garce a augmenté ses tarifs sans prévenir !

ragea-t-elle à voix basse. Maître Lin ne m'a pas donné assez d'argent pour deux chambres.

Elle fit volte-face vers Charly qui freina de justesse avant de la percuter, puis elle lui enfonça son index dans le plexus en sifflant :

– On va être obligés de partager le même espace, alors je te préviens, t'as pas intérêt à… T'as pas intérêt !

Et elle s'échappa vers le couloir, cherchant leur numéro de chambre. Charly se dit qu'il n'avait pas intérêt, en effet.

Ils se glissèrent dans la cabine, qui était si basse qu'il dut baisser la tête pour y entrer. Sapotille s'était attribué la couchette près du hublot et commençait déjà à défaire ses bagages.

– Tss, en plus, on va devoir supporter ta bestiole, maugréa-t-elle en jetant un regard noir à Mandrin qui le lui renvoya. Bon, je prends le cabinet de toilette en premier. Cette odeur de citrolle pourrie est insupportable.

Malgré la mauvaise humeur générale dont son entourage l'assaillait depuis des heures, Charly ne pouvait s'empêcher de sourire : il était à Thadam, la ville des magiciers ! Et sa grand-mère n'avait jamais été si près de retrouver sa mémoire.

Après s'être lavés, ils descendirent avaler un dîner en vitesse dans la salle principale. Pépouze les suivit et fit mille grâces à l'aubergiste, qui s'y montra très sensible :

– Et qui c'est qui vient de nettoyer tout l'escalier

de Marianne ? C'est toi, oui ! Tu veux un seau d'eau sale, ma louloute ? Oh là là, oui, c'est une bonne serpillière, ça !

Puis, avisant Sapotille et Charly, elle leur dit :

– Le plat du jour est offert par la maison ! Crépine ? Tu leur sers un bol à chacun, s'il te plaît !

À voir le haussement de sourcils de Sapotille, ça n'était pas prévu. Ils s'assirent à table et une fille efflanquée aux incisives largement écartées ne tarda pas à poser deux bols de soupe devant eux. Elle agit avec si peu de délicatesse que Charly s'en trouva éclaboussé.

– Euh… Qu'est-ce que c'est que ce truc ?

Quelque chose avait bondi à la surface de son bouillon. Et à présent, Charly était sûr de voir une ombre y nager.

– Spécialité thadamaise, répondit Sapotille. Fraîcheur supérieure. Goûte, tu vas voir. C'est délicieux.

– Je n'aime déjà pas manger des trucs morts, il est hors de question que j'avale un truc vivant.

– D'accord, dit Sapotille. Je peux le prendre alors ?

Et elle avala son repas en plus du sien, avant de pousser un soupir satisfait. Charly se rattrapa sur le pain.

– Vous pariez sur qui, pour la course de demain ?

Charly se retourna. Un garçon à la table derrière eux les avait interpellés.

– Anasthème, évidemment, répondit Sapotille sans même relever le nez de son bol.

– Il s'est blessé pendant l'entraînement le mois dernier, je te signale.

– Et alors ? C'est pas pour rien qu'on l'appelle l'Invaincu.

– Ouais, tu parles ! Il vieillit ! Ici, on est tous à fond sur Mélusine. Elle est bien meilleure ! D'ailleurs, elle a fait un meilleur temps aux sélections.

– Je vais quand même rester sur Anasthème, dit Sapotille.

– Vous parlez de la course de citrolles ? demanda Charly à voix basse.

– Évidemment, lui répondit Sapotille. C'est un peu l'événement central du sabbat !

Quand ils remontèrent à la cabine, peu de temps après, Charly se sentait épuisé et n'avait qu'une hâte : se coucher.

– Ah, je vais la tuer, cette bestiole ! s'écria soudain Sapotille.

Et elle se précipita sur Mandrin, mais celui-ci se rua sous une couchette, hors de sa portée. Furieuse, Sapotille lança une main rageuse pour l'attraper et Charly fut presque certain d'entendre son chat ricaner. Inquiet malgré tout, il saisit Sapotille par les épaules et la tira doucement en arrière.

– Arrête ! Tu lui fais peur ! Qu'est-ce qui se passe ?

– Lâche-moi ! Lâche-moi, je te dis ! Regarde ce que ta sale bête a fait à mes affaires !

Charly avisa la valise de Sapotille qu'elle avait laissée ouverte avant le repas. Tout son contenu était chiffonné en tas sur le lit et recouvert de poils blancs. Manifestement, Mandrin s'était copieusement roulé dedans.

– Oh, je suis désolé, dit Charly. Mais ce n'est qu'un animal, il n'a pas voulu…

– Exact, c'est ta faute ! l'interrompit Sapotille.

– Quoi ?

– Oh, ça va ! Arrête de jouer les niaiseux ! Tu sais bien qu'un familier est relié à son magicier. Ton chat abrite une partie de toi, c'est comme ça que tu peux lui donner des ordres et même voir par ses yeux ou… tous ces trucs que les familiers peuvent faire ! Et le principe, c'est aussi qu'un familier se permet tout ce que son magicier n'ose pas faire !

– Ah bon ?

– Oui ! Et ce que ton chat nous dit en agissant de la sorte, c'est que tu n'as aucun respect pour moi !

– Hein ? Mais non ! Je te jure que je te respecte ! Tu sautes un peu vite aux conclusions. Il y a sans doute une autre explication, je ne sais pas… Mon chat a peut-être juste voulu marquer son territoi… euh…

L'air dans la pièce s'épaissit comme une purée de pois très, très indigeste. Finalement, Charly se pencha et attrapa plusieurs pulls d'un geste vif.

– Je te promets que je te les rends comme neufs dans une heure. N'éviscère pas mon chat en attendant, s'il te plaît.

Puis il battit en retraite.

En vérité, il passa presque deux heures à secouer les vêtements par-dessus le bastingage et à enlever les poils un à un. Quand il remonta, Sapotille était déjà endormie. Il se glissa dans la couchette et s'aperçut qu'elle était trop courte de vingt centimètres pour qu'il s'y étende. Pas grave. Il était content d'être ici.

Pépouze partageait ce sentiment et vint répandre son eau sale vingt minutes plus tard sur son oreiller, pour réclamer un câlin.

16
Bienvenue à Thadam

Le réveil fit un choc à Charly. Littéralement. Il avait oublié que la cabine était si basse et s'y était presque assommé. Sapotille était déjà descendue déjeuner. Il la rejoignit en se massant le crâne.

– Tout est trop bas ici, grogna-t-il.

– Non, choupinet. C'est toi qui es trop grand.

Charly rougit en s'apercevant que l'aubergiste l'avait entendu et qu'elle le prenait à présent de haut depuis son mètre quinze.

– Désolé, dit-il en s'asseyant humblement devant un couvert propre.

Ce faisant, il avait glissé un œil au plateau de la tenancière et avait été ravi d'y voir entreposés les éléments d'un petit déjeuner beaucoup plus traditionnel que ce qu'on lui avait servi la veille.

– Des croissants ! Merveilleux !

– Non, mon petit chou. Ce sont des croissourires. Et tu peux m'appeler Marianne. Quand on a une serpillière si mignonne, c'est forcément qu'on est un bon garçon !

Charly fronça les sourcils. Des croissourires ? Avec autant de hâte que la politesse le lui permettait, il croqua dans une viennoiserie. Il sentit la pâte croustillante s'effriter sur sa langue et les arômes gras lui napper les papilles. Aussitôt, les miettes frémirent et commencèrent à lui chatouiller le gosier.

Il se mit à rire. En face de lui, Sapotille lui renvoya un visage radieux. Les croissourires mettaient tout le monde de bonne humeur. Quand ils eurent englouti un grand bol de thé pour se désaltérer, Charly aborda la question du jour :

– On a quartier libre aujourd'hui, c'est ça ? Tu me fais visiter la ville ?

– Hmm… j'ai des choses à faire, ce matin. Mais tu peux m'accompagner… Maître Lin m'a dit qu'il préférerait qu'on reste ensemble, pour t'empêcher de faire des bêtises. Et cet après-midi, il y a les passages de grade d'Élémenter !

Quand ils quittèrent la péniche, l'aubergiste était en train de hurler sur Pitchounette qui le lui rendait bien :

– Il y a des fuites dans la cale, espèce de gros plein de soupe ! Tu peux m'expliquer ça ?

– Dis donc, la mégère, tu veux qu'on en cause, de ta soupe ?

– À ce soir, glissa Charly dans un murmure.

La tenancière se tourna aussitôt vers eux, tout sourire.

– À ce soir, les choupinous ! Faites bien attention à vous !

Puis à Pitchounette :

– T'as intérêt à te laisser un peu moins aller, sinon tu sais où tu pourras te la mettre, ta cire à parquet grand luxe ?

Charly et Sapotille décampèrent sur la pointe des pieds, suivis par Mandrin qui leur faussa compagnie dès que possible.

Ils n'avançaient pas très vite, car Sapotille était ralentie par sa mallette de bois rouge. Charly lui avait proposé de l'aider à la porter, mais elle l'avait serrée contre elle avec une espèce de férocité qui l'avait refroidi.

– Je n'ai pas besoin d'être aidée, d'accord ? lui avait-elle répété une fois de plus.

Finalement, ça n'était pas plus mal. La lenteur de leur déplacement donnait à Charly tout le loisir d'admirer le paysage. La ville était complètement plate avec de larges rues, elle avait ces grands airs de bourgeoise arrogante, de celles qui ont trop rarement les moyens de leur vanité. Les rues étaient dallées de grandes pierres et la plupart des villas donnaient l'impression d'avoir été passées à la lessive. En dehors d'une citrolle de temps à autre, les magiciers s'y déplaçaient à pied, vêtus de dentelle, soie et brocart, ce qui laissait entendre le claquement des capes et le froissement des tissus. Charly s'aperçut rapidement qu'aucun ou presque ne portait de chapeau. Ces derniers semblaient réservés aux Patouilleurs comme eux, suffisamment pourvus pour s'offrir une illusion, mais pas des vêtements à la hauteur des lieux.

Le canal coulait à l'extrémité de la ville. Aussi durent-ils s'en éloigner pour s'enfoncer dans le cœur de la cité. Charly s'attacha à lire le nom de chaque rue : rue des Ogres Gastronomes, route des Joyeux Parapluies, allée Ysangrin Petit Boudin (champion d'avaleur 1876-1915), rue des Étoiles à Croquer… Sur les plaques, des étincelles couraient le long des lettres lorsqu'on les lisait et Charly ne pouvait s'ôter de l'esprit qu'elles se pavanaient avec beaucoup de prétention. Au bout d'une assez longue marche, il s'aperçut que Sapotille privilégiait les larges allées aux ruelles étroites, quitte à effectuer d'importants détours.

– Pourquoi est-ce qu'on ne coupe pas par les petites rues ? demanda-t-il. Elles sont dangereuses ?

– Nous sommes à Thadam, Charly. Ici, tout n'est qu'ordre et beauté. Et luxe, surtout luxe. Nous n'avons rien à craindre dans un tel lieu.

Puis elle approcha sa tête de l'épaule de Charly et il sentit ses boucles blondes lui chatouiller l'épaule.

– Fais attention à ce que tu dis ici, lui souffla-t-elle dans un murmure. Les murs ont littéralement des oreilles.

Elle donna un léger coup de tête vers la bâtisse qu'ils longeaient. Le regard de Charly fouilla le mur un instant, avant de repérer le long d'une corniche une oreille sculptée.

– J'ai dit quelque chose d'interdit ? s'inquiéta-t-il, en chuchotant à son tour.

– Non. Mais ici, on ne doit pas attirer l'attention. Pour répondre à ta question, oui, il vaut mieux rester dans les allées.

– Il y a des criminels, dans les ruelles ?

– Pire : des patrouilles de milice.

Charly poursuivit son chemin en lorgnant les murs avec suspicion, si bien qu'il ne prêta plus aucune attention à la ville. Il sursauta presque quand Sapotille pointa du doigt un vaste dôme bleu, le long duquel dégringolaient des cascades. Le bâtiment était nettement plus haut que ceux qui l'entouraient et paraissait flotter sur une mer de toits d'ardoises.

– C'est l'Académie de Magie, dit Sapotille. Toute la ville est construite autour.

Ils bifurquèrent pour emprunter une allée pleine de statues végétales : de gigantesques buis étaient taillés en dragons, licornes ou même bustes humains – probablement ceux de célèbres magiciers. Il apparut à Charly que Thadam regorgeait de verdure, mais d'une façon très différente de sa propre ville. Il prit bien soin de regarder si une oreille traînait dans le coin avant de s'en ouvrir à Sapotille :

– C'est normal qu'ici les arbres donnent l'impression d'être au garde-à-vous ? Je veux dire qu'il n'y a pas une feuille qui dépasse…

– C'est une démonstration de pouvoir, lui expliqua Sapotille. Comme les éclaboussures de magie font pousser les plantes, les magiciers de Thadam veulent donner l'impression qu'ils maîtrisent parfaitement leur flux. En vérité, les plantes sont entretenues plusieurs fois par jour par une armée de petites mains.

– C'est un peu… malsain, non ?

– On pénètre dans le cœur de ville, alors à partir

de maintenant, fais vraiment attention à ce que tu racontes. D'une manière générale, évite de prendre des initiatives, mais surtout, surtout, si tu vois la milice académique, éloigne-toi. Elle ne plaisante pas et tu aurais vite fait de te retrouver à Saint-Fouettard.

– Pourquoi est-ce que… ?

– Non, pas de question. Réponds « oui, Sapotille ». Je ne plaisante pas. La milice est le bras armé de la cité, ils utilisent des algos de combat.

– C'est-à-dire… ?

Sapotille tira des deux mains sur le bord de son chapeau pour illustrer à quel point l'ignorance de Charly lui prenait la tête, puis elle répondit :

– Les algos sont des sortilèges jetés grâce à des runes tatouées sur les mains. Ça permet une magie instantanée et puissante, tu comprends ? Les miliciens ne maîtrisent que deux sorts, main droite, main gauche, mais ils peuvent en faire usage sans restriction et plus vite que n'importe quel magicier ayant à tracer des runes. Bref, fais-moi confiance, tu n'as aucune envie de comprendre d'où vient l'expression « bourrin comme un milicien ».

– Je vois. Merci de m'avertir.

– On va passer par le parc, c'est plus calme et ça nous évitera de longer l'Académie.

Sur les grilles très pointues qui longeaient le lieu, une pancarte affichait en lettres si surchargées qu'elles s'emmêlaient les unes dans les autres : « *PARC DES ÉLÉGANTS PORCELETS* ».

– Encore un drôle de nom, dit Charly tandis que les grilles s'écartaient en s'amollissant pour les laisser passer.

– Oui, confirma Sapotille. Ce parc a une histoire fascinante.

Elle laissa passer un silence, avant de reprendre :

– Mais je l'ai oubliée.

Les Élégants Porcelets abritaient entre leurs grilles un jardin à la française, c'est-à-dire qu'il était à la fois vaguement ennuyeux et plutôt charmant. De petits bancs publics les suivirent gentiment au cas où ils auraient désiré s'asseoir, mais Sapotille les ignora et Charly déclina l'invitation.

Au sortir du parc, ils débouchèrent dans une rue qui vomissait ses échoppes partout sur les trottoirs. Les marchandises croulaient sur les planches à tréteaux, donnant l'impression de s'escalader les unes les autres pour mieux se donner en spectacle.

– Ça, c'est le marché aux puces du quartier Fée-Crémée. Je te préviens, c'est la foire à l'arnaque.

– OK, admit Charly, le regard déjà kidnappé par toutes les merveilles qui se pavanaient sous ses yeux.

Une cuiller touillait toute seule une tasse de thé, une chaise bourrait une table de coups de pied jaloux, une écharpe câlinait le mannequin autour duquel elle était enroulée, un coffret à bijoux au couvercle plein de dents se refermait en grondant dès que le marchand en approchait les doigts…

Soudain, un vieux avança vers lui un œuf rond et bleuâtre.

– Dis-moi, gamin, ça t'intéresse, un œuf de rumeur ?

– Comment ça fonctionne ? demanda Charly, sincèrement intéressé.

– Tu lui confies une histoire à voix basse pour la faire éclore et elle va la raconter partout sur ses petites pattes.

– Ouah ! C'est super… !

– Moi, ça m'intéresse, intervint un homme roux qui s'interposa entre le vieux et Charly en le bousculant. C'est combien ?

Le vieux marchand recentra immédiatement son attention sur le client potentiel :

– Ça dépend. Tu payes comment ?

– En gemnez.

Et l'homme roux fit rouler entre ses doigts une perle blanche. Elle était plutôt grosse et d'une blancheur éclatante.

– Du premier choix, jamais servi. Évidemment, je veux ma monnaie.

À ces mots, la suspicion chiffonna le visage du vieux, qui se mit à fouiller dans sa poche de veste.

– Ça t'ennuie si je la vérifie d'abord ?

– Sans souci, tu peux la lire, si tu v… Qu'est-ce que c'est que cette machine ? Range ça ! Si tu veux faire affaire, t'insultes pas le client avec un testeur !

En une seconde, l'ambiance passa de cordiale à franchement électrique. Le vieux ne chercha plus à ergoter et se mit à brailler :

– À moi, la milice ! Y a un fourgueur de souvenirs factices sur le marché !

Aussitôt, le rouquin paniqua :

– Mais qu'est-ce que tu racontes ? Tu vas la boucler, oui ?

Un surin apparut dans une main. Deux marchands

se précipitèrent, mais le prétendu escroc avait, lui aussi, des amis. L'échauffourée éclata et Charly s'y retrouva aspiré malgré lui. Il dut jouer furieusement des épaules pour s'éloigner, tout en essayant de protéger Sapotille, désavantagée par sa petite taille dans ce genre de situation. Elle avait levé ses mains, prête à tracer une rune de défense, mais outre que son niveau de magie était excessivement bas, les coups pleuvaient autour d'eux avec une rapidité féroce.

Rien n'est plus confus qu'une bagarre de rue. Chaque fois que Charly voyait une ouverture se créer entre deux hommes, elle se refermait aussitôt. Soudain, deux combattants leur tombèrent dessus et tous les quatre roulèrent à terre. Charly vit un éclat de lumière s'agiter. Le couteau. Il ne réfléchit pas. D'une puissante poussée, il envoya les deux hommes se battre plus loin. Il y eut un moment de flottement où les deux combattants parurent égarés, ne comprenant pas comment ils avaient pu se retrouver là. Charly n'attendit pas qu'ils reprennent le combat, il souleva Sapotille par la taille et, ensemble, ils parvinrent enfin à quitter la cohue.

À peine avaient-ils eu le temps de se mettre à l'abri que la bagarre prit fin. Un drôle de silence coula sur l'endroit. Charly se retourna et retint son souffle. Le rouquin était allongé à terre, le couteau planté entre les côtes. Il grimaçait horriblement, mais tenta une plaisanterie :

– Vous verriez vos tronches ! C'est quand même pas si grave que ça… si ?

C'est alors que des écharpes de brume envahirent

l'espace. Toute la rue s'était tue. On entendit donc parfaitement les sabots résonner sur les pavés.

– On dégage ! Vite ! s'exclama Charly.

Il souleva quasiment Sapotille du sol en l'entraînant derrière lui. Ils n'étaient du reste pas les seuls à s'enfuir. Sous l'impulsion de la terreur, la rue se vidait comme un siphon. Seuls les commerçants qui veillaient sur leur marchandise restaient figés et tremblants derrière leur comptoir.

Quand ils eurent parcouru une trentaine de mètres noyés dans la cohue, Charly se retourna. La silhouette du Cavalier se dressait, gigantesque sur sa monture. Charly vit la lourde faux s'élever et, dans un mouvement aussi souple qu'élaboré, s'abattre brutalement sur le blessé. La lame traversa les chairs sans paraître les entamer, comme un fantôme, et le corps de l'homme s'affaissa d'un coup.

Le regard de Charly ne s'attarda pas, il était désormais concentré sur sa fuite. Derrière lui, Sapotille avait du mal à suivre le rythme et il s'acharna à lui dégager le passage. Ils quittèrent bientôt le quartier et débouchèrent sur de gigantesques arènes. Sapotille était hors d'haleine et Charly peinait à ralentir les battements de son cœur.

– Alors c'est comme ça qu'il moissonne ? demanda-t-il, sans s'arrêter de marcher pour autant.

Sapotille hocha la tête tout en cherchant son souffle :

– Quand un magicier meurt, le Cavalier est automatiquement invoqué. Mais tant qu'il n'a pas… récolté l'âme de la personne, elle continue de vivre.

Elle baissa la voix avant d'ajouter :

– C'est pour ça que… certains sont persuadés que

l'Académie a passé un pacte avec cette Allégorie. Aucun Académicien n'est mort depuis huit ans, et pourtant, certains sont tellement grabataires qu'ils sont proches de la liquéfaction…

– C'est vraiment… contre-nature. Le Cavalier, je veux dire.

Ils commençaient tous deux à reprendre pied, mais le sinistre événement auquel ils venaient d'assister les avait secoués. Sapotille essayait de cacher qu'elle tremblait et Charly avait très envie de la prendre dans ses bras, ne serait-ce que pour apaiser ses propres frissons. Que se serait-il passé si le Cavalier l'avait aperçu ? Finalement, il proposa :

– Tu veux qu'on rentre à la péniche ?

– Je ne peux pas… Je dois absolument voir quelqu'un…

Ils n'avaient pas ralenti le pas et les arènes continuaient de défiler à leur droite. Elles étaient proprement immenses. Du lierre formait des volutes le long des murs : on était parvenu à le faire pousser selon un dessin précis. Charly était pressé de chasser la silhouette sombre de son esprit. Il fronça les sourcils et demanda :

– Où est-ce qu'on va, en fait ?

– J'ai absolument besoin de gagner de l'argent et ce sera plus facile pour moi si j'ai un parrainage. Alors je me suis dit… Tant qu'à faire… autant ne pas choisir n'importe qui…

Sapotille regarda Charly avec méfiance, comme persuadée qu'il allait se moquer d'elle, mais il se contenta d'approuver :

– Tu as raison, c'est mieux. Un parrainage pour quoi ?

– Pour vendre des trucs pendant la course, répondit-elle en restant évasive. Je ne suis pas naïve. Je sais que j'ai neuf chances sur dix pour qu'il m'envoie promener. Mais qui ne tente rien n'a rien.

– C'est sûr.

Elle inspira un grand coup avant de se jeter à l'eau :

– Donc… J'ai décidé d'aller voir Anasthème l'Invaincu en personne.

Sa révélation tomba complètement à plat. Au lieu d'être stupéfié par son culot, Charly ne lui accordait qu'un intérêt poli.

– Et… tu ne sais pas qui est Anasthème, comprit alors Sapotille.

– Son nom résonne vaguement à mes oreilles, vous en parliez hier soir, je crois… Mais à part ça, non. Désolé.

– Je vais t'expliquer, dit alors Sapotille avec ravissement, je vais t'expliquer qui est Anasthème !

Rien ne semblait lui plaire davantage que de faire courir ce nom sur ses lèvres. Elle fit voler ses cheveux en arrière avec un petit rire de gorge.

– Anasthème est une vraie légende ! Le plus fou, c'est qu'il vient d'une grande dynastie thadamaise. Sa famille occupait les meilleurs postes de l'Académie depuis des générations et tout le monde était persuadé qu'il aurait un brillant avenir dans l'administration. Tout le monde, sauf lui. Comme il avait la passion du jardinage, il s'est lancé très tôt dans la culture de citrolles, sur les terres de son manoir familial. Ses parents croyaient que c'était juste un passe-temps. Mais ils ont été obligés de voir la vérité en face le jour où leur fils a concouru pour sa première course sabbatique, à quinze ans. Il avait menti sur son âge et sur son identité pour s'inscrire. Tu te rends compte ? Ç'a été une course terrible, particulièrement piégée. Anasthème s'en est très bien sorti jusqu'au dernier tour, où malheureusement, il est tombé sur un mauvais piège. Il a failli en mourir et a passé une semaine dans le coma. Quand son nom a été révélé, ça a provoqué un scandale gigantesque. Le père d'Anasthème a dû user de toute son influence. Finalement, l'Académie a répandu le bruit qu'Anasthème avait obtenu une dérogation pour participer malgré son âge. Personne n'a été dupe, mais ça a permis d'étouffer l'affaire. Après ça, la famille d'Anasthème l'a quasiment renié. Il n'a plus eu le droit d'utiliser son nom et il a dû changer de blason. Sans parler du fait qu'on lui a évidemment coupé les vivres. Tu penses que ça aurait calmé Anasthème ?

Charly ne pensait rien, ce qui n'arrêta pas Sapotille :

– Pas du tout ! Pendant quelques années, il a travaillé comme jardinier pour les meilleures familles. Ses citrolles étaient devenues réputées et il gagnait beaucoup d'argent avec. Le bruit courait que la nuit, il participait à des courses clandestines, mais comme tu t'en doutes, ça n'a jamais été prouvé. Grâce à cette petite fortune, dès qu'il a eu l'âge légal et son grade d'Élémenter, il s'est de nouveau inscrit à la course du sabbat. Il l'a remportée avec deux jambes brisées et de justesse, mais ça n'a été que le début d'une longue série de victoires !

– Elles ont l'air super dangereuses, ces courses !

– Bah, n'exagérons rien. La plupart du temps, il n'y a pas de mort. Pour en revenir à Anasthème, en douze ans, la coupe ne lui a échappé que deux fois. La première, il y a six ans. Il a renoncé à participer parce qu'il s'était trop violemment blessé à l'entraînement. La seconde fois, c'était il y a deux ans. Il a volé au secours d'un concurrent dans une situation critique. Parce qu'en plus de toutes ses qualités, il est généreux et il a un grand cœur !

Elle ajouta d'une voix plus discrète :

– Et en plus, il est beau.

Elle avait si peu repris son souffle durant son laïus que Charly se sentit obligé de le faire à sa place.

– Enfin bref, ajouta-t-elle, il faut absolument qu'on fasse bonne impression.

Elle le regarda avec inquiétude.

– Promis, je vais éviter de parler, la rassura Charly.

– Hmm. J'ai peur que ça ne suffise pas. Attends une seconde.

De sa valise, elle sortait à présent une grande écharpe bleu et or, ainsi qu'un badge où clignotaient les mots « Anasthème, je t'aime ! ». Après l'apparition du Cavalier, Charly était encore à fleur de peau et retint un rire nerveux. Il se laissa passer les accessoires en essayant de garder son sérieux. Il voulait faire plaisir à Sapotille.

Ils avaient enfin atteint les hangars et y pénétrèrent sans qu'on leur prête beaucoup d'attention. Un monde fou s'activait autour de quatre énormes citrolles aussi éloignées les unes des autres qu'il était possible. *D'accord*, songea, Charly. C'était donc à cela qu'une citrolle était supposée ressembler… Il fallait admettre que cela n'avait rien à voir avec la chose putrescente qu'il avait fait pousser dans son jardin. Ici, elles étaient d'un orange flamboyant, d'une belle rondeur avec des quartiers réguliers, à peine esquissés. Leurs tiges formaient de hautes roues follement élégantes. Les ouvertures avaient déjà été découpées et des blasons étaient en train d'être peints sur les côtés. À l'intérieur, les équipes creusaient la chair à la petite cuiller, faisant régulièrement halte pour contrôler la solidité de la paroi en la tapotant.

– C'est un moment très délicat, expliqua Sapotille. Ils doivent évider la citrolle autant que possible pour alléger son poids, mais sans la fragiliser. Il faut qu'elle puisse résister aux épreuves.

Charly hocha gravement la tête.

– Là-bas ! C'est la sienne !

Sapotille montrait du doigt une citrolle garée à l'écart arborant un blason d'or au sein duquel une grenouille d'azur paraissait nager.

L'équipe qui l'entourait était réduite à deux personnes qui montaient simplement la garde. Visiblement, le travail était achevé.

– Excusez-moi ? les interpella Sapotille d'une voix sucrée. Est-ce qu'il serait possible de rencontrer Anasthème ?

– Anasthème est très demandé, lui répondit froidement l'un des cerbères.

– J'ai une offre très intéressante à lui faire, insista Sapotille.

– Ils disent tous ça. Une offre très intéressante pour vous, bien sûr.

Tandis que Sapotille multipliait les grâces, Charly s'approcha de la citrolle. Il était particulièrement curieux de jeter un regard à l'intérieur. Les parois étaient d'un orange lumineux. Elle avait été largement ouverte sur le devant où un banc avait été sculpté : la place du cocher.

– Qu'est-ce que tu fiches là, toi ?

Charly tourna la tête. Un grand homme blond fonçait dans leur direction, accompagné d'une jeune femme en salopette. Charly plissa le regard : il reconnaissait l'homme et son audacieuse mâchoire. Il n'avait plus sa minerve mais c'était celui qu'il avait croisé l'autre nuit, en compagnie de Thibald Dendelion et de l'ingénieure. Les éléments s'assemblèrent dans son esprit à toute vitesse…

– Vous êtes venus trafiquer la citrolle ? les attaqua la jeune femme.

Sa tenue était maculée de taches orange, de la citrolle, à n'en pas douter.

– Qui vous envoie ? Mélusine ? Jupin ?

– Pas du tout ! répliqua Sapotille, du ton de celle qui aurait volontiers jeté ces deux noms dans les latrines. Je m'appelle Sapotille, enchantée. Supportrice d'Anasthème depuis huit ans, maintenant. Je suis venue vous offrir mon exclusivité. C'est un réel plaisir de vous rencontrer enfin !

Elle se rua vers le dénommé Anasthème, paume tendue en avant. Toutefois, ce dernier se contentait de toiser Charly d'un regard peu amène.

– Et c'est qui, lui ? demanda-t-il en le désignant d'un coup de menton, ce qui, vu la taille du menton en question, frisait l'agression.

– Oh, lui, il…, commença Sapotille.

– On n'est pas venus ensemble, l'interrompit Charly. En fait, je ne la connais pas. D'ailleurs, j'étais juste entré par curiosité. Et maintenant, je m'en vais.

Sapotille lui adressa un regard stupéfait, il lui fit discrètement signe d'entrer dans son jeu et tourna les talons.

– C'est vrai… Je ne le connais pas, bafouilla-t-elle, en le regardant partir.

Arrivé à la porte du hangar, Charly jeta un dernier regard en direction de Sapotille. Pouvait-il la laisser seule ? Risquait-elle quoi que ce soit avec cet homme ? Mais le hangar était plein et Anasthème lui avait révélé lui-même ne pas s'en prendre aux jeunes gens sans raison valable. Par ailleurs, Sapotille était loin d'être sans défense. Il savait pouvoir faire confiance à son intelligence.

Il quitta les lieux, tout en se remémorant la conversation qu'il avait surprise. Le dénommé Anasthème trempait donc dans des affaires louches avec le juge Dendelion… Il avait entendu mentionner le Cavalier, aussi… Cette affaire de « plans de boîtes » était parfaitement suspecte, cependant il ne voyait pas à quoi cela pouvait faire référence. Il ferait sans doute mieux d'en informer Maître Lin, mais à l'heure qu'il était, ce dernier devait être en maraude…

Charly ôta l'écharpe et l'abominable badge, et les

rangea dans son chapeau. Maintenant qu'il était seul, l'angoisse lui serrait les côtes. Risquait-il de voir le Cavalier apparaître au prochain coin de rue ? Il repensait au rouquin sur le marché. Il avait du mal à intégrer le fait que l'homme qu'il avait vu bien vivant était mort à l'heure actuelle. Cet endroit était vraiment dangereux… Il devait en apprendre davantage. Quelque peu désœuvré à présent qu'il avait quitté Sapotille, il se mit à sillonner les rues de façon méthodique, afin d'engranger le plus d'informations possible.

Dans un premier temps, il se rendit à l'Académie, qu'il était avide de contempler. Le bâtiment était écrasant, comme un savoir volontairement abscons. Des rosiers trop bien ordonnés montaient en lignes fines jusqu'au sommet mais ne parvenaient pas à alléger l'architecture globale. Les gens qui entraient et sortaient étaient contrôlés par des hommes entièrement vêtus de vert sombre, de la cravate jusqu'au manteau. Sur leur dos était cousu une espèce de symbole rappelant un sabre. Et Charly comprit qu'il s'agissait de miliciens, lisses jusqu'au bout des cheveux, avec la raie peignée sur le côté, au point qu'ils donnaient l'impression d'avoir été repassés dans leur uniforme. Charly nota mentalement qu'on n'entrait pas à l'Académie comme dans un moulin et que, comme Sapotille le lui avait indiqué, la milice n'avait pas l'air commode.

Il fit prudemment marche arrière et quitta la place, pour se retrouver bientôt dans une allée commerçante. Une boutique botanique y vendait des citrolles miniatures qui rappelaient les voiturettes pour enfants et de gigantesques bouquets de physalis. *Le Haricot Bleu, pépiniériste de mère en fille depuis 1913*, annonçait l'enseigne en branches entrelacées. Un peu plus loin, une tasse de chocolat volante vint faire respirer ses arômes à Charly avant d'essayer de l'entraîner vers son établissement, le Café du Lutin Gourmet *(Nos amis les familiers sont invités à rester dans le hall)*. Dans la vitrine du Roi Nu, Charly regarda ensuite des ciseaux tailler des costumes sur mesure à des mannequins. Le magasin Les Trois Méduses proposait de petits miroirs magiques et paraissait protégé comme le sont les plus luxueuses joailleries. Un petit balai fermement ficelé à un mur servait de simulateur de vol pour enfants… Des nuées de magiciers dépassaient Charly en se frayant un chemin à coups d'épaules. Charly observait les vitrines avec fascination. Sans y prendre garde, il tourna soudain un angle et se retrouva dans une ruelle beaucoup plus calme.

À quelques mètres, sous un balcon qui laissait s'écouler une cascade de lierre, se tenait une table pliante où une fillette d'une douzaine d'années, peut-être moins, manipulait un jeu constitué de godets et de deux étranges bestioles. Devant elle, un couple discutait vivement du coup à tenter pour rafler la mise. Curieux, Charly s'approcha et reconnut la jeune fille à ses incisives écartées. C'était celle qui les avait servis la veille au soir, à la Pitchounette. Cassine ou Crépine, quelque chose comme ça. En la regardant en plein jour, il nota que ses vêtements se donnaient beaucoup de mal pour ne pas avoir l'air de guenilles, mais que la partie était perdue d'avance. Contrairement à la plupart des Patouilleurs, elle n'avait pas de sapeur. La fillette portait un insigne autour du cou, auquel Charly trouva un air curieux : il était au moins deux fois plus petit que le sien et entièrement blanc et or.

– Désolé, m'sieur-dame ! Mon avaleur a gagné !

Les deux personnes quittèrent les lieux en dissimulant leur frustration dans un éclat de rire, et la fillette alpagua Charly.

– Tu veux jouer ? Pour toi, c'est une trébuchante à peine, parce que j'aime bien ta trombine ! Et si tu gagnes, tu remportes un abonnement d'un an au *Temps des magiciers* !

Ce disant, elle agita un petit papier. Charly sourit. Son air canaille lui rappelait June. Il se dit que s'il avait pu amener son amie ici, elle aurait sans doute accepté la partie, triché avec une mauvaise foi que personne n'aurait prise au sérieux et finalement, apporté une légèreté bienvenue dans ce monde effrayant.

– Alors ?

Il rit :

– Non, merci. Vraiment.

– C'est pas difficile, lui promit la fillette. Tu connais les règles ?

Il y avait cinq godets, chacun rempli de quatre billes. Sur le côté, deux petites boules étranges étaient posées, l'une pourpre, l'autre plutôt turquoise. Crassine ou Crépine les gratouilla du bout des ongles et les boules se déplièrent : c'étaient de drôles de créatures, qui s'étirèrent et bâillèrent, révélant une bouche énorme comparée à leur taille.

– C'est assez simple : il faut que ton avaleur gobe le plus de billes possible chez ton adversaire mais sans se rendre malade. S'il en avale trop, il va les recracher toutes d'un coup. Évidemment, l'astuce est de les lui faire régurgiter de ton côté. Les avaleurs ne peuvent se déplacer que de gauche à droite et ils gagnent en endurance en cours de partie. Deux billes avant de recracher, ils se mettent à se frotter le ventre. C'est toi qui décides au début de chaque tour de quel godet tu veux le faire partir, à condition que ce soit de ton côté, et de combien il peut avancer. Le vainqueur est celui qui a toutes les billes de son côté ou dans son avaleur.

– Ça a l'air intéressant, reconnut Charly. Mais je n'ai pas d'argent à miser.

– T'as qu'à miser ton sapeur. Si tu veux, on fait une partie à blanc avant de… Oh, lupentraille !

La fillette déguerpit soudain avec une célérité impressionnante. Étonné, Charly se retourna. Deux miliciens avançaient à grands pas dans sa direction. Les deux hommes avaient ce sourire froid des gens qui ne connaissent pas la joie et ressentent le besoin de s'en venger. Charly eut à peine le temps de froncer les sourcils qu'un des deux hommes leva la main. Il avait une rune tatouée sur la paume. En moins d'une seconde, Charly se retrouva plaqué au mur par une force invisible. Il voulut se débattre, mais la pression ne fit que s'accentuer.

– À ta place, j'arrêterais de bouger tout de suite, l'avertit le premier milicien. Ce n'est pas demain la veille qu'un Patouilleur sera capable de repousser un algo.

– Alors, enchaîna le deuxième homme, on cherche à arnaquer les honnêtes citoyens de Thadam ?

Il désignait la table, le jeu d'avaleur et l'abonnement.

– Ce n'est pas à moi ! protesta Charly.

En parlant, il s'aperçut qu'il pouvait bouger sa main droite sans effort.

– Sans rire, reprit le deuxième homme, la table s'est approchée toute seule sur ses petites pattes ?

– Je ne savais pas que les tables étaient illégales, ici. Je ne suis pas du coin.

– Comment tu t'appelles ?

– … Charly. Charly Vernier.

Le milicien écrivit consciencieusement le nom sur l'abonnement que la fillette avait abandonné, après quoi, il le colla sous le nez de Charly :

– C'est marrant, mais c'est exactement le nom qui est écrit sur cet abonnement. Coïncidence, je ne pense pas ! Tu es fait, racaille !

Le milicien brandissait la preuve truandée, tandis que de sa main droite, Charly sentait à présent les contours du sortilège et même… et même le repoussait en douceur. Mais sans doute était-il plus prudent de ne pas le montrer. Il resta sagement plaqué contre le mur, s'accordant juste quelques centimètres de marge pour mieux respirer.

Le milicien relâcha le papier qui s'envola gracieusement vers le ciel et attrapa l'insigne de Charly. Une petite gerbe d'étincelles se produisit.

– C'était ta première infraction, alors ça ira. Mais si on t'attrape encore deux fois, ce sera un aller direct pour Saint-Fouettard.

– Le mieux serait que tu quittes cette ville au plus vite ! La mauvaise graine comme toi, on s'en passe !

– Allez, fiche le camp ! Et n'oublie pas qu'on t'a à l'œil. Le prochain écart…

Le sortilège qui pesait sur Charly disparut et ce dernier se hâta de passer son chemin. Son cœur battait la chamade. Il regarda son insigne et s'aperçut qu'une des trois étoiles avait disparu.

Par acquit de conscience, il se retourna. Les deux miliciens le suivaient à distance. Il accéléra le pas, encore plus nerveux qu'avant. Quel était leur but ? Lui coller au train jusqu'à ce qu'il commette un impair ? Avec sa méconnaissance des règles locales, ça risquait d'arriver assez vite. Sans parler du fait qu'ils n'avaient pas l'air du genre à s'embarrasser de preuves.

Soudain, au détour d'une rue, il reconnut la librairie dans laquelle il avait acheté son grimoire. Le livre en cage, la devanture vert et or… C'était Le Grimoire qui Mord ! Charly ne réfléchit pas une seconde et se rua à l'intérieur. Cette fois-ci, il eut le réflexe de se baisser et évita le vol de livres. Après quoi, il disparut entre les rayonnages, la tête rentrée entre les épaules. Par la vitrine, il vit les deux miliciens faire halte devant la boutique… et n'en plus bouger. Les deux hommes attendaient qu'il ressorte.

– L'Académie le prendra extrêmement mal, dit soudain une voix trop peu habituée à parler bas. Tu n'as pas intérêt à rater ton coup.

– Ils auront du mal à nier les faits, dit une autre voix que Charly identifia immédiatement : celle de Maître Lin. J'ai tout enregistré.

– Tu crois vraiment que ça suffira ?

– On alertera au moins l'opinion publique. Il faut absolument les arrêter ! Pour le moment, ils agissent en secret, mais dans dix ans ? Imagine où ça pourrait nous mener !

L'autre voix, que Charly avait identifiée comme étant celle de la libraire, ne répondit pas.

– Je vais avoir besoin d'un maximum de public, reprit Maître Lin. Ce procès ne doit surtout pas se passer à huis clos, l'affaire serait étouffée dans l'œuf.

– Ce ne sera pas simple de faire venir du monde… Mais j'agirai au mieux avec la Guilde des Boutiquiers.

– Surtout reste discrète. Je reviendrai vers toi dans la soirée.

Sur ces mots, Maître Lin s'enfuit vers la sortie. Sa précipitation prit Charly de court. Il voulut courir à sa suite, mais son maître avait déjà quitté la boutique et le sourire des miliciens qui l'attendaient derrière la vitrine le glaça sur place.

– D'où tu sors, toi ? demanda alors froidement la libraire sous le nez de laquelle il venait de débouler.

– Je… Je cherche un livre.

– Il y en a plusieurs, ici.

Charly ne pouvait s'empêcher de couler un œil inquiet vers la vitrine.

– Si vous ne savez pas ce que vous cherchez, revenez un autre jour, le congédia la libraire. Au revoir.

Au même instant, Charly aperçut un livre à moitié déchiqueté qui se débattait entre ses mains. Manifestement, elle était en train de le réparer. Charly en oublia ses angoisses. Il avait reconnu un nom sur la couverture :

– Vous avez un livre sur la Chevaleresse Hurluberlu ?

– J'avais. Il s'est battu avec *Une histoire de l'Académie*. Il a perdu. J'essaie de recoller les pages comme je peux, mais certaines ont été à moitié digérées. Ç'a occasionné une réécriture qui n'a aucun sens. Il restera estropié à vie, hélas.

– Oh, et… vous en auriez un autre exemplaire ?

La libraire le doucha d'un regard assassin.

– Chaque livre est unique.

Charly fit machine arrière.

– Bien sûr. Je voulais simplement dire que je souhaitais me procurer un ouvrage sur ce sujet en particulier.

La libraire soupira :

– La Chevaleresse Hurluberlu n'intéresse plus grand monde aujourd'hui. Je n'ai que celui-là… Tu le veux vraiment ?

Elle pointa du doigt la pancarte suspendue au-dessus des rayonnages : « Vous êtes RESPONSABLES de vos achats. Nous vous rappelons qu'un livre de magie doit être obligatoirement vendu ou donné et ne peut en aucun cas être abandonné. »

– J'ai placé une malédiction sur les livres de ma boutique. Je te conseille de ne pas t'y frotter.

– Ça ira. J'ai toujours bien traité mes livres.

– Hmpf. Tu es certain qu'il pourra s'épanouir chez toi ?

– Je prends grand soin de ma bibliothèque. Je lui trouverai une étagère où il se sentira comme chez lui, promis.

La libraire hésita, puis lui tendit l'ouvrage.

– Offert par la maison, dans ce cas. Aucune réclamation possible.

Charly prit le livre et remercia chaleureusement. Il était maintenant supposé quitter les lieux, mais les deux miliciens battaient toujours le pavé. Soudain, le regard de la libraire traversa la vitrine et son visage se durcit.

– Qu'est-ce qu'ils fichent ici, ces deux-là ?

Charly la vit foncer vers la porte. C'était comme de voir charger un tank en tartan.

– On peut savoir ce que vous attendez, comme ça ? Vous allez me faire fuir la clientèle !

– Madame, nous faisons respecter la loi.

– Je dirais même plus : nous *sommes* la loi.

– La loi, hein ? Je vais t'en donner, moi, de la loi.

La libraire revint dans la boutique, se pencha derrière le comptoir et en sortit sa cornemuse.

– À moi les codex legislae ! CHAAAAAARGEZ !

Elle entonna un air puissant sur son instrument. Au son de ce dernier, d'énormes encyclopédies poussiéreuses basculèrent depuis les étagères et vrombirent comme des avions de chasse. Elles ne s'embarrassèrent pas à passer par la porte et traversèrent carrément la vitrine dans une pluie d'éclats de verre. Rien n'arrête la loi quand elle a pris son envol. Les miliciens furent quasiment assommés par l'impact mais s'enfuirent dans une course pitoyable, poursuivis par les bouquins. Quand ils eurent totalement disparu, la libraire reposa sa cornemuse.

– Tss, vermine, va !

– Merci beauc…, commença Charly.

– Tu es encore là, toi ? Dégage.

Charly ne se le fit pas dire deux fois. Il décampa au pas de course.

17
La crème de Thadam

L'après-midi était déjà entamé et Charly avait faim. Mais il n'osait pas s'approcher des échoppes alléchantes, de peur de commettre une nouvelle infraction. Échaudé par les pénibles expériences de la matinée, il préféra retourner à l'auberge Pitchounette, devant laquelle il trouva Marianne, l'aubergiste, occupée à chasser une magicière très bizarre.

– Allez, psshhht ! Fiche-moi le camp d'ici, je ne peux plus rien pour toi !

L'inconnue ne paraissait pas comprendre. En s'approchant, Charly s'aperçut qu'elle était complètement dépenaillée, avec une mâchoire avachie et un regard vidé. Une immense pitié, en même temps qu'un violent sentiment de répulsion, lui saisit le cœur. Finalement, la femme s'éloigna d'une démarche trébuchante.

– Qu'est-ce qu'elle a ? demanda Charly en se rapprochant de Marianne.

– C'est une mitarde.

Comme Charly ne comprenait pas, elle ajouta :

– Elle a la cervelle mitée. Pleine de trous, quoi. C'est ce qui arrive à ceux qui payent un peu trop à coups de gemnez. On en voit de plus en plus… Tout est tellement cher, ici ! Tu crois que tu as absolument besoin de ce grimoire pour étudier, que cette veste en velours passementé t'aidera à trouver un bon travail, que faire un cadeau hors de prix à un Académicien le poussera à te présenter au grade de Magister… Au début, tu te dis que ce n'est pas grave si tu ne te rappelles plus l'anniversaire de tes dix ans, parce qu'il était un peu nul. Tu te dis que tant pis si tu ne te souviens plus de ta première amie, que tu as rencontrée à trois ans, puisque de toute façon tu ne la fréquentes plus aujourd'hui. Et puis, tu n'avais rien appris à ton premier cours de magie, alors celui-là aussi, tu t'en sépares… Sauf que tout ça fait partie de toi. Et si tu vends le souvenir fondateur de trop, tu n'as plus du tout de personnalité. Les gens ne réfléchissent pas aux conséquences de leurs actes ! Tsss !

Charly hocha la tête, pensif. Marianne fronça soudain les sourcils en le regardant :

– Au fait, qu'est-ce que tu fais là, mon chou ? Tu devrais être en train d'assister aux passages de grade. C'est impressionnant, en général.

– Je ne sais pas exactement où ça se trouve et je préfère rentrer, si ça ne vous embête pas. J'ai perdu une étoile et… est-ce qu'il serait possible d'avoir quelque chose à manger ?

Marianne lui renvoya un regard navré.

– Une étoile ? Mon pauvre choupinet, je suis vraiment désolée.

Elle soupira et parut chercher l'argument qui lui permettrait d'enfreindre son propre règlement :

– En théorie, l'auberge est fermée jusqu'au soir. D'un autre côté, ta serpillière a passé la matinée à briquer mon sol. Ça brille tellement que Pitchounette a pris la grosse tête. Alors si tu me promets de rester sagement dans ta chambre, je devrais pouvoir te trouver une assiette de fruits et un bout de pain.

– Merci beaucoup.

Charly était sincèrement soulagé de pouvoir se mettre à l'abri. Il n'avait pas l'habitude d'avoir des ennuis. Normalement, c'était June, l'aimant à problèmes. Lui était l'élément raisonnable de leur duo, qui réparait les dégâts après le joyeux chaos qu'elle semait partout sur son passage. Plus que jamais, il regrettait son absence. Il était certain que June aurait amené de la légèreté à cette situation. Qu'elle se serait moquée des miliciens. Qu'elle aurait dit : « On s'en fout, c'est des crétins ! Viens, on va jeter des cailloux dans l'eau. » Ou autre chose du même tonneau.

Sapotille lui avait bien dit qu'on n'initiait pas les quiétons à la légère, car la magie était trop rare pour que n'importe qui y ait accès. Mais June n'était pas n'importe qui. Si on avait permis à June de pratiquer la magie… bon d'accord, elle aurait mis moins de cinq minutes avant de déclencher une catastrophe. Mais Charly aurait aimé avoir son amie avec lui. Elle lui manquait.

Sitôt qu'il fut dans sa chambre avec une corbeille de pommes, il essaya de déchiffrer l'ouvrage sur la Chevaleresse Hurluberlu. Entre les pages déchirées et le fait que Mandrin passait son temps à vouloir se coucher dessus, la lecture se révéla difficile. Mais, à force de recouper certains paragraphes, il finit tout de même par dégager les grandes lignes de la biographie.

Célestine Chapollion était née en 1881, dans la ville de Thadam. Au grand désespoir de ses parents, elle avait un tempérament de feu. Pour lui mater le caractère, ils la marièrent à un triste sire dont le nom de Sébastopol Hurluberlu était en soi une punition. Toutefois, il se produisit l'exact inverse de ce que tout le monde espérait, à savoir que M. Hurluberlu fut bientôt contaminé par la belle énergie de sa femme et ne vit aucun inconvénient à ce qu'elle ouvre une petite boutique, pour commercialiser des allumettes de sa création. Dans le même temps, le couple eut deux enfants, Pétronille et Lupin (un portrait de famille avait été si déchiqueté qu'on ne pouvait y voir que les visages des parents. Ils semblaient aussi heureux que possible sur un tableau de cette époque). Le magasin familial tournait rondement, mais la conception d'allumettes n'était pas une activité assez noble pour que la famille Hurluberlu soit reçue dans les hauts cercles. Bien qu'elle fût une remarquable magicière aux dires de son mari, nul n'accordait le moindre crédit à Célestine. Les choses changèrent lorsque, fait rare, un dragon apparut à Thadam (ici figurait une demi-gravure du dragon, qui parut étrangement familier à Charly). Alors que la chasse avait commencé et que les plus prestigieux maroquiniers s'inscrivaient déjà sur liste d'attente, Célestine Hurluberlu parvint à s'approcher de l'animal et à en faire son familier. Le fait n'était arrivé qu'une dizaine de fois dans toute l'histoire et l'Académie se hâta d'anoblir Célestine. Le succès de celle qui portait désormais le titre de Chevaleresse Hurluberlu ne se démentit plus. Ses allumettes s'arrachaient et bientôt, elle fit bâtir une superbe fabrique dans laquelle elle et sa famille installèrent leurs appartements.

Près du texte, une gravure avait miraculeusement résisté au massacre dont le livre avait été victime et Charly put contempler son École dans toute sa splendeur. C'était exactement le même bâtiment, sauf que celui de la gravure était flambant neuf.

Charly songea qu'il était plutôt étrange que son École se soit établie dans une fabrique d'allumettes. Et, plus étrange encore, que sa mère en soit la directrice…

À force de lecture fastidieuse, Charly fut surpris de constater que l'après-midi s'était écoulé et que le jour déclinait alors même qu'il n'en était qu'à la moitié du livre. Ce fut le moment où Sapotille le rejoignit dans la chambre :

– Ah, tu es là ! Je m'inquiétais !

– Ta négociation s'est bien passée ?

– Admirablement. Je n'ai rien compris, mais ce n'est pas grave. Anasthème a accepté de me parrainer pour un pourcentage vraiment ridicule de mes ventes. J'étais sûre qu'il était sympa, mais je ne m'attendais pas à ce que mon bluff soit si efficace.

Elle se tut un instant avant d'ajouter :

– Je ne suis pas très forte en bluff, d'habitude. Par contre, je n'ai pas compris pourquoi tu es parti aussi brusquement. Tu as eu un problème ?

Charly hésita. Depuis le temps qu'il connaissait Sapotille, il l'avait toujours vue soucieuse ou préoccupée. Il avait le sentiment que la joie était pour elle un sentiment aussi précieux que rare. Il ne voulut pas lui gâcher son plaisir. Au point où on en était, cette conversation pouvait attendre.

– Buvons quelque chose pour fêter ton sens des affaires ! suggéra-t-il. Je t'invite.

Quand ils redescendirent, ils trouvèrent la salle principale bondée et bruyante. Quelques adolescents arboraient déjà les bannières de leur conducteur de citrolle favori pour la course du lendemain. En laissant traîner ses oreilles, Charly put constater qu'on en parlait beaucoup.

Tandis qu'ils avançaient entre les tables à la recherche de sièges disponibles, il vit les épaules de Sapotille se raidir. Sapotille n'aimait pas les foules. Au milieu de tout ce monde, elle ressemblait à un chat qu'on cherche à pousser dans une bassine d'eau.

Ils parvinrent à dénicher deux tabourets près d'un coin de table. Soulagé, Charly ôta son chapeau et le posa à l'envers sur la table. Puis il saisit une carte poisseuse qui traînait là.

– Tu as pu assister aux passages de grade ? demanda-t-il tout en la parcourant des yeux.

– Oui, c'est dommage que tu ne m'aies pas rejointe, d'ailleurs. C'était très instructif.

– J'ai préféré limiter les dégâts.

Et il lui montra son insigne, amputé d'une étoile. Sapotille parut catastrophée.

– Oh non ! C'est pour ça que Maître Lin ne voulait pas qu'on se sépare. Tu ne sais pas reconnaître les dangers, ici…

Charly voulut minimiser, il n'avait plus envie d'y penser. Marianne les interrompit à point nommé :

– Alors, vous prendrez quoi, les choupinets ?

Charly se hâta de se replonger dans la carte, plutôt ennuyé : il ne connaissait aucun des plats ou boissons qui y figuraient. En bas du menu, une inscription avait été soulignée plusieurs fois : *« NOUS NE FAISONS PAS DE TARTES À GAGE. »*

– Tarte à gage ?

– Pour les cancres qui ne savent pas cuisiner leur tarte-chercheuse eux-mêmes, traduisit Sapotille.

– Si vous pouviez vous dépêcher de choisir, ça m'arrangerait. Je suis un peu débordée, là…

– Très bien. Je vais prendre une pétillonade. Et des apocachips, aussi.

Ces dernières l'attiraient assez. Elles étaient bon marché et sous leur mention figurait une parenthèse : *« Merci de manger vos chips une à une. Vous serez tenu responsable de la destruction du mobilier. »* Cela aiguisait la curiosité.

Tandis qu'ils attendaient leur commande, des éclats de voix leur parvinrent de la table voisine. Charly se retourna et fronça le sourcil. Les trois adolescents qui s'y étaient installés tranchaient dans le décor modeste.

Tout dans leur posture et leurs vêtements criait : « Nous valons mieux que vous. » D'ailleurs, à la différence de la plupart des Patouilleurs qui les entouraient, ils n'avaient pas de chapeau-sapeur, mais d'authentiques vêtements de luxe. Il y avait une fille et deux garçons, parmi lesquels… Thibald Dendelion.

– Regarde ! chuchota Charly en attirant l'attention de Sapotille.

Cette dernière se crispa immédiatement et tira la bordure de son chapeau rouge pour cacher son visage.

– Si j'avais vu qu'ils s'étaient assis là, je nous aurais trouvé des places plus loin, souffla-t-elle, contrariée.

Thibald était en grande forme. Son costume gris paraissait taillé sur mesure, ce qu'il était sans doute. Une longue chemise flottante et échancrée rehaussait son allure de poète tête à claques. Les compagnons de Thibald n'inspiraient pas davantage confiance. Le garçon assis à ses côtés était une montagne de graisse et de muscles mêlés, une de ces brutes qui dévorent tout l'espace autour d'eux.

– Ça arrive, cette commande ? beugla le garçon en question.

Et Charly vit sa salive grasse éclabousser tout autour de lui, comme un grand fauve qui marquerait son territoire de chasse. Ce garçon avait quelque chose d'un ogre.

La fille, quant à elle, était sèche comme une brindille. Elle était rousse avec un carré effilé qui faisait ressortir la dureté osseuse de son visage. Elle portait une redingote verte, raide et stricte à épaulettes frangées, que ne parvenaient pas à adoucir une jupe ample et une cravate piquée d'émeraudes. Sa tenue était assortie à ses yeux de vipère.

– Elle est belle, n'est-ce pas ? glissa alors Sapotille. Elle s'appelle Marusa, mais à ta place je me méfierais. Si c'est ton genre, je veux dire.

– Elle a un visage taillé dans les ennuis. Ce n'est pas du tout mon genre.

Selon Charly, les gens avaient le visage qu'ils méritaient. Non pas concernant son aspect général, mais parce que les émotions en marquaient les traits année après année. Ainsi, sur la dénommée Marusa, il ne voyait pas la perfection des lèvres, la finesse de la mâchoire ou la symétrie des pommettes, mais le pli d'amertume, la fossette de mépris et la haine cachée dans un repli de sourcil. Charly savait lire un visage.

– Et… c'est quoi ton genre ? osa alors Sapotille, l'air de ne pas y toucher.

Charly songea : *petite. Blonde. Avec de grosses boucles. Des lunettes épaisses. Un chapeau rouge à champignons. Pas trop mince. Très intelligente. Avec un mauvais caractère.* Mais il ne dit rien et, comme chaque fois qu'il se sentait embarrassé, il étira sur ses lèvres un sourire sibyllin d'un charme ravageur. Sapotille rougit en retour.

– Et l'autre garçon ? Il s'appelle comment ? demanda Charly, histoire de changer de sujet.

– Thorus. Ce n'est vraiment pas un gentil.

À cet instant, on posa deux verres et un bol de chips devant eux.

– Eh, c'est à cause de toi que j'ai perdu mon avaleur !

s'exclama une voix. Et mon abonnement ? T'as intérêt à me le rendre !

Charly leva le nez. C'était la fillette aux dents du bonheur, qui d'ailleurs ne lui en avait pas du tout porté, du bonheur. Le soir, elle abandonnait visiblement ses combines pour des activités plus respectables. Elle paraissait cependant trop jeune pour faire le service, et Charly se demanda si elle était la fille de l'aubergiste.

– À cause de toi, j'ai eu des ennuis, dit-il posément.

– C'est vrai ? Pauvre chaton !

Puis, la fillette pointa un doigt autoritaire dans sa direction :

– T'as intérêt à me dédommager. On en cause à la fin du service !

– Crépine ! Je te paye pas pour faire la causette à la clientèle ! lui cria alors Marianne.

La fillette fila aussitôt avec son plateau. Comme le sourcil levé de Sapotille exigeait des précisions, Charly s'expliqua :

– C'est à cause d'elle que j'ai eu affaire à la milice…

Il sortit de son chapeau le livre déchiqueté.

– D'un autre côté, c'est aussi grâce à elle que je suis tombé sur un truc intéressant. Tu as vu ? La Chevaleresse Hurluberlu était une magicière !

– Tu ne le savais pas ? s'étonna Sapotille. Pourquoi tu crois que je suis venue dans cette École ? C'était la toute première Allégorie, il y a cent ans.

– Tu aurais pu me le dire ! s'exclama Charly.

– Désolée. J'oublie toujours à quel point tu es ignorant.

– Bon, j'y ai quand même appris des choses…

Et sur ces mots, il picora une chips. Dès qu'il la croqua, sa chaise trembla sous lui. Il laissa échapper un éclat de rire surpris.

– Ce truc est génial !

Sapotille sourit à son tour.

– *Qu'importe l'apocalypse, pourvu qu'on ait des chips !* C'est la devise que ta grand-mère a écrite sous sa recette.

– Parce que c'est elle qui l'a créée ? Encore mieux !

Charly voulut saisir deux chips à la fois. Ça lui semblait suffisamment raisonnable pour ne pas casser le mobilier. Mais Sapotille lui donna une pichenette légère sur le dessus de la main :

– C'est pas poli de secouer les voisins !

– Si June avait été là, elle ne se serait pas gênée !

À l'évocation de ce nom, Sapotille se rembrunit.

– On est vraiment obligés de parler d'elle ? Elle est déjà assez envahissante comme ça, quand elle est dans les parages !

– Tu sais, c'est juste qu'elle est maladroite. En plus, elle t'aime bien.

– Ah bon ? s'étonna Sapotille.

Puis elle se tut, à court de mots. Visiblement, elle n'avait pas l'habitude qu'on l'apprécie et l'idée la perturbait assez pour qu'elle se sente prête à reconsidérer son jugement.

– D'accord, mais… elle fait toujours n'importe quoi, maugréa-t-elle pour la forme. Alors qu'elle n'a aucune excuse ! Je veux dire que ses parents possèdent la plus grande fabrique de calissons de la ville, et elle, au lieu d'en profiter…

– Oh, mais elle en profite…, sourit Charly, elle en profite pour faire n'importe quoi. Un jour, elle a versé du piment dans la préparation de pâte d'amandes et de melon pour saboter une fournée.

– Ah bon ? s'étonna Sapotille. Et alors ?

– Alors ses parents ont remporté un prix avec la recette. Après quoi, ils ont fait réaliser son portrait par un dessinateur célèbre, et maintenant June a des boîtes de calissons qui portent son nom et sa figure. De riches Anglaises les achètent et trouvent ça tellement *wonderful* qu'elles veulent rencontrer June en personne.

– Ah oui, quand même. La pauvre, finit par compatir Sapotille.

Charly délaissa un instant les chips pour boire une gorgée de pétillonade. La boisson avait un goût de limonade tout à fait ordinaire, quoique délicieuse. Son originalité tenait au fait qu'elle produisait de grosses bulles dorées. Il prit le temps de la savourer avant de poser la question qui lui avait trotté dans la tête toute l'après-midi :

– Je voulais te demander, aussi… J'entends beaucoup parler de Saint-Fouet…

– ARRÊTEZ CETTE BESTIOLE ! ELLE M'A VOLÉ MA SURPRISE-TORTUE !

Charly se retourna brusquement et aperçut exactement ce qu'il redoutait : Mandrin fonçant dans sa direction au galop avec, dans la gueule, une espèce de tortue en brioche, la carapace dégoulinante de fromage. En trois bonds, Mandrin rejoignit la table de Charly. Il vit le chapeau et y plongea sans hésiter.

– Mandrin ! l'appela Charly. C'est pas vrai !

– À ta place, c'est pas pour lui que je m'inquiéterais, murmura Sapotille.

Charly suivit son regard. Thibald et sa bande se tenaient juste dans son dos.

– On va le crever, ton chat ! dit le garçon dénommé Thorus.

Charly remarqua alors le tatouage de corbeau qu'il avait sur le bras et qui claquait du bec comme s'il était vivant.

– Euh… Juste pour une brioche, ça me semble un peu excessif, rétorqua-t-il. Je vais rembourser, ne vous inquiétez pas.

– Non merci, intervint alors Thibald. On est du genre à se servir tous seuls.

Ce disant, il avait saisi la pétillonade et l'avait renversée sur le costume de Charly. Des taches dorées apparurent là où les bulles éclataient.

– Bon, écoutez…, commença Charly.

– Non, toi, tu écoutes, le plouc ! dit Thorus en lui retournant une claque légère. Tu vas faire ce qu'on te dit, et c'est tout.

– On ne veut pas de ton argent, reprit Thibald. On en a plus que toi. Tu vas payer en nature. Ça, ce sera intéressant.

Charly était contre la violence, ce qui incluait celle qu'on lui faisait subir. Il déplia sa grande carcasse d'un coup. Comme il s'y attendait, sa haute taille provoqua un léger recul chez ses assaillants. Mais la surprise ne dura pas et le trio se reprit bien vite.

– Mais c'est qu'il nous menace, ce clown ! s'offusqua Marusa.

– Oui, alors qu'il est censé nous faire rire ! renchérit Thibald. T-t-t, il n'a rien compris ! Aidons-le un peu…

Il traça alors une rune dans les airs. Si rapide que Charly fut incapable de distinguer précisément le mouvement.

– Ça devient ridicule, voulut-il dire.

Dans les faits, cela donna un imbroglio sonore comme : « Chawechshishwishwu ! » Parce que les confettis, c'est gênant pour articuler. À peine avait-il ouvert la bouche qu'une gerbe multicolore en avait jailli.

– SHWA ? s'étonna-t-il tandis qu'un nouveau flot de papier s'échappait de ses lèvres.

Du coin de l'œil, il vit Sapotille sur les charbons ardents, se demandant comment l'aider, sans oser intervenir. Un coup d'œil sur son insigne lui révéla qu'elle était très préoccupée par le faible niveau de magie qui lui restait.

– Eh bien voilà, il fait un effort ! s'exclama Thibald. Enfin un clown digne de ce nom.

– Thibald, tu es impayable ! le flatta Marusa.

Elle dégaina alors une canne, un bel objet au sommet duquel se tenait un aigle, avec une tige de lierre sculptée qui enserrait le bâton. Puis, elle chercha à frapper les jambes de Charly.

– Allez, danse, le clown ! Et chante-nous une petite chanson, tant qu'on y est ! Hop hop hop !

– SHEH ! protesta Charly en crachant un nouveau flot de confettis.

Marusa était habile et Charly peinait à la repousser. À plusieurs reprises, la canne l'atteignit, lui cinglant tantôt les cuisses, tantôt les mollets. La douleur était cuisante. Finalement, Charly lança la main en avant et parvint à rattraper la canne au vol. Marusa tenta de la lui arracher des mains, mais il était beaucoup plus fort.

C'était de plus en plus dur de ne pas se défendre brutalement, d'autant qu'il était privé de parole pour ramener son entourage à la raison. À cet instant, son assaillante lui lança un coup de pied en plein tibia. Il renonça et brisa la canne sur son genou.

– Ma canne de famille ! geignit l'affreuse bretteuse.

– Dis donc, le clown, qui t'a donné l'autorisation d'agresser Marusa ? demanda alors Thibald. On dirait que tu vas devoir payer pour ça aussi !

Comme deux serpents foudroyants, ses mains entamèrent une nouvelle danse dans les airs… avant d'être arrêtées net. Thibald parut scandalisé et jeta des regards courroucés autour de lui.

– Qui ose m'arrêter… ?

– C'est moi, répondit Sapotille.

En effet, ses mains étaient dressées sans équivoque, dans une rune vibrante.

– Ce que vous êtes en train de faire est illégal, dit-elle alors. Surtout dans cette auberge.

– La loi, c'est mon père qui la fait ! s'écria Thibald, fou de rage. Thorus, explique ça à cette insolente ! En plus, elle a crashé mon balai avant-hier, et ça aussi, ça se paye.

Charly se précipita pour s'interposer, mais Marusa lui fit un croche-pied et il s'étala sur le sol en toussant des confettis. Thorus se servit dans leur bol d'apocachips et se rua sur Sapotille, sur la robe de laquelle il en écrasa deux ou trois. Le sol trembla et Sapotille aussi, mais elle tint bon la rune qui immobilisait Thibald.

– Arrêtez ça ! voulut protester Charly en se relevant (même si dans les faits, il ne cracha qu'un pitoyable « ashweshwesha » plein de confettis).

– Tu bouges pas, le clown, dit Marusa en esquissant un début de rune à son intention. De toute façon, on comprend rien à ce que tu racontes.

Au même moment, Thorus leva le bras et administra une gifle à Sapotille. Sous la violence du choc, elle fut jetée à terre et ses lunettes atterrirent sur le parquet. Sa rune s'évapora.

– Ah, merci, Thorus ! dit Thibald qui pouvait à nouveau bouger les mains.

Charly ne prit pas le temps de réfléchir. Faisant fi de la rune qui le menaçait, il empoigna Marusa par le col et la projeta en direction d'un fauteuil, à trois mètres de là. Puis il se jeta sur Thorus. Chacun fut surpris de la force de son adversaire, mais Thorus avait l'expérience des bagarres. Il fit peser tout son poids sur Charly et tous les deux roulèrent sur la table. Le second verre de pétillonade explosa sur le plancher, tandis que sous son dos, Charly percevait des dizaines de croustillements.

Les apocachips.

La péniche entière trembla si fort que les tables, les chaises et les convives de l'auberge furent jetés à terre.

– À moi, les Thadamais ! hurla alors Marusa. Donnez une leçon à tous ces ploucs qui se croient chez eux !

En un instant, la rixe devint générale. Les Thadamais étaient en infériorité numérique, mais ils rationnaient beaucoup moins leur magie. Les meubles et les sortilèges commencèrent à voler. Une cruche d'eau poursuivit un Patouilleur avant de se vider intégralement dans son col. Un Thadamais entreprit une rune complexe, mais avant qu'il ait pu l'achever, une adolescente lui asséna un aller-retour si rapide qu'il en fut complètement sonné.

La plupart des jeunes gens présents ne savaient pas se battre, si bien que leurs coups s'échouaient lamentablement dans le vide, des empoignades finissaient en chutes et en tirages de cheveux. Des sortilèges plus ou moins maîtrisés naissaient par endroits comme la flamme souffreteuse d'une allumette vaguement humide.

Ce fut le moment que Mandrin choisit pour jaillir du chapeau et bondir toutes griffes dehors sur Thorus. Ce dernier ne put que se recroqueviller sous les attaques de cette tornade blanche. Charly n'eut pas le temps de reprendre son souffle que Marusa revenait déjà à la charge. Il la renvoya d'une nouvelle bourrade dans son fauteuil.

Quand il se retourna, Sapotille hurlait tandis que, face à elle, Thibald enchaînait les runes. Sur la peau de son amie, des veines ressortaient anormalement.

– Swhop ! hurla Charly dans une pluie de confettis.

– Toi, tu ne me fais plus rire du tout ! lui rétorqua Thibald, furieux.

Ses mains entamèrent une nouvelle rune particulièrement longue et complexe. Soudain, il baissa un regard dégoûté vers le sol.

– Mais c'est quoi, ce truc qui m'escalade ? Eurk ! Une serpill… ?!

Pépouze lui sauta à la figure avant qu'il ait pu finir sa phrase. La laissant dégouliner courageusement sur cet enragé, Charly attrapa la main de Sapotille qui cherchait à retrouver ses esprits.

– Swhonsheswesha shesheshla (On devrait pas rester là), tenta-t-il de formuler dans une tempête de confettis.

– Quoi ? lui répondit fort logiquement Sapotille qui n'avait rien compris.

Au même instant, l'aubergiste apparut à l'autre bout de la salle et hurla :

– On m'a ouvert une voie d'eau dans le cellier ! Quel est le bougre de sagouin qui a avalé son bol d'apocachips d'un coup ?

Et sans attendre de réponse, elle courut vers une porte avec deux seaux et une armée de chiffons. En effet, une nappe d'eau recouvrait déjà le plancher. Sans doute était-ce la raison pour laquelle Pépouze avait pu se déplacer si vite.

Charly décida qu'il était grand temps de disparaître et tira Sapotille derrière lui. Ils évitèrent de justesse un parapluie volant, puis un tabouret. Ils n'étaient plus qu'à un mètre de l'escalier, quand soudain, le calme s'abattit sur l'auberge. Charly savait estimer la qualité d'un silence. En une seconde, il sut que celui-ci n'était pas sympathique du tout.

– Que se passe-t-il, ici ? demanda une voix glacée.

C'était la milice académique.

18

Les miliciens

Ils étaient au moins six. Charly reconnut les deux miliciens qui l'avaient harcelé le matin même. Curieusement, ce n'étaient pas ceux qui l'inquiétaient le plus. En effet, l'un d'entre eux détonait. Il y avait un je-ne-sais-quoi d'altier dans son regard glacé. Un teint mat, des pommettes hautes, une chevelure foisonnante retenue en queue-de-cheval. Et surtout, un uniforme rouge qui le désignait d'office comme le dirigeant. Plus étonnant encore, ses mains portaient des tatouages si riches et serrés qu'elles en étaient noires d'encre.

– Allons, allons ! Je ne peux croire que notre belle jeunesse thadamaise se fourvoie avec la canaille, dit-il d'une voix très douce. Jeunes gens, je vous remercierai de rentrer chez vos parents et de surveiller vos fréquentations à l'avenir.

À ces mots, Charly vit une quinzaine d'adolescents patauger dignement vers la sortie. Il y avait à présent deux bons centimètres d'eau sur le sol.

Thorus était assez mal en point car Mandrin avait fait des dégâts. Quand il passa près du milicien écarlate, il dut éponger un regard de mépris. Thibald, trempé, échevelé, avait lui aussi perdu de sa superbe. Néanmoins, lorsqu'il passa à son tour près du chef, celui-ci s'avança pour le saluer :

– Monsieur Dendelion. Vous transmettrez mes respects à votre père.

Thibald hocha la tête avec le peu de dignité qui lui restait.

– Je n'y manquerai pas, capitaine Atravice.

Puis il quitta les lieux.

– Bien, dit alors le milicien écarlate. Maintenant que nous avons trié le bon grain de l'ivraie, inspectons les insignes.

Aussitôt, ce fut la cohue. Tous les adolescents présents tentèrent de fuir, quitte à passer par les hublots. Charly vit son chat regagner le chapeau qui flottait sur le sol. Il le ramassa et, mû par un mauvais pressentiment, se précipita vers l'escalier où Sapotille l'avait déjà précédé.

La fuite générale fut arrêtée net quand ils se retrouvèrent tous plaqués au sol. Les miliciens avaient lancé un monumental algo pour les immobiliser.

Charly s'était effondré sur Sapotille. Il s'aperçut qu'elle était terrorisée : sa respiration s'était emballée.

– Shweshwawhwil (Que se passe-t-il) ? chuchota-t-il dans une gerbe de confettis plutôt discrète.

Malgré sa peur, Sapotille devina son interrogation et reprit difficilement son souffle pour lui répondre :

– Les étoiles de mon insigne sont factices. Quand ils s'en rendront compte, ce sera un aller simple pour Saint-Fouettard. Même Maître Lin ne pourra pas m'en sortir !

Un insigne trafiqué ? Charly était stupéfait. Mais son étonnement monta encore d'un cran quand il s'aperçut que Sapotille sanglotait nerveusement :

– Je ne veux pas y retourner !

S'il était largement visible, Sapotille était à peu près hors de vue, dissimulée sous sa grande carcasse. Il jeta un regard sur le côté. Les miliciens contrôlaient déjà les insignes des premiers Patouilleurs.

– Deuxième infraction. Ça ira pour aujourd'hui, mon garçon. Mais gare à la prochaine fois.

Tandis que les inspections se poursuivaient, Charly tenta de bouger sa main droite. Comme le matin même, il n'eut aucune difficulté à la mouvoir et à percevoir du bout des doigts le sortilège qui les oppressait.

– Troisième infraction, jeune fille, lança un milicien à l'intention d'une patouilleuse qui n'en menait pas large. Vos parents devront hélas payer une lourde amende pour vous récupérer.

– Mes… mes parents n'ont pas beaucoup d'argent.

– C'est regrettable, mais la justice est la même pour tous. Vous auriez dû y réfléchir plus tôt.

Ça se rapprochait.

– Schwevaicwhechoushwer shwe swoswhiswhee (Je vais repousser le sortilège), souffla Charly à Sapotille.

Au milieu de ses pleurs, le caractère de cette dernière refleurit avec beaucoup de naturel.

– Arrête de dire n'importe quoi, en plus tu me mets des confettis partout.

Charly leva les yeux au ciel et tira d'un coup sur le sortilège qu'il avait saisi à pleines mains. Comme si une couverture avait été arrachée, ils furent brusquement libérés.

– Comment as-tu… ? commença Sapotille.

Il se contenta de lui donner une vive poussée pour qu'elle grimpe l'escalier à quatre pattes. Elle se releva quelques marches plus haut, hors de vue des miliciens.

– Viens avec moi, vite ! souffla-t-elle.

– On dirait que ça s'agite là-bas, dit soudain la voix glacée.

Charly tourna la tête. Le milicien écarlate avait le regard fixé droit sur lui.

– Puisque tu es si impatient, mon garçon, nous venons à toi.

Charly glissa un regard d'urgence à Sapotille, tandis qu'ils se rapprochaient. Elle se hâta de monter les marches, aussi vite que la discrétion le lui permettait. Elle laissait des traces mouillées derrière elle et Charly espéra que ça ne se remarquerait pas. L'eau était encore montée d'un centimètre. Plaqués au sol comme ils l'étaient, certains Patouilleurs commençaient à boire la tasse.

– Mais on le connaît, lui ! C'est l'escroc à l'avaleur de ce matin !

Charly toussa bruyamment pour couvrir les grincements de l'escalier. Au moment où Sapotille tournait l'angle pour être hors de vue, le capitaine Atravice et les deux hommes croisés le matin même furent sur lui.

– À peine arrivé en ville et déjà occupé à semer le chaos. Comme c'est triste. Voyons cela de plus près…

Le milicien écarlate se saisit du pendentif de Charly et le serra dans le boîtier qu'il tenait à la main. Quelques étincelles en jaillirent.

– Voilà, plus qu'une infraction et nous pourrons nous occuper sérieusement de toi, mon garçon. Quel est ton nom ? J'aime connaître l'identité des graines de délinquants que je rencontre…

Charly resta muet un instant.

– Le refus de révéler son identité à la milice est également une infraction, poursuivit l'écarlate.

– Cette canaille aime la provocation, capitaine. Vous ne devriez pas prendre tant de gants avec lui.

– Bah, je ne voudrais pas qu'on accuse la milice de manquer de civisme. Alors ? Ton nom, jeune homme ?

La voix était effrayante de politesse, Charly n'avait plus le choix.

– Chachwy, répondit-il tandis qu'un paquet de confettis allait s'écraser sur le beau visage mat du capitaine.

Le milicien essuya d'une main calme les miettes de couleurs qui s'étaient collées à sa peau. Mais quand son regard revint sur Charly, il était plein d'une haine polaire.

– On ne moque pas la milice impunément, mon garçon. Bienvenue à Saint-Fouettard.

Et il tendit de nouveau la main vers le pendentif de Charly. Au même moment, des cris retentirent dans son dos :

– Lâchez-moi ! Mais lâchez-moi, je vous dis !

– Capitaine ? On a trouvé un môme de Saint-Fou ! Châtiment public de niveau deux, capitaine !

– Lâchez-moi ! Je travaille ici, j'ai une autorisation de réinsertion sous contrat !

Le milicien écarlate délaissa Charly. Un ravissement gourmand s'était dessiné sur son visage.

– Ah, un châtiment public, enfin ! Ça faisait un bon mois !

– Cette jeune fille a un contrat en bonne et due forme, j'en réponds !

La voix de Marianne avait claqué avec force. Elle se tenait à l'autre bout de la salle, les manches retroussées, le tablier fripé, trempée des pieds à la tête. Malgré sa petite taille, elle se dressait avec une telle assurance qu'elle en devenait impressionnante.

– D'ailleurs, qu'est-ce que tu fiches là-bas, Crépine ? Viens m'aider à colmater cette fuite et tout de suite !

Consciente de l'échappatoire que sa patronne était en train de lui offrir, Crépine voulut se précipiter vers elle, mais le capitaine écarlate lui barra le passage et interpella l'aubergiste.

– Madame, veuillez nous laisser rétablir l'ordre sans intervenir.

– Capitaine Atravice, je sais que votre loi prévaut dans nos rues, mais ici vous êtes chez moi. Et si vous souhaitez enfreindre mon règlement, je peux vous garantir que vous en répondrez dès cette semaine au tribunal face à la Guilde des Boutiquiers.

Le milicien écarlate lui répondit avec un sourire acide :

– Gardez votre apprentie, madame. Nous allons nous occuper des autres.

– Et quoi, encore ? Cette auberge est en train de couler et vous croyez que je vais vous laisser mener vos petites affaires tranquillement ?

Depuis l'extérieur, la voix de baryton de Pitchounette résonna :

– SI JE COULE, JE VOUS EMMÈNE AVEC MOI !

Les portes et hublots se fermèrent d'un coup dans un vacarme énorme. Les miliciens commencèrent à jeter des regards nerveux autour d'eux. Il y avait à présent dix centimètres d'eau sur le sol.

– Levez cet algo immédiatement, ordonna Marianne.

Le milicien et elle écarlate s'affrontèrent du regard durant de longues secondes. Puis le milicien leva le poing et y rappela son sortilège. Aussitôt, la pression qui pesait sur tous disparut. L'aubergiste, quant à elle, ne se laissait pas démonter. Elle avisa un groupe d'adolescents non loin d'elle :

– Vous huit, allez aider Crépine dans le cellier et bouchez-moi cette voie d'eau avant qu'il ne soit trop tard !

Charly avait déjà pu voir le cellier, qui était minuscule. À neuf, les jeunes gens se gêneraient plus qu'autre chose.

– Et vous, espèce de feignasses, pourquoi vous n'avez pas encore commencé à écoper ? Allez, hop ! Prenez les saladiers, ici !

Sept nouveaux adolescents se hâtèrent d'obéir avec reconnaissance.

– Toi, toi, toi et toi, vous me ramassez ce désordre. Vous cinq, vous êtes responsables du nettoyage. Hop hop hop ! On se dépêche !

Marianne tournait des regards paniqués autour d'elle, se demandant sous quels prétextes elle pouvait réquisitionner plus de Patouilleurs. Soudain, son regard tomba sur Charly.

– Toi, là-bas ! C'est toi qui es responsable de cette serpillière ! Mets-la au travail, et fissa !

Charly aperçut Pépouze qui barbotait comme une petite folle au milieu de cette ambiance de plomb. Il se hâta de contourner les miliciens pour se précipiter vers elle.

– Je crois que vous avez suffisamment d'aide pour remettre votre auberge d'aplomb, à présent, décréta le milicien.

– Non, capitaine, j'ai encore besoin de…

– IL SUFFIT ! hurla l'écarlate. Miliciens ! Achevez les contrôles et en vitesse !

Il leva une main menaçante vers la sortie :

– Et vous, madame, rouvrez cette porte ou je pulvérise votre auberge !

Marianne baissa la tête, joignit ses mains avec dignité et dit d'une voix posée :

– Pitchounette ? Tu as entendu ce que le monsieur a demandé poliment ? Obéis, s'il te plaît.

La porte et les hublots se rouvrirent en grinçant avec une mauvaise volonté appuyée. En une minute, les miliciens achevèrent d'examiner les insignes et rassemblèrent cinq adolescents blêmes de peur.

– Vous allez voir, Saint-Fouettard est plein de délinquants, vous vous y sentirez comme chez vous.

Puis ils quittèrent les lieux en les poussant devant eux. Les Patouilleurs étaient terrorisés, ça se voyait. Près de lui, Charly entendit Marianne murmurer :

– Désolée, les choupinets, j'ai pas pu faire mieux…

19
Mises au point

L'auberge fut écopée, nettoyée et réparée dans un silence de fin du monde. Les Patouilleurs digéraient leur peur. Charly ôta son chapeau pour s'éponger le front. Depuis la fin de l'altercation, Mandrin s'y était réfugié et n'avait pas donné signe de vie. Charly se pencha au-dessus de l'ouverture et essaya d'appeler son chat :

– Shanshwin ?

Évidemment, une gerbe de confettis atterrit dans le chapeau, sans que le matou se manifeste. Soudain, le couvre-chef lui fut arraché des mains.

– Ça, c'est ma compensation ! Pour mon avaleur et mon abonnement !

Crépine lui adressait son sourire le plus insolent, quand une patte blanche jaillit de l'ouverture et la griffa férocement.

– Aïheu !

Furieuse, Crépine voulut fourrer la main dans le

chapeau, mais se heurta au fond. Finalement, elle se mit à le secouer en direction du sol.

– Sors de là, sale bête !

La seule chose qui sortit en retour fut un miaulement furibard.

– Schwachè ! Shuchashwishaichwal ! (Arrête ! Tu vas lui faire mal !) voulut s'interposer Charly.

– Dis-lui de dégager de mes affaires ! rétorqua Crépine. Sauf s'il veut finir en ragoût. Il est bizarre, ce sapeur, non ?

– Schwenchwacha (Rends-moi ça) ! s'écria Charly en s'avançant.

Il était prêt à récupérer son bien de force, mais Crépine l'arrêta de la main.

– Ce truc est à toi ? Vraiment ? Et tu peux le prouver ? Non, parce que c'est très mal vu de dépouiller quelqu'un de Saint-Fou. Si je te mets sur liste noire, tu pourras plus faire un pas dans Thadam sans qu'on t'envoie la milice. Ça fait pas envie, hein ? Moi, à ta place, je lâcherais mon sapeur.

Charly paniqua. Hors de question qu'il abandonne son précieux couvre-chef. Il fit un signe d'apaisement à Crépine et plongea une main dans le chapeau. Puis, il en ressortit une des papillotes de sa grand-mère. La dégainant sous le nez de Crépine, il lui fit comprendre qu'il la lui échangeait contre le chapeau.

– Est-ce que ce truc est ce que je crois ? demanda Crépine, sceptique.

– Shuchoichoi (Tu crois quoi) ? articula Charly au milieu des confettis.

– Je veux dire, c'est un sortilège instantané ? Et c'est quoi exactement ?

De l'index, Charly traça des lettres dans les airs : H-A-S-A-R-D.

– Mouais, c'est une arnaque, ton truc. Tu sais même pas qui l'a préparé, j'imagine ? T'as dû acheter ça aux puces de Fée-Crémée.

Charly secoua vigoureusement la tête et recommença à écrire.

– M-E-L-I-S-S…, épela Crépine au fur et à mesure qu'elle lisait. Tu te fiches de moi ? C'est Dame Mélisse qui l'aurait préparé ?

Charly hocha la tête avec virulence. Crépine demeurait dubitative, mais la papillote exerçait maintenant sur elle un attrait indéniable.

– Bon, on va dire que je te crois. Mais si jamais tu m'as menti, je te jure que je te retrouverai et que tu me paieras ça.

Charly leva les yeux au ciel, mais se hâta d'effectuer l'échange.

– D'un autre côté, si tu m'as pas menti, t'es vraiment nul en affaires ! ajouta Crépine.

– Chechouchaichéchuchéchéchonchat (Je voulais récupérer mon chat) !

– Rien compris. Mais ciao !

Cantonné au silence, Charly lui fit un signe d'adieu. Il regrettait d'avoir dû marchander une des papillotes de sa grand-mère, mais ainsi qu'il avait tenté de l'expliquer dans une pluie de confettis, il était hors de question d'abandonner son chat ou ce sapeur qui appartenait finalement plus à Maître Lin qu'à lui-même. Et après tout, les papillotes s'étaient jusqu'ici montrées de peu d'utilité.

Le ménage de la péniche s'acheva fort tard et dans une ambiance bizarre. Quand Charly rejoignit sa chambre, Sapotille avait déjà dévoré la moitié de ses ongles. Elle lui sauta presque au cou quand elle le vit apparaître.

– J'avais tellement peur qu'ils t'aient embarqué à Saint-Fou !

– Schonchawa (Non, ça va), répondit péniblement Charly dans une pluie de confettis.

– Attends, je vais t'arranger ça.

Elle dessina une rune relativement simple et Charly sentit sa bouche enfin débarrassée des confettis qui l'encombraient. Il avait l'impression qu'il garderait ce goût de papier sur la langue pendant des jours.

– Merci beaucoup !

– Raconte-moi tout, maintenant !

Charly s'exécuta. Quand il eut fini, il remarqua que Sapotille l'avait écouté en se tordant les mains. Finalement, elle prit la parole en butant sur les mots :

– Tout à l'heure, tu m'as sauvée. S'ils m'avaient envoyée à Saint-Fouettard… Bref… merci.

– Toi aussi, tu es venue à mon secours, en bloquant la rune de Thibald. Et puis… tout est à cause de moi.

Fort à propos, Mandrin jaillit du chapeau et lécha sa fourrure avec fierté. Sapotille haussa les épaules.

– Mais non, c'est pas ta faute. Thibald et sa bande sont horribles, ils cherchent toujours des poux à tout le monde. Ton chat a juste fourni le prétexte.

– Oui, mais si Mandrin est relié à mon subconscient, ça en dit long sur moi. Regarde-le : voleur, sans-gêne, méprisant… !

Mandrin répliqua par un feulement furieux.

– Et susceptible avec ça ! Je suis désolé que monsieur se sente vexé, s'emporta Charly. Mais monsieur a fait beaucoup de dégâts ce soir. Et moi…

Le regard des adolescents emportés par la milice lui revint.

– Et moi j'ai honte d'avoir ce genre de sentiments en moi.

Sapotille se racla la gorge.

– Oui, à ce sujet… j'ai peut-être été un peu imprécise, hier… Ce que fait ton chat ne reflète pas directement ta personnalité. Ça a un lien, mais… La seule raison qui fait qu'un familier devient à ce point turbulent, c'est que son maître refoule ses émotions. C'est ta volonté de liberté qui s'exprime chez ton chat. Est-ce que tu as vécu un genre de traumatisme qui expliquerait ça ?

Charly se rendit compte qu'il était en train d'écraser sa culpabilité dans son poing comme il le faisait souvent.

– Je crois…, dit-il, je crois qu'il s'est passé quelque chose, il y a cinq ans. Quelque chose que je n'arrive pas à me pardonner.

Sapotille hocha consciencieusement la tête.

– Il y a autre chose dont je voulais parler avec toi, reprit-elle. L'algo des miliciens, tout à l'heure. Comment as-tu fait pour le repousser ? Je veux dire… même pour un Magister ce serait difficile, et toi…

Elle claqua des doigts :
– Tu as fait ça comme ça !
– Pas exprès, je t'assure.
– Mais c'est insensé ! Tu n'as même pas de runes tatouées sur les mains ! Je ne comprends pas comment c'est possible !
– Moi non plus. C'est important ?
– Ça n'est pas normal du tout. On devrait en parler à Maître Lin. On essaiera de l'intercepter à son hôtel, demain matin. Maintenant, on ferait mieux de dormir, je veux être en forme pour la course.
Charly acquiesça. Épuisé par la soirée, il prit une douche brûlante et se glissa dans son lit trop petit. Se sentant inhabituellement coupable, Mandrin le rejoignit pour mendier des caresses.
Charly pensait à sa grand-mère. Perdue dans sa chambre. Seule, sans mémoire ni pouvoirs. Est-ce que Maître Lin parviendrait à faire entendre ses arguments au tribunal ? Et si le Cavalier était condamné, comment pourrait-on le forcer à les rendre ? Les souvenirs seraient-ils seulement récupérables ? Et surtout, combien en avait-il déjà été dépensé ?
– Au fait, j'avais oublié de t'en parler mais l'autre nuit, j'ai croisé Thibald. Il était avec Anasthème et… Sapotille, tu m'écoutes ?
Évidemment, il ne reçut aucune réponse : épuisée par la journée, elle dormait.

20
Le procès

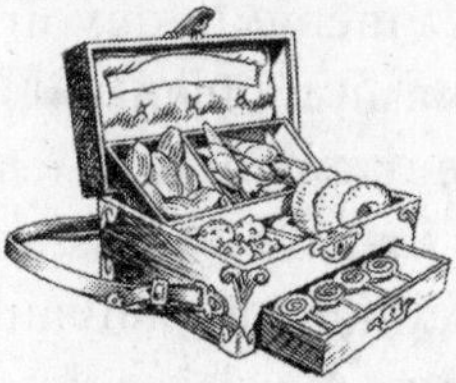

J'ai entendu parler d'une rafle, hier soir, dit Maître Lin en les voyant descendre de leur chambre au petit matin. Je suis rassuré de voir que vous n'avez pas été assez bêtes pour vous faire prendre.

Il avait beau jouer la carte de l'indifférence, Charly avait noté son profond soulagement à la vue de Sapotille. Depuis combien de temps les attendait-il au comptoir ? Un moment sans doute, car Marianne lui jetait des regards exaspérés tandis qu'elle allait et venait, son plateau de croissourires à la main.

Dès qu'il fut près de lui, Charly lui montra son insigne qui avait perdu deux étoiles. Maître Lin parut très contrarié :

– Qu'est-ce que ce serait s'ils avaient su qui tu étais ! bougonna-t-il. Vous allez me faire le plaisir de ne pas faire de vagues aujourd'hui. Beaucoup d'amis se sont montrés intéressés par notre histoire. Je vais maintenant demander une audience au tribunal. Comme il y a beaucoup d'attente et de paperasse, nous pourrons nous estimer chanceux si nous y voyons plus clair en début d'après-midi.

– Et la course de citrolles ? demanda Sapotille, fébrile. On peut y aller ?

– Vous en avez même le devoir. Tout Thadam y sera. C'est toujours un moment où la milice erre dans les rues avec désœuvrement et je ne tiens pas à ce que vous en fassiez les frais. Vous courrez moins de dangers dans les gradins. Comme je tiens à réduire les risques, je vous ai même pris des places du côté payant.

Le sourire de Sapotille valait tous les mercis du monde.

– Vous avez raison, maître, dit-elle. Ce sera plus prudent.

Charly avait l'impression que, tout à sa joie, elle avait oublié ce qui la préoccupait tant la veille. Aussi se racla-t-il la gorge :

– Au sujet des algos, maître, il s'est passé quelque chose hier. En fait, ça s'est même reproduit deux fois…

– Je suis certain que tes petits problèmes sont très importants à tes yeux, mon jeune ami, mais j'ai des choses urgentes à gérer, comme par exemple rendre sa mémoire à ta grand-mère. Le tribunal ouvre dans dix minutes et je devrais déjà y être. Ne faites pas de bêtises en mon absence.

Sur ces mots, il tourna les talons, laissant Charly bouche bée.

– Il n'a pas tort, dit Sapotille, ça n'est sans doute pas si urgent. Je veux dire… pas autant que LA COURSE !

*

Après leur déjeuner, Charly dut attendre Sapotille un moment dans leur chambre. Elle farfouillait dans sa mallette de bois rouge, se mettant devant, de sorte que Charly ne pouvait en apercevoir le contenu.

– Qu'est-ce que tu fais ?

– Surprise ! Tu verras tout à l'heure.

Charly sourit et attrapa son chapeau. Mandrin, qui s'y était réfugié, lui donna aussitôt un coup de patte qui lui fit lâcher prise. C'était un coup pour jouer, même si Mandrin maîtrisait assez mal le concept de « patte de velours ».

– Mandrin ! On n'a pas le temps pour ça !

Il tendit à nouveau la main vers son chapeau et reçut un nouveau coup de patte. Finalement, il retenta une fois, deux fois, cinq fois. À la cinquième, Mandrin le balafra sérieusement et Charly s'exaspéra :

– Ça suffit ! Reste là-dedans si tu veux, mais fiche-moi la paix !

Il attrapa fermement le chapeau, prêt à en découdre... et s'aperçut que ce dernier avait retrouvé son fond. Charly fronça le sourcil et lui ordonna mentalement de se rouvrir. Il fut obéi sur-le-champ, mais Mandrin resta là où il était.

– Allez, dépêche-toi, on va être en retard ! s'exclama soudain Sapotille. Tu as ton écharpe ? Ton badge ?

Le badge « Anasthème, je t'aime ! » clignotait comme un petit fou. Charly l'accrocha à sa veste en soupirant.

– Je suis vraiment obligé de soutenir ce type ? demanda-t-il.

Sapotille lui jeta un regard si noir qu'il se hâta d'enrouler l'écharpe autour de son cou.

– Pourquoi ? Toi aussi, tu penses qu'il va perdre, c'est ça ?

– Ah non, pas du tout !

Était-ce le moment de raconter la discussion qu'il avait eue l'autre nuit avec cet homme ? En la voyant si enthousiaste, il reporta la discussion à plus tard. Dans l'instant présent, ça n'aurait rien changé, si ce n'est qu'elle aurait mal pris de voir jetée à bas son idole.

Les rues qui menaient au champ de courses étaient engorgées par la foule. Sa mallette rouge à la main, Sapotille le tirait par le bras au milieu des magiciers qui envahissaient les tribunes.

– Dites donc, les mômes, vous vous êtes trompés de porte, leur dit un cerbère après avoir reluqué leurs chapeaux.

– Certainement pas, non ! lui asséna Sapotille en brandissant les billets sous son nez.

Le cerbère changea de ton immédiatement.

– En effet, mademoiselle, je vous souhaite une bonne course !

Charly et Sapotille s'assirent sur des bancs doublés de velours. Autour d'eux, le public était habillé avec recherche, mais la plupart portaient des casquettes, des écharpes ou du maquillage pour soutenir leur champion.

– C'est parfait ici, dit Sapotille, je crois que je vais augmenter mes tarifs.

Charly dévorait le paysage des yeux. Le champ de

courses était placé dans une sorte de gigantesque fosse. La piste cernait une forêt touffue, traversée en diagonale par un chemin tortueux. À cette distance et avec la quantité d'arbres qui lui bouchaient la vue, Charly se demandait comment il parviendrait à suivre la course, quand il remarqua soudain les quatre écrans géants qui bordaient la piste. ANASTHÈME MORANGEL, dit L'INVAINCU, signalait le premier. Puis suivaient MÉLUSINE DUBONPIED, JUPIN DE MERINGOLD et enfin CÉLESTIN BOURPIN.

– Allez, au travail ! s'exclama Sapotille.

Elle avait sanglé sa mallette autour de son cou. À présent ouverte, cette dernière débordait de confiseries. Un message annonçait en lettres d'or : « Parrainé par Anasthème l'Invaincu ! » tandis que le visage de ce dernier, sourire éclatant et menton proéminent, se reflétait dans un petit miroir enchanté.

Charly ne put retenir un sourire ironique, auquel Sapotille répondit :

– Moque-toi si tu veux, mais au moins, avec son parrainage, la milice n'osera pas racketter son pourcentage ! Tu veux m'acheter quelque chose ?

– Je ne sais pas, je n'y connais rien.

– Là, tu as les chouquettes musicales, il y a toute la gamme dans le paquet. Ici, des madeleines de réconfort, mais c'est plutôt pour les perdants et, vu que tu soutiens Anasthème, tu n'en auras pas besoin. Ici, les sucettes tutti frutti, un goût différent à chaque coup de langue. Et enfin, j'ai des beignets de prédiction !

Charly fronça les sourcils. Un vague souvenir le

titillait dans un coin de sa mémoire, mais impossible de mettre le doigt dessus. Comme il ne disait rien, Sapotille ajouta :

– C'est extrêmement dur à réussir.

– Ah.

– Tu as le droit de me regarder avec admiration, si tu le souhaites.

– Ça marche comment ?

– C'est un beignet classique mais avec un message à l'intérieur. Ce sont toujours des prédictions à court terme et généralement pas très importantes, mais c'est plutôt rigolo.

– D'accord, dit Charly, je vais prendre ça.

Il tiqua sur les tarifs exorbitants de Sapotille mais ne protesta pas. Soudain, des cris s'élevèrent des gradins :

– Les voilà !

En effet, sur la piste, quatre citrolles approchaient. À l'avant, les cochers paradaient. Plus discret, un magicier s'accrochait à l'arrière de chaque véhicule. Sapotille avait expliqué à Charly qu'il s'agissait des mécagiciers, destinés à réparer les véhicules ou à affronter les sortilèges.

Toute de bleu et d'or, la citrolle d'Anasthème était tirée par des percherons. Deux autres cochers avaient attelé des chevaux de course qui piaffaient d'impatience. Tandis que le quatrième…

– Ce sont des licornes ? s'émerveilla Charly.

– Pff ! C'est l'attelage de Célestin Bourpin. Ce type est nul, mais il a de l'argent à perdre et il amuse la galerie. Du coup, ils le laissent participer. Tiens, ton beignet. Merci d'avoir fait confiance à la maison.

Tandis que Sapotille poursuivait ses ventes autour d'eux, une voix puissante résonna parmi les gradins :

– LES CONCURRENTS SONT PLACÉS SUR LA LIGNE DE DÉPART ! MESDAMES ET MESSIEURS, VOTRE ATTENTION S'IL VOUS PLAÎT ! LA COURSE SABBATIQUE VA COMMENCER D'UNE SECONDE À L'AUTRE ! CETTE ANNÉE, NOTRE JURY EST PRÉSIDÉ PAR L'ÉMINENT ACADÉMICIEN GÉRONTE DE POURANCE !

Après avoir fouillé les alentours du regard, Charly finit par apercevoir une tribune en hauteur. Deux hommes et une femme y siégeaient. L'homme du milieu, d'un âge si vénérable qu'on aurait pu l'exposer dans un musée, paraissait un peu perdu. Il avait un costume particulier : tout en noir, avec une fleur de lys dorée, brodée à la place du cœur. La femme assise près de lui secoua gentiment le vieillard par l'épaule. Alors, il parut se réveiller et leva une main incertaine pour saluer la foule. Le public répondit par une ovation, même si Charly nota que l'enthousiasme était beaucoup plus fort dans les tribunes de luxe qu'ailleurs.

– L'ACCOMPAGNERONT DANS CETTE TÂCHE DIFFICILE STEFFIE ALYCANTHE ET ARCHIBALD DE VIGNEUX.

Les deux autres membres du jury, nettement plus alertes, saluèrent à leur tour. Puis le silence s'installa dans la foule, et quelques secondes plus tard un coup de feu claqua. Aussitôt, les chevaux s'élancèrent au galop.

– C'EST MÉLUSINE QUI PREND LA TÊTE, SUIVIE

DE PRÈS PAR JUPIN. ANASTHÈME, QUI NOUS A HABITUÉS À DES DÉBUTS MODÉRÉS, VIENT ENSUITE. ET… CÉLESTIN SUIT, BON DERNIER.

En effet, les licornes se contentaient de trotter avec élégance, jetant des regards méprisants autour d'elles. Les écrans géants suivaient chacun leur concurrent. Charly remarqua alors que chaque cocher était armé d'un long bâton à l'extrémité coquée de métal. La conductrice en tête avisa un coffret argenté suspendu à un arbre et, d'un moulinet du bras, le frappa de son bâton. Aussitôt, une gerbe d'étincelles jaillit du coffre ouvert et engloba la citrolle. Celle-ci ralentit pitoyablement et fut bien vite doublée par ses trois concurrentes.

– AÏE ! AÏE ! AÏE ! s'exclama la commentatrice. PAS DE CHANCE POUR MÉLUSINE, ELLE A ÉCOPÉ D'UN SORT DE RALENTISSEMENT ! SON MÉCAGICIER ESSAIE DE LE DÉFAIRE, MAIS C'EST UN SORTILÈGE DIFFICILE. RIEN N'EST JOUÉ CEPENDANT, CAR TOUS LES COUREURS DOIVENT PRENDRE DES RISQUES. RAPPELONS QU'IL FAUT OUVRIR AU MOINS SEPT BOÎTES SOUS PEINE DE DISQUALIFICATION. LES PLUS TÉMÉRAIRES SE VERRONT ATTRIBUER DES PRIMES !

Les boîtes !? Soudain, Charly comprit à quoi il avait assisté l'autre nuit en pourchassant Le Grimoire qui Mord. Anasthème avait réclamé les plans des sortilèges qui seraient présents dans les boîtes. Ainsi, il savait à peu près, du moins pour un tiers d'entre elles, lesquelles ouvrir et lesquelles éviter. Anasthème était un tricheur ! Et le juge Dendelion ? Que venait-il faire dans cette histoire ? Une course comme celle-ci devait générer beaucoup d'argent et sans doute y trouvait-il son compte en misant sur le bon candidat… Tout était toujours une question de pouvoir ou d'argent.

Pris d'un regain d'intérêt pour la course, Charly commença à grignoter son beignet. Il ne quittait pas Anasthème des yeux, curieux de voir si son hypothèse se réaliserait. Près de lui, les affaires semblaient bien marcher pour Sapotille qui peinait à répondre à la demande.

Sur la piste, Anasthème frappa un coffret. Le sortilège le recouvrit et, en un instant, chevaux, cocher et citrolle se teintèrent d'or.

– ANASTHÈME VIENT DE PERCUTER UN SORT NEUTRE. DU PAIN BÉNIT POUR SA MÉCAGICIÈRE QUI NE SE DONNE MÊME PAS LA PEINE DE LE DÉFAIRE. NOS CONCURRENTS ARRIVENT MAINTENANT À LA RIVIÈRE ET SE JETTENT TOUS À L'EAU SANS HÉSITER… SAUF CÉLESTIN BOURPIN.

Un rire se répandit dans la foule. Sur la rive, les licornes chipotaient, n'ayant aucune envie de crotter leurs sabots dans la boue. La mécagicière de Célestin finit par descendre pour les tirer en avant.

– LE SORT EST ENFIN LEVÉ SUR MÉLUSINE QUI RATTRAPE SES CONCURRENTS AU TRIPLE GALOP, MAIS TANDIS QU'ELLE ENTRE DANS LA RIVIÈRE, ANASTHÈME FRAPPE UN NOUVEAU COFFRET. AH, MESDAMES ET MESSIEURS, C'EST UN SORT D'ACCÉLÉRATION ! ANASTHÈME FILE À PRÉSENT COMME UNE ÉTOILE DORÉE, IL LAISSE LES AUTRES ATTELAGES LOIN DERRIÈRE LUI ! IL ATTEINT DÉJÀ L'ANTRE DU DRAGON, DEVANT LEQUEL

IL DEVRAIT PASSER SANS DIFFICULT… OH, OH, ON DIRAIT QUE LE SORTILÈGE DE DORURE N'ÉTAIT PAS SI ANODIN. ANASTHÈME A-T-IL OUBLIÉ QUE L'OR REND LES DRAGONS FOUS ?

Charly manqua de s'étrangler avec une bouchée de beignet. Un gigantesque dragon vert venait de jaillir de sa grotte et avait brisé net la chaîne qui le retenait. À présent, il courait à la poursuite d'Anasthème.

– ANASTHÈME EST EN BIEN FÂCHEUSE POSTURE ! ET SA MÉCAGICIÈRE NE SEMBLE PAS SAVOIR QUOI FAIRE ! VONT-ILS INVOQUER L'ASSISTANCE DU JURY, QUITTE À ENCOURIR UNE LOURDE PÉNALITÉ ?

Au même instant, Charly sentit un papier crisser sous ses dents. La prédiction du beignet ? Il se hâta de la recracher et la déplia à la hâte. Elle lui révélerait peut-être si Anasthème allait s'en sortir sans dommage…

PAS DE FUTUR, PAS D'AUGURE.

– Quoi ?! s'interrogea Charly. Qu'est-ce que ça veut dire ?

Sur la piste, Anasthème perdit sa couleur dorée, et la course du dragon se fit plus hésitante. Finalement, le monstre voulut rebrousser chemin vers la caverne et se trouva nez à nez avec l'attelage de Jupin qui le talonnait. Les chevaux paniquèrent, le cocher aussi, qui ne tarda pas à lever son bâton pour en laisser échapper une boule lumineuse.

– JUPIN APPELLE LE JURY À L'AIDE ! ET LE PRÉSIDENT FAIT SIGNE QU'IL INTERVIENT PERSONNELLEMENT, QUEL HONNEUR !

Charly glissa un regard sceptique vers le vieillard

qui tentait de tisser un sortilège. Malheureusement, ses mains tremblantes étaient plus aptes à sucrer des fraises qu'à dessiner une rune. À la dernière seconde, la jurée à ses côtés tissa un sort à une vitesse fulgurante, puis félicita chaudement le vieillard comme s'il en était l'auteur. Sur la piste, l'attelage de Jupin devint fantomatique et les mâchoires du dragon claquèrent dans le vide.

Au même instant, Charly entendit des cris dans son dos et se détourna de la course :

– Rends-moi ma bourse, voleuse !

– Je n'ai rien volé du tout, mes prix ne sont presque pas malhonnêtes !

Oh non, songea Charly, *pas encore eux !*

À quelques rangs de distance, Sapotille avait maille à partir avec Thibald, Thorus et Marusa. Le ton montait vite et Charly se leva pour lui venir en aide.

– Je l'avais tout à l'heure ! poursuivait la voix haut perchée de Marusa. Appelons la milice, on verra bien ce qu'ils en pensent !

– La milice pensera à ses intérêts, surtout ! C'est ton arrière-grand-père qui préside la course !

– Ça n'a rien à voir, la milice est totalement impartiale !

– Plus avec certains qu'avec d'autres, intervint Charly. Sapotille n'est pour rien dans la disparition de ta bourse. Laisse-la travailler et si tu veux, je t'aide à la chercher. Elle est peut-être tombée dans les gradins…

Thibald et Thorus s'étaient crispés en le voyant s'approcher, mais Charly espérait encore empêcher la situation de dégénérer. Marusa se tourna vers lui et lui déclara d'une voix particulièrement plaintive :

– Si je rentre sans ma bourse, mes parents vont me tuer !

– Pauv'tite chatte ! s'exclama Sapotille, qui n'entretenait pas une folle passion pour la diplomatie. Tu n'as qu'à leur offrir des madeleines de réconfort, ils digéreront mieux la nouvelle.

– À moi, la milice ! hurla alors Marusa. Une voleuse !

– Sérieusement ? s'indigna Charly.

– Mes parents vont me tuer ! se justifia Marusa.

Trois miliciens commencèrent à remonter les gradins. La panique gagna les yeux de Sapotille.

– On ferait mieux de dégager, et vite, dit Charly. On a peut-être une chance…

Mais Sapotille n'abandonnait pas.

– Écoute, suggéra-t-elle à Marusa, dis-leur que tu t'es trompée et en échange, je te donne la moitié de mon bénéfice. Ça fait une belle somme et de toute façon, c'est ce que la milice m'aurait raflé.

– Je veux tout, dit Marusa. Et les confiseries aussi. Pas vrai, Thibald ?

Mais ce dernier se détourna avec mépris.

– C'est ton problème, Marusa, je ne cautionne pas ton appel à la milice. On aurait dû régler cela entre nous.

– Ouais, renchérit Thorus, on aurait dû leur coller une raclée entre nous.

– Néanmoins, reprit Thibald, je veux bien des chouquettes musicales quand tu auras terminé.

Le visage défait, Sapotille ôta sa sangle et tendit son

bac à Marusa, qui le déposa sagement sur son siège. La milice les atteignit au même instant.

– Que se passe-t-il, ici ?

– Fausse alerte, désolée messieurs, dit Sapotille. Ma camarade vient de retrouver son bien.

– Pas du tout ! s'exclama Marusa dans un sourire cruel. Non seulement elle vole, mais en plus elle ment !

– Quoi ? s'étrangla Sapotille. On avait passé un marché, espèce de…

Charly était sur les charbons ardents. Comment intervenir sans empirer les choses ? Tout à coup, il sentit un frottement dur au niveau de ses chevilles.

– Justine ?! s'écria-t-il en se retenant de bondir. Mais qu'est-ce que tu fais là ?

Le crocodile paraissait content de le voir et se mit à remuer la queue, ce qui fit tomber trois personnes dans son dos. Charly remarqua qu'il avait un parchemin noué autour du cou. Il s'en empara et le déroula.

Le tribunal a décidé d'une audience immédiate.
Charly est le plaignant, il doit à tout prix être présent.
Venez en urgence ou le procès sera annulé !
Affaire 8747

Deux rangs plus haut, la milice avait empoigné Sapotille qui se débattait :

– Je ne veux pas être contrôlée, je n'ai rien fait !

– Empêchez-la de s'enfuir ! Je veux voir son insigne !

– Bon, dit Charly qui avait pris sa décision.

Il empoigna la mallette sur le siège de Marusa et en

projeta tout le contenu en direction des miliciens et des spectateurs, qui s'étonnèrent de cette pluie de délices.

– Dis donc Justine, tu as vu les confiseries, juste là ?

À sa grande satisfaction, le crocodile se rua dans les gradins, semant un désordre monstre sur son passage. Le voyant charger dans leur direction, les miliciens se mirent à hurler :

– À qui est ce crocodile ? Mesdames et messieurs, nous vous rappelons que vous êtes responsables de votre familier !

Ils furent renversés avant même d'avoir fini leur phrase.

Sapotille profita du chaos ambiant pour rejoindre Charly. Ils détalèrent, tandis que Justine engloutissait argent et friandises derrière eux.

– CÉLESTIN A ENFIN RÉUSSI À ATTEINDRE SA PREMIÈRE BOÎTE ! poursuivait la voix de la commentatrice dans leur dos. PAS DE CHANCE, C'EST UN SORTILÈGE DE PÉTRIFICATION ! PENDANT CE TEMPS, ANASTHÈME BOUCLE SON PREMIER TOUR DE PISTE, ON L'APPLAUDIT BIEN FORT !

Ce fut la dernière chose que Charly et Sapotille entendirent avant de quitter les arènes. Tandis qu'ils couraient à perdre haleine dans les rues désertes de Thadam, Charly expliquait la situation à Sapotille : ils étaient attendus d'urgence au tribunal.

– C'est de toi que Maître Lin a besoin, haleta-t-elle. Pars sans moi, je n'ai plus de souffle !

Pour toute réponse, Charly l'attrapa par la main et la tira pour lui donner de l'élan. L'Académie fut bientôt en vue avec son dôme, ses roses et ses cascades.

– Par là ! l'aiguilla Sapotille, en le faisant tourner autour du monument. Le tribunal est sur le côté !

Ils arrivèrent bientôt devant une monumentale porte de bronze à double battant. Elle apparaissait si grande que, même à cette distance, on apercevait les silhouettes humaines torturées qui y étaient sculptées.

– Dis donc, ils rigolent pas avec la justice, ici, souffla Charly en marquant le pas.

Au même instant, deux miliciens leur barrèrent le passage, leurs mains tatouées prêtes à les repousser d'un algo.

– On est attendus ! expliqua Charly. Affaire, euh…

Il brandit son papier :

– Affaire 8747.

L'un des miliciens vérifia sommairement le numéro sur un lutrin en renâclant :

– C'est d'un pénible, les retardataires !

Le second s'arc-bouta sur un des deux battants en essayant de dissimuler son effort. Finalement, il dut donner de violents coups d'épaule et ne s'acharna pas au-delà de vingt centimètres d'ouverture.

– Voilà, les mioches ! Ça suffira pour vous.

Sapotille se contorsionna pour se faufiler par le maigre interstice. Sans réfléchir, Charly poussa le battant de trente centimètres de plus. La porte grinça sur ses gonds dans un fracas infernal et les miliciens ouvrirent des yeux ronds.

– Ça va, murmura-t-il avec l'air de s'excuser, vous aviez fait le plus dur…

Sapotille s'était figée devant lui. Ils étaient face à une

salle immense au sol et aux murs noirs, griffés de longs rais de lumière qui tombaient du plafond. Sur le mur du fond, un immense miroir ovale agrandissait encore les lieux. Les gradins n'étaient pas bien pleins. Une trentaine de personnes peut-être avaient réussi à venir. Et parmi elles, au premier rang, il y avait sept ou huit vieillards qui arboraient des vestes noires brodées de lys d'or.

– Des Académiciens, souffla Sapotille qui avait suivi son regard. C'est pas bon…

Au centre de la pièce, debout à un petit pupitre, se tenait Maître Lin qui les regarda approcher.

– Il est inutile d'ajourner ce procès, dit-il finalement. Le plaignant vient d'arriver.

– Eh bien, intervint le juge, puisque ce jeune garçon a daigné nous honorer de sa présence, il peut approcher.

Charly concentra son regard sur l'estrade principale. L'homme qui venait de parler le regardait droit dans les yeux depuis les hauteurs où il se trouvait. Il était grand et d'une folle élégance, avec sa crinière argentée. Les rides de son visage laissaient présager une sévérité sans faille. Son manteau noir était cousu d'une fleur de lys à l'emplacement du cœur. Sapotille chuchota :

– C'est le juge Dendelion… C'est lui en personne…

Et son regard se porta aussitôt sur Maître Lin, comme pour se rassurer.

Charly était peu porté sur la haine. Pourtant, il prit cet homme en grippe sur-le-champ.

Il carra les épaules, redressa le menton et acheva de traverser la salle, le front haut. Dans son dos, il entendait Sapotille suivre d'un pas hésitant. Près du juge se tenaient deux femmes et un homme. Sans doute les assesseures et le greffier. Tous fixaient Charly d'un regard peu amène.

Courage, songea celui-ci. *Si tout se passe comme prévu, ma grand-mère retrouvera bientôt la mémoire*.

Il arriva à hauteur de son maître et s'arrêta près de lui sans qu'ils aient échangé un regard.

– Maître Lin, vous représentez ce Patouilleur, dit alors gravement le juge. Veuillez énoncer vos accusations.

Près de Charly, Maître Lin rajusta ses lorgnons d'un index élégant. Puis il se racla la gorge et fit courir son regard sur l'assemblée. Une poignée de personnes lui adressèrent un discret signe de tête. La tension qui régnait dans la pièce rendait l'air irrespirable.

– C'est une affaire grave qui m'amène en ces lieux, commença Maître Lin. J'accuse le Cavalier de pillage d'âmes et de pactes d'immortalité.

Dans les rangs, il y eut quelques cris offusqués. Les plus énervés furent les Académiciens, qui bondirent en scandant leur désaccord :

– Comment osez-vous ?

– C'est un scandale !

Le juge Dendelion abattit son marteau avec une certaine élégance.

– Maître Lin, vous rendez-vous compte que les Allégories sont sous contrôle académique et que vos accusations impliquent une grave négligence de notre part ?

Maître Lin referma ses doigts sur l'épaule de Charly comme pour s'assurer qu'il avait son atout maître sous la main.

– J'en suis navré, Votre Honneur.

– Hmm. Mais pas au point de renoncer, d'après ce que je constate. Veuillez développer.

Charly songea que le juge avait une voix très mélodieuse, comme un instrument de musique grave, chaud et un peu prétentieux. Du hautbois.

Maître Lin, par chance, était assez bon orateur pour lui tenir tête :

– J'accuse le Cavalier d'avoir pillé l'âme de Dame Mélisse. Elle avait mis au jour son trafic d'immortalité et il devait la priver de sa mémoire pour éviter d'être dénoncé.

Le nom de Dame Mélisse avait fait mouche et des murmures couraient à présent sur les lèvres. Le juge leva un sourcil :

– Voilà qui est fort grave. Naturellement, vous avez des preuves ?

– Elles étaient dans la mémoire de Dame Mélisse.

– Naturellement. Alors vous avez la preuve que Dame Mélisse est victime du Cavalier et ne subit pas simplement les affres de son grand âge ?

Maître Lin pinça les lèvres autour de sa réponse :

– Non plus.

Le juge s'autorisa un petit rire chanté.

– Écoutez, je pense que nous avons tous ici beaucoup d'admiration pour Dame Mélisse et son inestimable apport à notre gastronomie. J'apprécie moi-même ses apocachips ou encore ses beignets de prédiction, qui ont sauvé ma dignité au moins deux fois ! La première en me révélant que j'allais marcher sur mon lacet, la seconde en m'apprenant que j'allais perdre un bouton de chemise.

Il marqua une pause avant de s'adresser à tout l'auditoire :

– Mettons fin au suspense en vous rassurant tous : j'ai réussi à le recoudre avant qu'il tombe.

La salle rit. Et Charly écrasa sa colère dans sa main. Le juge venait de ridiculiser sa grand-mère, parlant d'elle comme d'une pauvre amuseuse, tout juste bonne à monter en épingle les détails du quotidien. Maître Lin était aussi fâché que lui, Charly pouvait le sentir. Toutefois, il reprit d'une voix égale :

– Dame Mélisse n'était pas la seule à enquêter sur les agissements du Cavalier. Elle appartenait à un groupe qui poursuivait le même but. C'est ce groupe que le Cavalier traque actuellement.

Le juge esquissa un sourire mielleux :

– Vos histoires sont fascinantes. Bientôt, vous allez nous annoncer un complot, j'ai hâte d'y être ! Mais j'imagine que vous n'avez pas de preuve non plus pour cette nouvelle allégation.

– Au contraire, Votre Honneur. Car dans sa volonté d'éliminer les témoins, le Cavalier s'en est pris à ce Patouilleur.

Comme il le poussait en avant, Charly s'efforça de garder un visage impassible. Dans l'auditoire, un brouhaha préoccupé allait croissant. Maître Lin ne se laissa pas perturber :

– L'agression a, par chance, été reflétée dans un miroir enchanté. C'est pourquoi je demande qu'il soit projeté ici.

Et il sortit de sa veste le précieux face-à-main. Le juge crispa les mâchoires mais finit par acquiescer.

– Assesseure, veuillez organiser les jeux de reflets afin que la salle entière puisse les visionner.

Une des deux femmes se leva et vint prendre le miroir de Maître Lin pour le placer bien en face de celui, immense, du tribunal.

Le reflet se troubla et Charly y apparut soudain. Il affrontait l'attrape-quiéton, quand le Cavalier apparut dans son dos. À cet instant, le reflet tressaillit, comme si le porteur du miroir avait été lui-même surpris. Le Cavalier leva sa faux immense et l'abattit sur Charly, qui en réchappa de justesse.

L'assemblée cria.

Le juge fit résonner son marteau pour appeler au calme une nouvelle fois. Il avait perdu sa belle assurance rayonnante.

Du moins, c'est ce qu'il veut qu'on croie, songea Charly. Quelque chose le dérangeait. Lui qui était si attentif aux émotions d'autrui et si peu aux siennes savait reconnaître les notes dissonantes dans une partition humaine. Qu'est-ce qui sonnait faux ici ? Il peinait à mettre le doigt dessus mais devinait le mensonge en embuscade.

– Taisez-vous ! Taisez-vous ! criait le juge, d'une voix beaucoup moins maîtrisée.

Le bruit retomba tant bien que mal, à la façon de braises sous la cendre qui ne demandent qu'à repartir.

– À présent que vous avez vu, reprit Maître Lin, je demande justice ! Les souvenirs de Dame Mélisse doivent lui être rendus et le Cavalier doit être déchu de son grade !

Dans les rangs maigrement remplis, des chuchotements s'échappaient des bouches alliées pour gagner celles des simples curieux qui semblaient désormais ralliés à la cause : « Justice pour Dame Mélisse ! Justice pour Dame Mélisse ! »

Le juge se gratta la nuque, visiblement mal à l'aise. Puis il se lissa le menton, comme s'il peinait à prendre une décision. Cependant, sa voix était claire et forte quand il déclara :

– Bien que vos accusations soient extrêmement graves, il semble qu'elles soient fondées. S'il est avéré que le Cavalier a gravement failli à ses obligations, il sera en effet déchu de son grade et même… emprisonné. Les souvenirs de Dame Mélisse, s'il les possède, lui seront par ailleurs rendus. Une enquête sera menée, cela va de soi. Je vous propose que nous invoquions immédiatement le Cavalier pour entendre sa version. Puisque nous avons la chance de compter plusieurs Académiciens parmi nous, chers collègues, je vous laisse l'honneur de vous en charger. Vous pouvez vous y mettre à plusieurs, nous irons plus vite.

Charly vit Maître Lin dissimuler sa surprise.

– Merci pour votre… célérité à résoudre cette affaire, dit-il au juge.

Dendelion salua comme s'il était en effet hautement magnanime, puis commença à donner des ordres pour mettre en place l'incantation. *Par chance*, tout le matériel nécessaire était présent.

Maître Lin se tourna alors vers Charly et profita du brouhaha pour lui souffler à l'oreille :

– Ils doivent être soulagés de n'avoir pas été

directement incriminés. Ils vont vouloir accélérer l'enquête pour se placer au-dessus de tout soupçon.

Trois Académiciens avaient quitté la tribune et s'agitaient, traçant des runes excessivement complexes sur le sol.

– Tu devrais rejoindre Sapotille, dit Maître Lin. Tu n'as aucune raison de rester ici.

Charly acquiesça avec un certain soulagement. Il avait été glacé par ses deux premières rencontres avec le Cavalier et ne tenait pas à se trouver trop près de lui une troisième fois.

Sapotille s'était sagement postée au bout du quatrième rang, là où sa présence restait discrète. Quand Charly la rejoignit, il fut étonné de voir qu'elle paraissait particulièrement joyeuse.

– C'est bon signe à ce point ? lui demanda-t-il.

– Oui, mais… Désolée, je suis juste très excitée parce que je n'ai jamais vu d'incantation d'Allégorie. Tu comprends, c'est une forme de magie qui demande beaucoup d'énergie…

Puis, se rendant compte qu'elle manquait d'empathie, elle ajouta :

– Excuse-moi. Tu t'inquiètes pour ta grand-mère, j'imagine.

– Un peu. Beaucoup, en fait. J'espère vraiment qu'on pourra récupérer un maximum de ses souvenirs… J'ai un peu peur que le Cavalier les ait dispersés aux quatre vents. Il les distribuait aux Thadamais comme des bonbons.

– Oui, mais ce sera toujours mieux que maintenant,

n'est-ce pas ? Et puis tu sais, c'est contre lui qu'elle se battait quand il a commencé à lui voler ses souvenirs, alors… quelque part elle aura quand même gagné son combat.

– Tu as raison, j'imagine…

Soudain, Sapotille frissonna et Charly nota que la température avait chu de plusieurs degrés. Sur le sol en face d'eux, les runes tracées par les Académiciens luisaient. Une brume lourde s'en dégageait et envahissait à présent les tribunes. Il y eut un bruit de glas, puis le claquement de sabots qui s'approchent lentement. Dans le reste du tribunal flottait un silence sépulcral.

– Cavalier, nous t'invoquons parmi nous ! s'exclama le juge. En tant qu'Allégorie, tu as l'obligation de répondre à notre appel !

– **Quel pouvoir es-tu, toi qui m'as fait apparaître malgré moi ?**

Les mots glacèrent les sens de Charly, qui fut surpris de constater qu'il était trempé de sueur. La voix qu'il venait d'entendre résonnait comme un tombeau. Il cligna des yeux.

Quand il les rouvrit, la Mort se tenait parmi eux.

21

De profundis

Le Cavalier était là sur son destrier, son sablier de gemnez à la ceinture, sa faux à la main et cette ignoble toile qui lui couvrait la face, le rendant inhumain.

Face à lui, le juge Dendelion parut plus solennel encore qu'il ne l'était quelques minutes auparavant :

– C'est la puissante Académie qui s'adresse à toi ! Aujourd'hui, tu dois rendre des comptes devant notre tribunal, car les charges retenues sont lourdes à ton encontre. Cavalier, tu es accusé d'avoir tenté d'assassiner ce Patouilleur. Tu es également accusé d'avoir dépouillé l'éminente Dame Mélisse de ses souvenirs. Qu'as-tu à dire pour ta défense ?

Pendant quelques instants, le Cavalier ne répondit rien, puis Charly le vit tourner son visage vide vers lui et toute chaleur disparut de son corps

Au bout de ce qui lui parut être de trop longues secondes, le Cavalier se détourna et saisit son grand sablier. Ses doigts traversèrent le verre comme s'il était inexistant et se saisirent d'une gemnez. Puis il la tendit à l'une des assesseures, qui n'osa pas approcher, effrayée.

– Eh bien, qu'attendez-vous ? pesta le juge Dendelion. Vous voyez bien que le Cavalier requiert l'usage du miroir !

L'assesseure se leva en tremblant et tendit le bras le plus possible pour se saisir de la gemnez sans avoir à s'approcher. Puis, dès que le Cavalier l'eut laissée choir dans sa main, elle courut sans la moindre dignité vers le miroir géant. Elle y jeta presque la gemnez, qui fut absorbée. Après quoi, le reflet se troubla.

Dans la douceur du petit matin, la cuisine embaume les confitures. Une lumière dorée tombe dans la pièce. Comme à leur habitude, les trois marmites de cuivre bouillonnent sur le feu.

Charly sursauta. Bien que la plupart des souvenirs qu'il avait avec sa grand-mère soient confus, il reconnaissait parfaitement la cuisine de la roulotte.

L'enfant se balance sur sa chaise, encore en pyjama. Il ne quitte pas des yeux l'assiette qu'elle remplit de beignets.

C'était lui ! L'enfant sur la chaise, c'était lui ! Ce pyjama rouge à carreaux blancs, il le reconnaissait parfaitement ! Il le portait le jour où sa grand-mère s'était volatilisée !

– Encore un souvenir de ta grand-mère ! s'exclama Sapotille. L'enfant, c'est toi ?

Charly hocha la tête. Autour d'eux, tout le monde était attentif, ayant deviné là un puissant souvenir. Dans le miroir, l'histoire continuait de se dérouler.

– Et cent grammes de sucretincelle ! ajoute Charly.

Aussitôt, une écriture incertaine et pleine de taches ajoute dans le grimoire : « Sen grame de sucretainsèl ».

– Il n'en est pas question ! rétorque Dame Mélisse.

Dans le grimoire, la ligne est biffée d'un trait net.

– Mais ça fait encore plus magique ! proteste Charly. Et moi, j'adore le sucretincelle !

– Pas de sucretincelle ! D'ailleurs, c'est mauvais pour tes dents. Deux décilitres de lait..., reprend-elle à l'intention du grimoire.

L'enfant a un large sourire et, avant qu'elle ait pu réagir, il se rue sur le grimoire. Puis il se met à courir autour de la table, en le brandissant ouvert au-dessus de sa tête.

– Cent grammes de sucretincelle, écris, Grimoire !

Secoué en tous sens, le grimoire obéit en éclaboussant de l'encre partout.

– Le petit effronté ! s'exclame Dame Mélisse, sans parvenir à masquer son sourire. Laisse-moi m'occuper de ma nouvelle fournée avant qu'elle ne brûle et j'arrive !

– On dirait qu'elle t'aimait beaucoup, dit Sapotille. Tu as de la chance...

Charly avait la gorge trop nouée pour lui répondre. Dans le miroir, sa grand-mère le cherchait à présent du regard.

– Oh là là ! s'exclame-t-elle d'un ton exagéré, en ayant

toutes les peines du monde à ne pas pouffer. Mon petit-fils est vraiment très bien caché. Je me demande bien où il est !

Elle saisit un beignet.

– Mais sans doute que ceci me le dira ? Dis-moi, beignet, Charly est-il caché sous l'évier ? Ou dans le frigo ? Sous le tapis, peut-être…

Ce disant, elle coule un regard vers le placard entrouvert qui abrite Charly. D'ici, elle entend son rire. Elle rompt le beignet en se brûlant les doigts et en sort le petit papier.

– Voyons, voyons…

Elle déplie le papier et lit :

TON PETIT-FILS SERA MORT DANS TRENTE SECONDES.

C'est son cœur à elle qui s'arrête. Comme si tout son sang quittait son corps.

– Charly…, dit-elle.

Dans la panique, sa voix est devenue sourde. Ses yeux s'écarquillent, cherchant d'où la menace pourrait venir. Les forces bandées, le souffle accéléré, prête à lancer les plus puissants sortilèges pour l'arrêter.

Soudain, son petit-fils jaillit du placard et se précipite vers le jardin.

– Attrape-moi, si tu peux ! ricane-t-il.

– CHARLY ! rugit-elle avec horreur dans son dos.

Elle court. Mais elle ne va plus aussi vite qu'avant. Charly a pris de l'avance et la terreur lui coupe les jambes.

Son balai a trop poussé lors de son dernier vol. Elle aurait dû l'entretenir. Impossible de voler, il faut courir.

Une branche lui barre la route, elle la voit trop tard, elle tombe.

Quand elle se relève, elle sent une douleur lui venir au niveau du cœur. Elle la met de côté.

– Grand-Ma ! Tu m'attrapes ?

Charly a passé le portail. Charly est sur cette petite route en terre où il n'y a jamais personne, d'ordinaire.

Elle voit la voiture foncer.

Il y a un instant flou où le paysage se fond sur lui-même.

Elle essaie de tisser une rune à toute vitesse. N'est pas assez rapide.

La voiture heurte Charly à toute vitesse et le corps de l'enfant s'élève à plusieurs mètres du sol, tournoyant en l'air.

La voiture s'est déjà enfuie.

Elle entend le corps de son petit-fils retomber et cela fait un bruit horrible.

Il y a ce silence de fin du monde.

Elle court.

Elle se penche. Elle trace une rune de soin, la plus puissante qu'elle connaisse. Elle voit les plaies se refermer, mais c'est inutile.

Il est mort.

Il est mort.

Il est mort.

IL EST MORT. IL EST MORT. IL EST MORT.

IL EST MORT. IL EST MORT. IL EST MORT.

Elle se change en hurlement, à l'intérieur.

Puis elle l'entend. Le bruit de sabots. Bien sûr, qu'il

vient. Après tout, elle a initié son petit-fils, même si elle l'a fait dans le dos de l'Académie pour qu'il s'éveille à la magie loin de leurs sales règles !

Elle serre le corps de l'enfant contre elle. Pas question qu'elle le lui laisse ! Elle se battra à mort s'il le faut ! Soudain, elle sait comment agir. Après tout, elle a assez enquêté sur la question. Elle fournit un violent effort pour retrouver son calme. Elle se concentre. Elle va avoir besoin de toutes ses forces.

Le Cavalier est à présent devant elle.

– Je veux passer un pacte avec toi, dit-elle.

– Je ne passe aucun pacte.

– Menteur. Tu en passes, je le sais. Et de toute façon, tu ne peux pas refuser. Je suis une des plus puissantes Magistères existantes à ce jour. Plus puissante que la plupart des Académiciens qui usurpent leur place à force de réseautage. Tes pouvoirs sont grands, mais tu sais qu'un combat avec moi t'affaiblirait dangereusement. Et si à la prochaine vie que tu viens faucher c'est encore un Magister qui te résiste, que feras-tu ? Celui-là aura ta peau. Tu es sûr de vouloir courir le risque ? Alors que je te propose un marché si avantageux ?

Elle a parlé vite et elle est essoufflée, maintenant. Tout en elle est tendu. Bien sûr qu'elle est prête à tuer. Ou à mourir. Elle est prête à tout pour retrouver ce qu'elle a déjà perdu. En face d'elle, elle voit le Cavalier qui hésite. Et dans ses bras, le corps de son petit-fils est si lourd et mou.

Soudain, elle voit l'affreux voilage de son visage qui s'agite :

– Quel est ton marché ?

Un peu d'espoir enfin pour son pauvre cœur à bout de souffle, elle en minauderait presque :

– Lui, c'est un enfant. Son âme ne pèse rien. Ses gemnez ne valent rien. Mes souvenirs à moi, c'est une autre affaire. Alors voilà ce que je te propose : son temps, je te le paye. Une gemnez après l'autre. Mon âme, en échange de la sienne.

Il y a un silence.

– Je ne peux prendre qu'un souvenir à la fois, c'est peu.

– Mais à la fin, tu m'auras tout entière ! Et il y a plus de magie dans chacun de mes souvenirs que dans l'intégralité de son âme.

Un silence, encore. Puis, le Cavalier reprend la parole :

– Tant que tu pourras me donner tes souvenirs, tant que tu pourras acheter du temps, il vivra. Le jour où tu n'auras plus rien pour me payer, je viendrai chercher son âme et il mourra.

Ce n'est pas ce que Dame Mélisse espérait. Elle regarde le Cavalier enveloppé dans ses ombres, elle pèse le pour, elle pèse le contre. Est-ce qu'elle peut l'affronter ? Le battre peut-être ? Sans doute pas. Elle est redoutable mais les sorts de combat n'ont jamais été sa partie forte, et elle le regrette à présent. Soudain, elle a une autre idée. Et celle-là peut fonctionner. À condition de gagner du temps.

– J'accepte, mais nous scellerons ce marché dans le sang, dit-elle.

Le Cavalier paraît d'abord renâcler, puis il accepte. Dame Mélisse se pique le doigt et de son sang trace une rune dans les airs. Le Cavalier l'imite à son tour. Voilà, c'est fait.

– Très bien, reprend-elle. Le premier paiement, ce sera son dernier souvenir à lui. Je ne veux pas qu'il se rappelle sa mort.

Elle laisse le Cavalier se servir, mais elle prend bien garde à contrôler la gemnez qu'il prélève.

– Pour la suite, tu n'auras qu'à revenir, lui crache-t-elle finalement.

Il hoche la tête et disparaît dans cet affreux bruit de sabots.

Entre les bras de Dame Mélisse, l'enfant respire à nouveau. Elle s'effondre presque de soulagement quand elle sent son souffle contre sa joue.

Il est vivant. Il est vivant. Il est vivant.

Elle le porte à l'intérieur de chez elle. Il est lourd mais elle s'en moque. Elle a tant à faire. Elle ne sait pas combien de temps ses souvenirs peuvent acheter. Deux ans ? Cinq ? Dix, peut-être ?

– Ne t'inquiète pas, je ne le laisserai pas te reprendre ! murmure-t-elle à son petit-fils. De toute façon, l'Académie n'a aucune trace de toi. Je ne t'ai jamais donné d'insigne. Ils ne te retrouveront pas.

Elle le dépose dans la cuisine. Elle sait qu'elle doit faire vite. Charly n'est pas référencé à l'Académie, mais sa mort a dû générer une petite anomalie. Il y a toujours des Académiciens qui n'ont rien d'autre à faire que d'examiner la trame de la magie. Ils vont voir. Ils vont venir enquêter. S'ils mettent la main sur Charly, le Cavalier pourra le retrouver. Elle va devoir éloigner son petit-fils. Pour toujours. Ça lui brise le cœur.

Et dire que dans quelques années, elle l'aura tout à fait oublié… C'est dur. Mais elle doit s'organiser à présent. Elle va devoir s'isoler. Fuir loin de tous ceux qu'elle connaît pour que personne n'apprenne son secret. Avant cela, elle a mille et une choses à faire. Elle entrevoit déjà comment elle va procéder.

Elle ne laissera jamais la Mort reprendre son petit-fils. Jamais.

22
Fuir

Charly en avait le souffle coupé. Il était mort. Sa grand-mère avait voulu le protéger. Elle avait tout sacrifié pour lui. Mais il était mort. Il était mort. Il était mort. Sa vue se troublait, il sentait sa respiration devenir douloureuse dans sa poitrine, tant les muscles de ses côtes se contractaient. Il écrasa la tempête d'émotions dans son poing droit pour y voir plus clair. À ses côtés, Sapotille saisit sa main et la serra. La stupéfaction avait gagné le tribunal.

Toujours à la barre, Maître Lin avait blêmi mais restait aussi figé qu'une statue.

Le juge Dendelion rompit le silence le premier :

– Eh bien, pour une surprise ! Dame Mélisse est donc coupable de la plus grave des infractions. Un pacte d'immortalité ! Maître Lin, je dois vous présenter des excuses, il semble que vos accusations étaient fondées. Toutefois, le Cavalier a agi sous la contrainte, nous l'avons tous vu. Dame Mélisse l'a clairement menacé. Je lève donc les charges pesant contre lui.

Dans les rangs de devant, Charly vit les Académiciens échanger des ricanements de connivence. Leurs réactions avaient été curieuses depuis le début, mais à présent, Charly comprenait. *Ils savaient. Depuis le début, ils savaient.*

– Je traque ce garçon depuis plusieurs semaines. Le marché a pris fin et son âme m'appartient. Je veux la récupérer.

Le juge écarquilla les sourcils et se tourna vers Charly. En lisant son regard, Charly eut l'impression que le juge concluait là une très ancienne affaire, dont lui-même n'était qu'un détail.

– Mais je vous en prie, dit-il, servez-vous ! Après tout, ce jeune homme a bénéficié de cinq ans de sursis en toute illégalité. Il peut déjà s'estimer chanceux.

Le Cavalier hocha la tête et rejeta sa cape en arrière. La faux se dressa. Le cheval avança doucement vers Charly, un pas, puis deux.

Soudain, la voix de Maître Lin s'éleva :

– Charly, Sapotille…

Charly regarda son maître et s'aperçut qu'il était en train de tisser une rune extrêmement complexe. Le juge se leva et cria :

– Maître Lin ! Il est illégal de… À moi la milice, arrêtez cet homme !

Au moment où il achevait sa phrase, Maître Lin souffla :

– Fuyez. La Chevaleresse vous protégera !

Sous l'effet de la rune, les meubles de la salle s'agglutinèrent les uns aux autres. Bancs, estrades, barre, en quelques instants un immense golem de bois s'éleva et se rua sur le Cavalier. Son bras gigantesque s'éleva et s'abattit avec une formidable puissance. Le Cavalier l'évita de justesse et les dalles se brisèrent sous l'impact. Les sabots de son cheval dérapèrent sur le sol, mais si le golem était puissant, le Cavalier avait l'avantage de la rapidité. La faux s'abattit à côté de la grande créature, tranchant net l'assise de velours qui composait son bras. De rage, la créature de bois balaya l'assemblée d'un formidable coup de pied. Et Charly aperçut deux Académiciens s'envoler sous le choc pour retomber cul par-dessus tête.

Il ne vit pas la suite, il avait déjà commencé à courir, Sapotille à ses côtés.

– Attends ! hurla cette dernière, on ne peut pas laisser Maître Lin !

Mais devant eux, les portes du tribunal s'ouvraient toutes grandes, laissant apparaître une rangée de miliciens. Ces derniers dressèrent leurs mains et jetèrent un monumental algo. Charly ne réfléchit même pas. Il rattrapa le sortilège en plein vol, comme une main habile se saisirait d'un filet, effectua un moulinet souple du poignet et le renvoya sur les miliciens. Une seconde plus tard, ces derniers gisaient à terre, coincés sous leur propre algo.

– Mais comment tu fais ça ? s'écria Sapotille, tandis qu'ils fuyaient, slalomant entre les miliciens à terre.

– Je ne sais pas ! répondit Charly en accélérant sa course.

Justine passa près d'eux en trombe, pour se jeter dans la mêlée, au secours de son maître. Charly eut un dernier regard derrière lui. Maître Lin, son familier et son golem affrontaient le juge, le Cavalier et les Académiciens. Le combat était très inégal et Maître Lin jetait déjà ses derniers feux.

– Je peux peut-être…, commença Sapotille.

– Non ! Tu ne peux pas tous les vaincre ! On trouvera comment l'aider plus tard ! Vite, fonce !

Ils s'élancèrent de plus belle, quittant l'Académie.

– On ne pourra… jamais… fuir assez vite…, ahana Sapotille.

– Mon balai ! s'écria Charly. J'ai mon balai !

– C'est interdit à Thadam ! lui signala Sapotille avant de se rendre compte de l'absurdité de ses propos.

Charly avait à peine ôté son chapeau que deux Académiciens jaillirent des portes torturées.

– Retiens-les ! dit-il en plongeant le bras dans son sapeur pour se saisir de son balai.

– Je n'ai plus assez de magie, rétorqua Sapotille, le regard rivé sur son insigne.

Soudain, elle ouvrit grands les yeux et l'arracha de son cou.

– Problème réglé, dit-elle avec la voix de celle qui a compris qu'aucun retour n'était possible.

Elle achevait juste une rune de bouclier quand les Académiciens lancèrent leurs propres sortilèges, avec la nonchalance d'un professeur qui tire les oreilles d'un élève. Le coup était ferme, mais sans violence excessive. Un rappel à l'ordre, en somme. Cela suffit pour que Sapotille tombe à genoux en hurlant.

Néanmoins, elle tint bon et garda en place le

bouclier magique. Mieux, elle mit toutes ses forces à se relever.

Durant ce temps, Charly avait réussi à extraire son balai du sapeur. Il l'enjamba et donna une impulsion. Le balai réagit au-delà de ses espérances et fusa vers le ciel. Depuis le sol, Sapotille leva les yeux sur lui. Un regard désespéré mais pas surpris, Charly en fut remué. *Comme si j'allais la laisser là !* Le manche craqua quand il ordonna un demi-tour sec. Un sortilège passa au-dessus de sa tête au moment où il descendait quasiment en piqué. En trois secondes, le manche fut couvert de branchettes. Charly ne s'en préoccupa pas et cueillit Sapotille par la taille, avec toute la délicatesse dont il pouvait faire preuve dans un moment pareil, c'est-à-dire aucune.

– OUMPF ! protesta-t-elle sous le choc.

Puis, d'une voix qui reprenait haleine :

– Je pensais que tu ne reviendrais pas me chercher.

– N'importe quoi.

Il sentit Sapotille se caler contre sa poitrine pour mieux maintenir son équilibre, tandis qu'elle tissait une rune avec fougue. Il la sentait complètement épuisée. Au même instant, le balai fut secoué avec une telle violence que Charly manqua de décrocher.

– Plus de bouclier ! glissa Sapotille à bout de souffle.

– Fais ce que tu peux ! J'accélère !

– Ils vont nous brûler !

Alors que le balai était déjà presque devenu un buisson, Charly se retourna. À une cinquantaine de mètres en contrebas, les Académiciens créaient une énorme boule de feu. Manifestement, ils s'étaient lassés des rappels à l'ordre.

– Pas question !

Il serra les dents si fort qu'il les sentit crisser. Est-ce que sa grand-mère s'était donné tout ce mal pour qu'il finisse carbonisé en plein ciel ? Soudain, il songea aux papillotes qu'elle lui avait léguées. Il lui en restait une. La dernière.

– Tiens le balai ! hurla-t-il à Sapotille.

Avant même de savoir si elle avait entendu, il ôtait son chapeau et y plongeait le bras. Son chat frôla sa main, comme pour quémander une caresse. Puis ce fut au tour de Pépouze. La seconde d'après, il sentit la papillote de sa grand-mère dans sa paume.

En bas, la boule de feu était devenue énorme, peut-être de la taille d'une voiture, ils ne parviendraient jamais à lui échapper. Suppliant intérieurement pour qu'il s'agisse d'un hasard heureux, Charly tira sur les deux extrémités de la papillote.

Au même instant, la boule de feu décolla à toute vitesse dans leur direction.

– NON ! hurla Sapotille en tentant désespérément une dernière rune.

Mais le bouclier qu'elle avait maintenu l'avait trop épuisée. Malgré son talent précoce, elle était loin de faire le poids face à l'endurance d'un Académicien.

La boule de feu accéléra encore. C'est alors que le vent les saisit avec violence.

– Qu'est-ce que c'est que ça ? s'interrogea Charly.

Une bourrasque les fit dévier de plusieurs mètres.

Derrière eux, la boule de feu peinait elle aussi à maintenir sa trajectoire.

– C'est toi qui diriges le balai comme ça ? demanda Sapotille, des accents de panique dans la voix.

– Pas du tout, c'est… C'est une tornade !

Le vent tournait et les fouettait avec rage. Charly avait toutes les difficultés du monde à maintenir un semblant de trajectoire. Sur le balai, les branches poussaient de plus en plus vite. Charly se mit à les arracher par poignées.

– On ne doit pas être pris dans la spirale ! cria Sapotille.

Charly sentit qu'elle mettait toutes ses forces à tenir le cap du balai. En jetant un coup d'œil derrière lui, il vit la boule de feu balayée avec violence par les vents. Elle effectua un large virage et tourna deux fois sur elle-même avant de s'écraser dans la rue en contrebas, arrachant deux toitures au passage.

Sapotille et Charly n'étaient pas hors de danger pour autant. La tornade menaçait à chaque seconde de les emporter. Charly songea que la papillote supposée leur sauver la vie risquait finalement de les tuer. Il sentait Sapotille s'affaiblir de plus en plus.

– Ça va aller…, murmura-t-elle. Je suis super forte. Ça va aller.

De la force, Charly aussi en avait. Après tout, diriger un balai ne demandait aucune compétence magique. Il referma sa main droite avec plus de poigne que jamais sur le manche. Cette même main dans laquelle il écrasait toutes ses émotions depuis cinq ans. Alors, le balai eut un soubresaut et, tendu à se briser, quitta lentement la tempête.

Une minute plus tard, ils s'étaient arrachés aux éléments et fonçaient en plein ciel, en toute liberté. Une pluie tenace se mit de la partie qui trempa rapidement leurs vêtements, leur boucha la vue et rendit le balai glissant.

– Ils vont se lancer à nos trousses, dit Charly.

– Maître Lin a dit que la Chevaleresse nous protégerait. On doit se réfugier dans l'École. Elle a une protection magique. Si on y parvient, ils ne pourront pas nous tracer. C'est pour ça que j'y habitais.

– Tu habitais dans l'École ? s'étonna Charly avant de se reprendre : OK, on fonce. Tu peux t'occuper de dégager le balai ? Je gère le vol.

Pour toute réponse, et malgré une fatigue qu'elle s'efforçait de nier, Sapotille commença à arracher les branches qui les déséquilibraient.

23

La Chevaleresse Hurluberlu

La pluie les poursuivit plusieurs heures. C'était une de ces pluies de novembre qui ressemblent à une murène : visqueuses, glacées et mordantes. Durant tout ce temps, ils survolèrent des champs et des routes ruisselantes. Seules quelques vaches levèrent parfois les yeux à leur passage.

Sapotille était percluse de fatigue et de froid, et tenait à peine sur le balai, quoiqu'elle prétendît le contraire. Inquiet pour elle, Charly fut tenté de s'arrêter plusieurs fois dans quelque grange isolée. Mais elle refusa, prétextant que le temps leur était compté.

– Je n'ai pas besoin d'être protégée, d'accord ?

– Tu as bien de la chance, rétorqua Charly qui songeait à tout ce que sa grand-mère avait sacrifié pour le protéger, lui.

Finalement, il suggéra :

– On aurait sans doute un meilleur aérodynamisme si tu t'appuyais sur moi.

– Moui, peut-être, bougonna-t-elle.

La seconde d'après, elle s'écroulait quasiment dans ses bras. Elle ne protesta pas quand il passa une main autour de sa taille pour mieux la maintenir.

Ils survolèrent des champs et des montagnes qui vomissaient des torrents d'eau. La pluie cessa enfin quand le beffroi de leur mairie fut en vue, phare pitoyablement dressé au milieu d'une mer de toits trempés. Toute leur ville était plongée dans le gris, paraissant couver son rhume. Même la pierre de Rognes qui composait les murs, d'ordinaire friable et dorée comme un sablé, avait pris des teintes ternes et évoquait un chat mouillé.

C'est à cet instant que l'insigne de Charly se mit à le brûler. Il l'arracha et le vit crépiter au bout de son bras.

– Ils sont en train de te localiser ! lui cria Sapotille.

Il y avait une rivière, un peu plus loin. Ils y jetèrent l'insigne, espérant que le courant l'entraînerait le plus loin possible.

– On doit passer par chez moi, dit soudain Charly.

– Ce n'est pas du tout raisonnable !

– Je sais, mais… je dois voir ma grand-mère.

Sapotille hocha la tête.

– Qu'est-ce qu'on dit à ta mère ? Tu es supposé ne rentrer que dans deux jours.

– Tu as raison, elle ne me laisserait pas repartir… Tant pis, j'éviterai de me faire voir.

Vingt minutes plus tard, ils se posaient dans son jardin. Toutes les fenêtres étaient éclairées et, de là où ils se trouvaient, Charly pouvait voir sa mère s'activer aux fourneaux. Elle avait un pli inquiet de plus entre les yeux.

– Tu veux que je tente une diversion ? demanda Sapotille.

Charly la regarda tanguer sur ses jambes. Elle donnait l'impression qu'elle allait s'évanouir d'une seconde à l'autre.

– Je vais me débrouiller, répondit-il.

De fait, la porte du jardin était ouverte, comme toujours, et l'escalier eut l'élégance de se montrer discret. Dans sa chambre, Charly jeta quelques vêtements en vitesse dans son chapeau. Puis, à pas de loup, il rejoignit sa grand-mère.

Elle était assise devant sa sempiternelle fenêtre, mais paraissait agitée. Ses mains se crispaient sans cesse sur son plaid à carreaux.

– Grand-Ma ?

Charly s'était rapproché au maximum pour pouvoir murmurer.

– Je n'ai pas réussi à récupérer tes souvenirs, Grand-Ma. Je suis désolé.

Dame Mélisse lui renvoya un regard complètement perdu.

– Je n'ai plus rien pour payer, dit-elle.

Charly crut qu'il allait fondre en larmes. Il la prit délicatement dans ses bras et la serra contre lui.

– Tu n'as plus besoin de payer, Grand-Ma. Depuis le début, c'est moi qui aurais dû… C'était ma dette, pas la tienne. Et je suis désolé.

Un crépitement sur le carreau de la fenêtre mit fin aux retrouvailles. En bas, Sapotille lui faisait signe de se hâter. Charly réajusta le plaid sur les genoux de sa grand-mère, c'était la seule chose qu'il pouvait faire pour elle. Puis il retourna au jardin aussi discrètement qu'il était venu.

– Il faut qu'on parte, lui souffla Sapotille. S'ils ont commencé à nous pister dans la trame, ils risquent de suivre notre trajectoire aussi clairement que si on était des poissons dans un aquarium.

– OK, allons-y.

Leur balai faisait grise mine, Sapotille n'avait pas eu la force de le débroussailler entièrement. Malgré tout, il les emmena au collège sans trop de turbulences.

Il était temps pour Sapotille qui tomba à genoux lorsqu'ils se posèrent dans la cour.

– Voilà, dit-elle. Ici, on sera protégés.

Elle avait la clé et leur ouvrit la porte de la tour. Puis, désignant les étages interdits, elle lui dit :

– J'habite dans le dôme, c'est chez moi.

Et elle monta sans lui accorder un regard de plus. D'abord hésitant sur ce qu'elle désirait, Charly lui emboîta le pas. Au-delà du deuxième étage, des pancartes obstruaient le passage : « Attention, danger », « Plancher vermoulu », « Recule, crétin.e, tu vas passer à travers », « Ce sera pas la peine de venir pleurer ».

– Ce n'est pas ma mère qui les a installés là…, comprit soudain Charly.

– Non, c'est moi, confirma Sapotille. Il y a un sortilège répulsif, aussi… Mais je préfère surveiller, malgré tout. C'est pour ça que je me débrouille pour être de corvée de ménage à chaque fois.

Ils poursuivirent leur ascension jusqu'au quatrième

étage. Le vent d'automne sifflait de rage aux fenêtres, faisant craquer des huisseries arthritiques. Mandrin signala à Charly qu'il souhaitait quitter le chapeau et bondit bientôt à leurs côtés. Finalement, Sapotille ouvrit une large trappe et ils se retrouvèrent sous le dôme.

Ce qui frappa Charly fut d'abord le plafond, peint de bleu et d'étoiles dorées. Il y avait deux larges fenêtres rondes, l'une donnant sur la cour, l'autre sur la rue. Pour le reste, la pièce avait tout d'une chambre, peu luxueuse, mais chaleureuse. Un matelas était posé sur des caisses en guise de sommier. Ces dernières avaient poussé et s'étaient agglomérées, de sorte que des branches encadraient à présent le lit.

Charly avisa une photo sur la table de chevet. C'était un couple. La femme était en robe de mariée et l'homme portait un costume étrange, mais élégant. Tout deux étaient assis sur un grand balai suspendu dans les airs et sur lequel avaient poussé des guirlandes de fleurs. Ils paraissaient très amoureux. Sapotille rabattit brutalement la photo contre la table – un carton recouvert d'un châle.

– Ce sont tes parents ?

– C'étaient.

Il y avait aussi des plantes, un peu partout, et des lampions suspendus. Quelques cartons empilés se prenaient pour une bibliothèque, plutôt remplie. Un livre était posé de côté, nettement plus usé que ses congénères : *Mes gourmandises* de Dame Mélisse. Sapotille l'empoigna et dit :

– Je vais aller cuisiner des madeleines de réconfort. J'en ai besoin.

– Je peux venir avec toi ?

Sapotille haussa les épaules.

– Si tu veux. Tu dois en avoir besoin aussi, après tout.

Abandonnant Mandrin dans la chambre, ils se rendirent au réfectoire sans parler davantage. Sortirent les ingrédients. Mesurèrent la farine, le sucre, cassèrent les œufs… Versèrent la pâte dans les moules et mirent les plaques au four.

Un silence pesant avait alourdi leurs mouvements. Ils n'avaient pas échangé un mot. Charly voyait que Sapotille lui en voulait de ce qui était arrivé à Maître Lin. Sans son apparition dans leur vie, Maître Lin serait encore son professeur aujourd'hui… Mais Sapotille savait que ses reproches étaient injustes, aussi préférait-elle les taire. Nageant doucement jusqu'à eux, des arômes chauds les bercèrent bientôt.

Tandis que Charly sentait son cœur s'alourdir, Sapotille sortit les plaques de madeleines brûlantes du four et les démoula. Elle les répartit sur deux assiettes, comptant scrupuleusement le même nombre d'un côté et de l'autre. Puis, elle se saisit de la première et dit à Charly :

– Ça ne se mange pas en public. Enfin, il y a des gens qui le font, mais c'est… moi, je trouve ça obscène. Alors, hum. À plus tard.

Puis elle tourna les talons. Charly commençait à s'habituer à ce qu'elle le plante là, toutefois, ce soir plus qu'aucun autre, il aurait préféré ne pas rester seul. Tant pis.

La salle des professeurs était juste à côté. Elle s'ouvrit comme sous l'effet d'un courant d'air. Charly songea à ce qu'avait dit Maître Lin : la Chevaleresse veillerait sur eux. Est-ce que ça avait toujours été vrai ? Charly était trop épuisé pour réfléchir à la question. Il s'effondra dans les bras d'un fauteuil chaleureux, son assiette sur les genoux.

Puis il mordit dans le premier gâteau. C'était chaud et fondant comme un bain de crème. Quelque chose de mouillé et de salé venait en parasiter le goût. Charly porta une main à sa joue et fut surpris d'y cueillir une larme. Il croqua une seconde bouchée, machinalement… et fondit en pleurs sans prévenir.

Engloutissant ses madeleines l'une après l'autre, il repensa à sa grand-mère qui avait tout sacrifié pour lui et jusqu'à sa cause, il repensa à Maître Lin qui était détenu il ne savait où pour lui avoir permis de fuir, il pensa à June qui le boudait pour un quiproquo idiot, il pensa enfin qu'il était mort alors qu'il se sentait tellement vivant. Ses larmes cascadaient le long de ses joues comme jamais auparavant. Et quand l'assiette fut vide, elles se tarirent.

Charly s'aperçut qu'il se sentait mieux et que, pour une fois, il n'avait pas eu à écraser sa douleur dans son poing. Pour une fois, il n'avait pas refoulé ses émotions et ça lui faisait beaucoup de bien.

Dans la chambre sous le dôme, Sapotille n'avait pas encore fini d'écluser son chagrin, et, de là où il se trouvait, Charly perçut soudain ses sanglots sourds. S'il était malgré lui témoin de cette scène, c'était par les yeux et les oreilles de Mandrin qui était resté dans la chambre et restait perplexe devant ce spectacle. Charly s'étonna de cette connexion plus vive que jamais avec son familier, mais ce n'était pas l'important. *Va la consoler*, songea-t-il. Le chat renâcla un peu, il n'aimait pas les contacts rapprochés. *S'il te plaît*. Finalement, Mandrin s'approcha de Sapotille et vint frotter sa tête contre son dos. Immédiatement, Sapotille tendit un bras, et l'attira contre elle. Le chat prit sur lui et se mit à ronronner comme si sa vie en dépendait. Au bout d'une minute, les pleurs de Sapotille se calmèrent et elle s'endormit. Charly avait la curieuse sensation de veiller sur son sommeil. *Reste avec elle, s'il te plaît*, demanda-t-il à son chat.

Lui-même s'installa sur un palier à l'étage du dessous et s'enroula dans la couverture qu'il avait récupérée à la hâte sur son lit. Il avait l'esprit trop retourné pour dormir. Finalement, il retrouva le livre qu'il s'était procuré à Thadam et qu'il avait rangé dans son chapeau. Le monde magicier ne lui faisait aucun cadeau. S'il voulait survivre, il devait engranger un maximum de connaissances… Il rouvrit l'ouvrage là où il l'avait abandonné la veille.

Il y avait eu une guerre. Ça n'était pas bien clair pour Charly, d'une part parce que beaucoup de pages avaient été arrachées, d'autre part parce que l'auteur du livre semblait penser que tout le monde était au courant et qu'il n'était donc pas nécessaire de rappeler les faits.

Un nom se détachait, un certain Holger Frakass, qui avait semble-t-il réussi à confisquer le flux magique, si bien qu'il s'était tari et qu'il était devenu presque impossible de réaliser le moindre sortilège.

Charly comprit que la création des runes datait de cette époque et qu'elles étaient initialement de simples jeux d'enfants. Comme elles servaient à piéger la magie, on avait soudain vu tout l'intérêt de les développer davantage.

À partir de ce moment, les deux camps s'étaient rééquilibrés et la guerre avait fait rage. La Chevaleresse Hurluberlu paraissait très investie dans le conflit, mais parce qu'elle prônait l'apaisement. Un jour, en rentrant chez elle, elle avait découvert toute sa famille assassinée. L'affaire fit grand bruit, mais provoqua surtout une recrudescence des combats, annihilant tout ce pour quoi la Chevaleresse s'était battue.

Après avoir enterré sa famille dans le cimetière de la Petite Jeune Fille, à Thadam, elle s'enferma deux mois, durant lesquels on la crut morte de chagrin. Mais c'est autrement qu'elle noya sa douleur. Elle mit au point un sortilège d'une puissance inégalée, grâce auquel elle devint la toute première Allégorie. Renonçant à sa propre vie, elle incarnait désormais la Protection des Innocents.

La nouvelle circula très vite dans les deux camps, ainsi que l'incantation qui permettait de l'invoquer. C'était un sort basique, que même les enfants pouvaient lancer. La Chevaleresse apparaissait alors et les protégeait jusqu'à disparition du danger.

L'ouvrage détaillait ensuite de nombreuses interventions de la Chevaleresse, mais aucune n'était intelligible, trop de pages ayant été dévorées dans ces chapitres.

Finalement, la première Allégorie n'avait pas fait de vieux os. Elle s'était éteinte peu de temps après la guerre. L'auteur suggérait que le sortilège était encore peu au point et que la magicière avait sans doute brûlé toute son énergie vitale. Ignès, sa dragonne, en fut pétrifiée de chagrin et la fabrique devint une sorte de sanctuaire durant plusieurs décennies avant de tomber à l'abandon.

Sur la dernière page du livre, miraculeusement intacte, l'auteur expliquait que cinq décennies après sa mort, alors même que le monde magicier avait connu une quinzaine d'Allégories (dont une Beauté, une Vérité et une Justice), un certain Clervoyant Jonquille Kerbenec avait développé un théorème. Ce dernier démontrait que l'aura magique d'une Allégorie était si puissante que, même après son décès, elle continuait d'imprégner le lieu où elle était morte. Cela brouillait la trame au point qu'elle en devenait illisible, même par les Académiciens les plus experts. Plus étrange encore, les autres Allégories étaient repoussées par ces lieux. Elles pouvaient y être invoquées à leur corps défendant, mais leurs pouvoirs en étaient amoindris.

Pour plus de détails, l'auteur renvoyait à « l'excellent » ouvrage intitulé *Histoire du théorème de Kerbenec*, signé de sa propre plume.

Charly referma l'ouvrage, pensif. Ainsi, le Cavalier

ne pouvait pénétrer dans les murs de l'École à moins d'y être invoqué ? Charly se sentit à la fois soulagé et un peu inquiet. Par quel mystère son École se trouvait-elle justement dans le seul endroit où la Mort ne pouvait l'atteindre ?

Charly se leva pour regarder à la fenêtre. La fontaine glougloutait à sa place, dans la cour. Quelque part sur le bassin, le nom d'Ignès était en effet gravé. Charly avait toujours pensé qu'il s'agissait du nom du sculpteur.

– Alors comme ça, tu es une vraie dragonne…

Dans son dos, en haut de l'escalier, il entendit soudain la trappe s'ouvrir.

– Tu vas quand même pas dormir là…, dit la voix de Sapotille. Je t'ai préparé un coin avec des coussins, si tu préfères.

– Merci, dit Charly.

Sa couverture sur les épaules, il remonta l'escalier. Sapotille était tout ébouriffée, les yeux rougis et la joue zébrée de marques d'oreiller.

– Au fait, finalement, j'aime bien ton chat, murmura-t-elle.

24

Sortilège et entraînement

Emmitouflée dans son dimanche, l'École laissait planer une drôle d'ambiance dans ses couloirs. Partout, il y avait du silence. Dans la chambre sous le dôme, Sapotille s'improvisait professeure et préparait des exercices. Avec des allumettes.

Charly, qui n'avait rien d'autre à faire, remarqua qu'il y avait beaucoup de boîtes d'allumettes dans la pièce. En fait, elles s'empilaient le long d'une bonne partie des murs. Il en saisit une et vit tout de suite qu'elle était vieille. Un peu racornie avec un visuel Art déco très début XXe. *Allumettes Hurluberlu*, titraient-elles, *Fiat lux!* L'étiquette montrait le fameux dragon. C'était Ignès.

– Tu as récupéré toutes les allumettes de la fabrique ?

– Oui. On ne sait jamais quand on peut avoir besoin d'allumettes. Maintenant, par exemple, ça va être très utile. Vu que tu n'as pas l'air d'avoir beaucoup de talent, on va revenir aux bases. Je vais t'apprendre un sort tellement facile que même les enfants de quatre ans le réussissent.

Elle sortit une allumette d'un paquet et, d'un seul doigt, traça une rune très simple dans les airs. L'allumette s'enflamma et une flamme bleue saupoudrée d'étincelles s'éleva dans les airs.

– Voilà. Quand tu auras réussi à en enflammer une, recommence avec la suivante, et ainsi de suite. Tu dois maîtriser parfaitement cette rune.

Elle posa le paquet d'allumettes sur la table, puis alla chercher un pot de terre dans lequel poussait une branche de lierre.

– Ça, c'est ton testeur. Je l'ai mesuré, il fait très exactement 26,7 centimètres. Au moindre déploiement de magie, il devrait pousser un peu plus. Normalement, à la fin du paquet, il aura pris deux ou trois centimètres. Si c'est plus long, c'est que tu canalises mal ton flux et que ta magie aura éclaboussé partout. C'est du gaspillage et c'est mal. On n'est pas des miliciens, on n'est pas des bourrins. Entraîne-toi. Pendant ce temps, je prépare le sortilège pour ta mère. Ça promet d'être difficile, alors surtout essaie de ne pas me déconcentrer.

– Promis.

Comme ils ignoraient combien de temps ils devraient rester confinés dans l'École, ils étaient convenus que le plus simple serait de jeter un sort léger à Césaria pour qu'elle ne se préoccupe pas de l'absence de son fils. L'idée était de supprimer en elle toute forme de souci au sujet de Charly. Ainsi, elle n'aurait pas d'inquiétude en ne le voyant pas à la maison. À la grimace de Sapotille, Charly avait compris que ce sortilège était au-dessus de son niveau habituel.

– Ça va demander beaucoup d'efforts, mais je pense y arriver, avait-elle dit.

Tandis qu'elle se penchait sur trois livres à la fois, essayant de combiner plusieurs éléments entre eux, Charly recopia sagement la rune dans son grimoire. Aussitôt, elle s'afficha dans son esprit. Il remonta ses manches et la dessina du doigt dans les airs. Ainsi qu'il le craignait, rien ne se produisit. *Merveilleux*, songea-t-il. *Même les enfants de quatre ans sont plus doués que moi*.

Après une bonne heure de tentatives, il écrasa sa colère dans son poing et prit le mètre-ruban que Sapotille avait laissé près du lierre. La longueur de ce dernier n'avait pas bougé d'un cheveu.

Charly s'acharna une heure de plus. Au fil de ses échecs, il sentait la frustration et la colère monter en lui. Il n'avait toujours pas réussi à enflammer la moindre allumette. De temps en temps, il sentait le regard de Sapotille peser sur lui. Il n'avait même pas besoin de le croiser pour percevoir toute sa consternation. Il savait ce qu'elle pensait : Maître Lin s'était donc sacrifié pour un tel cancre ?

Charly commençait à avoir des crampes et fit une pause pour reposer ses doigts. Il avait pourtant eu du talent, autrefois ! Sans cela, comment aurait-il pu faire de Mandrin son familier, alors même qu'il était beaucoup plus jeune ? Est-ce que sa grand-mère lui aurait mâché le travail ? C'était probable.

La pensée de sa grand-mère qui avait tout donné pour lui le plongea soudain dans une grande colère envers lui-même. Il songea à cette rune qu'il était incapable de dessiner correctement, eut un geste de colère de la main droite… et recula violemment. Devant lui, la boîte d'allumettes entière avait pris feu. Des flammes de soixante centimètres de toutes les couleurs s'élevaient, en produisant des gerbes d'étincelles.

– Recule-toi ! cria Sapotille.

Elle tissa une rune et le feu s'éteignit rapidement.

– Comment est-ce que tu as fait ça ? Tu as mal visé ?

– Mais non ! Je n'ai pas tracé de rune depuis deux minutes !

Sapotille fronça les sourcils et regarda le lierre avec suspicion. Armée de son mètre, elle en prit la mesure une fois, deux fois, trois fois.

– Ce n'est pas possible.

– Quoi ?

– Ce lierre a pris quatre centimètres d'un coup. Même en éclaboussant beaucoup, pour un sort aussi mineur, c'est impossible.

Elle fronça le nez en réfléchissant.

– Tu es certaine qu'on ne peut pas faire de magie sans rune ? demanda alors Charly. Parce que ce n'est pas la première fois que ça m'arrive. Je veux dire que je peux repousser les algos et j'ai aussi fait voler un balai sans rien tracer. Et même Pépouze…

– Ce n'est pas…, commença Sapotille avant de s'interrompre.

Mais elle parut se rappeler quelque chose, ouvrit une bouche horrifiée et regarda soudain Charly comme s'il était la pire des catastrophes.

– Tu es un Intuitif.

– Vu la façon dont tu le dis, ça n'a pas l'air d'être une bonne nouvelle.

– Tu aurais dû être corrigé dès les premiers signes… Ta grand-mère l'a forcément remarqué ! Pourquoi est-ce qu'elle n'a pas… mais elle est folle ! À ton âge, ça doit être irréversible ! Si l'Académie était au courant, tu serais dans un pétrin atroce !

– Au point où on en est, je doute vraiment que la situation puisse empirer.

– Évidemment, tu ne te rends pas compte ! Les Intuitifs sont des dévoreurs de magie ! Le moindre de leur sortilège en consomme dix fois plus que celui d'un magicier normal. Le dernier à avoir usé de son pouvoir est devenu le pire criminel de l'histoire des magiciers ! Il est parvenu à confisquer toute la magie pour son intérêt personnel et ça a mené à une guerre abominable !

– C'était Holger Frakass, n'est-ce pas ?

– Exact ! Il a fini par perdre, mais ç'a été au prix de centaines de vies ! L'Académie a décidé depuis que cette forme de magie serait interdite. Elle a mis en place un tas de règles pour que ça ne se reproduise jamais. Les enfants qui naissent intuitifs doivent être corrigés au plus vite ! Je n'arrive pas à croire que ta grand-mère… C'est pour ça qu'elle ne t'avait pas référencé à l'Académie et qu'elle ne t'avait pas donné d'insigne. C'était complètement inconscient de sa part ! Elle voulait une nouvelle guerre ou quoi ?

– Excuse-moi, mais je ne vois pas où est le drame.

Il suffit que je ne devienne pas un criminel comme ce Holger Frakass et ça me semble tout à fait dans mes cordes.

– Tu ne vois pas ? Et si tu avais enflammé d'un coup toutes les allumettes de cette pièce et que nous ayions brûlé vifs, tu ne verrais toujours pas ? La magie intuitive est imprécise et fluctuante ! Mal maîtrisée, elle peut conduire à de terribles catastrophes. Sans parler de ce qu'elle consomme ! Il n'y a déjà pas assez de magie pour tout le monde et il paraît qu'elle n'arrête pas de diminuer. Les Académiciens qui surveillent la trame disent qu'elle s'appauvrit de jour en jour… C'est une denrée précieuse, qu'il faut économiser. Ta grand-mère… Dame Mélisse me déçoit tellement !

Sapotille ravala sa colère et ajouta à voix basse, comme pour elle-même :

– Au moins, maintenant, on sait pourquoi tu es aussi nul en runes. Ce sont deux formes de magie qui se mélangent aussi facilement que de l'eau et de l'huile.

– Hmm, je pourrais peut-être essayer de développer mes talents intuitifs. Loin des allumettes, la prochaine fois.

– Non. Ne le fais plus jamais. C'est trop dangereux. Et ça consomme beaucoup trop de magie. Je te l'ai déjà dit.

Charly hocha la tête mais ne promit rien. C'était la magie intuitive qui lui avait permis de repousser les algos et il était sûr que sa grand-mère avait ses raisons pour l'avoir encouragé dans cette voie. Il choisit de détourner la conversation :

– Et toi, tu as pu avancer sur le sortilège, pour ma mère ?

Sapotille haussa les épaules, maussade :

– Ça devrait marcher en assemblant trois runes, mais il va me falloir un objet qui lui appartient.

– Il doit y en avoir dans son bureau. Je peux trouver ça.

– Très bien, rapporte-le-moi ce soir. Je vais étudier seule, maintenant.

La demande n'était même pas voilée, Sapotille voulait être tranquille. Charly quitta donc les lieux.

Il était surpris par les révélations de Sapotille, mais il ne parvenait pas à les voir comme de mauvaises nouvelles. Ainsi donc, il était un Intuitif ? Ça le soulageait presque. Il n'était donc pas aussi nul qu'il se l'était imaginé.

Il récupéra un trombone dans son casier et descendit jusqu'au bureau de sa mère. Au moins, l'ouvrir ne nécessiterait aucune compétence magique.

L'endroit était totalement désert, sans même les élèves sélectionnés pour faire le ménage. C'était étrange et Charly tâcha de faire le moins de bruit possible, comme s'il craignait de déranger les fantômes de la Chevaleresse et de sa famille assassinée.

En arrivant devant la serrure, il déplia le trombone et l'y introduisit. Il tritura longuement le mécanisme dans un sens, puis dans l'autre, sans que le cliquetis qu'il espérait se fasse entendre. Soudain, la tige de fer se brisa net, rendant la serrure inutilisable.

– Oh, non !

Navré par son incompétence, Charly s'adossa brutalement contre la porte… et se retrouva allongé par terre. Elle n'était pas fermée à clé et s'était ouverte sous la poussée.

Je vais concourir pour le championnat des imbéciles, songea Charly en se relevant. C'était la première fois qu'il voyait ce bureau sans sa mère. Une écharpe jaune vif traînait sur le dossier du fauteuil. Il s'en saisit. Cela ferait l'affaire pour le sortilège de Sapotille. Il pouvait à présent repartir, mais il hésitait. Ce bureau contenait peut-être des réponses. Les scrupules le retenaient de fouiller, mais s'il voulait survivre, il avait besoin d'informations. De toute façon, il était peu probable qu'il tombe sur des écrits intimes.

L'un après l'autre, il feuilleta les classeurs. Finalement, il trouva ce qu'il cherchait dans un mince dossier bleu. Une photo de sa grand-mère, Dame Mélisse, posant devant le portail de la fabrique. Elle avait le sourire doux-amer de ceux qui viennent de remporter une petite victoire, mais qui savent la bataille finale sans issue. La date au verso avait presque cinq ans.

Une page plus loin figurait l'acte de propriété de la fabrique d'allumettes. Il était au nom de Dame Estelle Mélisse. Le vendeur portait le nom de Célestin Bourpin et, vu le montant de la transaction, il ne s'était pas soucié de faire une bonne affaire. Charly fronça les sourcils. Célestin Bourpin était le conducteur aux licornes de la course de citrolles. Il reposa les papiers.

Sa grand-mère avait vraiment tout orchestré. Il commençait à s'en douter mais ça le remuait tout de même. Elle avait trouvé le seul endroit où il serait à l'abri de la Mort et où sa mère pourrait malgré tout veiller sur lui. D'ailleurs, jusqu'où sa mère avait-elle joué un rôle dans l'affaire ? Charly commençait à en avoir une vague idée…

Cet endroit n'était pas, n'avait jamais été normal. Un dirigeant d'établissement plus conventionnel aurait sans doute été perturbé par l'atmosphère qui s'en dégageait. Sans parler du fait qu'à peu près rien n'y respectait les normes, et ce jusqu'au concierge. Sans doute qu'un dirigeant traditionnel aurait fait déménager l'École, et fissa. Mais pas Césaria. Césaria y était parfaitement à son aise. Sans même en avoir conscience, sa personnalité excentrique formait un trait d'union parfait entre le monde quiéton et le monde magicier. Césaria avait fait entrer l'esprit d'une école dans ce moule inadapté et l'y avait maintenu tout le temps nécessaire…

Charly prit le temps de formuler une pensée reconnaissante envers elle, remit le dossier en place et quitta les lieux.

Il passa la journée à réfléchir et à s'exercer dans le réfectoire. Pas une seule fois il ne réussit à enflammer d'allumette en dessinant la rune dans les airs. En revanche, s'il se contentait de visualiser la rune en ouvrant la paume, l'allumette prenait feu sans souci. Comme un algo, mais sans tatouage.

Il cessa de s'entraîner. Tout en réfléchissant, il jetait une à une les allumettes du paquet en visant le trou de son chapeau. Mandrin bondissait pour les attraper au passage. D'une certaine manière, son insouciance était bienvenue.

Charly était convaincu que Sapotille avait tort de rejeter la magie intuitive. Mais elle était trop peu encline à en discuter pour qu'il tente de la convaincre aujourd'hui. Demain, peut-être ?

Il y eut un bruit de pas. Comme un gamin pris en faute, Charly fit mine d'être concentré sur les allumettes.

– C'est bien, tu n'abandonnes pas, dit Sapotille en entrant.

Charly rougit discrètement.

– Je crois que mon sortilège est prêt, poursuivit-elle. Alors si tu as l'objet de ta mère, on peut l'essayer tout de suite.

– Je l'ai, dit Charly en brandissant l'écharpe.

La rune que Sapotille avait mise au point était excessivement complexe et Charly se demanda comment elle allait réussir à la tracer sans se tromper.

– Je vais m'appuyer sur une formule orale, lui expliqua Sapotille. Ça permet de redresser les défauts légers. Quand le sortilège est vraiment puissant, il faut en plus dessiner la rune sur le sol. Ça fait une sorte de cage qui permet vraiment de piéger la magie, tu vois ?

– Comme lorsqu'ils ont invoqué le Cavalier au tribunal ?

– Voilà. Maintenant, assieds-toi là, pose l'écharpe en face et surtout plus un bruit. J'ai besoin de me concentrer.

Charly obéit, tandis que Sapotille faisait danser ses mains. Au fur et à mesure qu'elle progressait dans sa rune, elle allait de plus en plus vite et des traînées d'étincelles apparaissaient dans les airs. Son visage était couvert de sueur. Finalement, elle acheva son sortilège dans un trait de feu.

– C'est fait, dit-elle. Je n'y suis pas allée de main morte sur la quantité de magie. C'est mal, de gaspiller comme ça, mais… Bon sang, ça fait du bien de ne pas être bridée !

Elle avait l'air plutôt fatiguée.

– Comment on sait si ça a marché ?

– Demain, c'est lundi. Tu iras la voir et tu lui diras que tu es revenu depuis samedi. Si mon sortilège a fonctionné, elle ne te demandera pas où tu étais pendant tout ce temps.

– Et si ça n'a pas marché, je me ferai passer le savon du siècle.

– Pratiquer la magie, c'est savoir prendre des risques.

25

June

Ça faisait drôle, d'habiter sa propre école. Le lundi matin, avant que l'établissement n'ouvre ses portes, Charly se lava tant bien que mal au lavabo des toilettes et passa ses vêtements habituels. Après avoir été jetés en vrac dans une autre dimension, ils n'étaient plus de première fraîcheur, mais quand Charly demanda à Sapotille si elle connaissait une rune pour les lisser, elle l'envoya promener :

– La magie, ça s'économise ! Je ne vais pas gaspiller mon énergie pour des bêtises pareilles !

Charly grimaça et se résigna à employer son sapeur. Dès qu'il l'eut posé sur sa tête, la magie l'enveloppa et il se retrouva parfaitement vêtu. En touchant le rebord, il élimina successivement une douzaine de tenues avant d'en trouver une qui lui convienne. Le sapeur s'était par ailleurs changé en panama. C'était plus discret que l'habituel haut-de-forme.

Peu avant huit heures, l'établissement se remplit d'élèves qui étaient tous d'une humeur de lundi. M. Georges, le concierge, n'avait même pas fait semblant de venir et ce fut Césaria elle-même qui finit par ouvrir les portes. Les enseignants bâillaient comme s'ils n'avaient qu'une hâte : aller s'échouer dans la salle des profs. Ils firent cours sans entrain, ni excès d'autorité. Bons joueurs, les élèves acceptèrent la trêve et n'écoutèrent strictement rien, mais avec discrétion. La pause de dix heures fut unanimement saluée. Et Charly put enfin se rendre au bureau de sa mère.

– Entrez !

En passant la porte, il constata immédiatement qu'elle était contrariée.

– Un petit crétin a forcé ma serrure, elle est inutilisable ! Comme si je n'avais que ça à faire que de courir après les serruriers.

– Ah oui… Hmm, désolé.

– Enfin, bref. Que puis-je pour vous, mon garçon ?

Quelque chose hérissa l'échine de Charly.

– Comme tu vois, dit-il, je suis rentré plus tôt que prévu.

Sa mère le regarda bizarrement.

– Grand bien vous fasse, jeune homme. Et vous êtes rentré d'où ?

– Mais… du tournoi d'échecs ? Tu ne te rappelles pas ?

– Pourquoi ? Nous en avions discuté ? Bon, c'est possible. Mes félicitations, en ce cas. Je trouve que les échecs sont une occupation très saine. J'ai moi-même poussé le bois dans ma jeunesse. En revanche, j'aimerais mettre les choses au point, jeune homme. Même si nous partageons des passions communes, je suis votre directrice et vous devez me vouvoyer.

L'estomac de Charly se contracta tant qu'il lui fit mal.

– Tu… Vous ne savez pas qui je suis ?

Sa mère le regarda, un peu embarrassée :

– Mais bien sûr que si ! Vous êtes un élève de l'établissement ! Votre nom va me revenir… Loïc, c'est ça ?

– … C'est Charly, en fait. Charly Vernier.

– Oui, voilà. Charly. Tiens, on porte le même nom de famille ? C'est amusant. Maintenant, si c'est tout ce dont vous désiriez m'entretenir, je vous demanderai de me laisser. J'ai du travail par-dessus la tête. Je n'ai même pas encore trouvé ma charade stupide du jour et j'ai cette serrure à faire réparer. Je suis sûre que June Bourdoncle y est pour quelque chose. Cette gamine est une vraie graine de délinquante !

– Non ! protesta Charly. Ce n'est pas elle ! Je veux dire… je la connais bien et ce n'est pas son genre.

– Moui… Elle essaie toujours de mal tourner, cellelà. C'est d'ailleurs touchant de voir l'énergie qu'elle y met, mais elle héritera de la fabrique de calissons de ses parents quand elle sera grande, un point c'est tout.

Un souvenir la fit soudain tiquer :

– Elle a appelé plusieurs fois à la maison, ces derniers jours. C'est curieux mais je ne me rappelle plus du tout pourquoi…

Dès qu'il fut sorti du bureau de sa mère, Charly alla retrouver Sapotille. Elle fut consternée en apprenant la nouvelle :

– Je suis désolée ! Je n'imaginais pas qu'elle allait t'oublier. Je vais annuler le sort.

Mais Charly l'interrompit en levant la main.

– Non. C'est… c'est pénible pour moi, mais pour le moment c'est encore ce qu'il y a de plus simple. On va laisser les choses ainsi jusqu'à… jusqu'à ce qu'on ait trouvé comment régler ça.

Il n'ajouta pas le fond de sa pensée. À savoir que si le Cavalier finissait par le rattraper – et c'était la fin la plus plausible de cette histoire –, il épargnerait un immense chagrin à sa mère en ayant disparu de son esprit. C'était déjà ça.

Depuis qu'ils étaient revenus de Thadam, Sapotille et Charly avaient essayé d'évoquer l'avenir. Cela avait abouti à une conversation très déprimante. La vérité était qu'ils ne savaient pas quoi faire. L'École des Allumettes Hurluberlu les abriterait sans doute un moment, mais à force de déductions, l'Académie finirait par leur mettre la main dessus. Combien de temps avaient-ils avant que ça ne se produise ? Et qu'adviendrait-il de Maître Lin pendant ce délai ?

Charly eut beaucoup de mal à s'intéresser à ses cours, ce jour-là. À l'inverse, Sapotille s'y accrocha comme si sa vie en dépendait. June leur tournait autour, mais Charly se sentait trop à bout de nerfs pour essuyer une nouvelle dispute et préférait la fuir.

Son monde s'était écroulé. Par sa faute, sa grand-mère l'avait oublié. Sa mère également. Son maître était retenu il ne savait où. Sa meilleure amie lui battait froid et Sapotille… Sapotille essayait de cacher qu'elle lui reprochait la situation de Maître Lin, mais elle n'avait aucun talent pour le mensonge.

Quand la sonnerie retentit, Charly ramassa ses affaires et quitta les lieux. Il avait déjà parcouru un couloir quand des pas précipités se firent entendre dans son dos :

– Attends-moi ! Mais attends ! Sur la vie de ma mère, si tu m'attends pas, je te jette ton cadeau en pleine tête !

Charly se tourna vers June, le sourcil levé. Elle avait l'air furieuse, comme d'habitude, et entre les mains tenait un paquet plat, recouvert d'un papier froissé, gras et moche.

– Un cadeau ? s'étonna Charly.

– Tiens.

C'était probablement l'emballage le plus laid de l'histoire du paquet-cadeau, mais Charly le défit avec douceur. À l'intérieur, il y avait une boîte de calissons. C'était la cuvée spéciale June. Le visage de son amie s'étalait en teintes pastel sur le fer-blanc, dans un réalisme effrayant. Vu comme June haïssait ces boîtes, ça revenait pour elle à s'essuyer les pieds sur son ego. D'ailleurs, la boîte était accompagnée d'un petit mot :

Je soussignée June Bourdoncle reconnais m'être comportée comme une débile et présente toutes mes excuses à Charly Vernier.

– Je peux pas faire mieux, alors si ça suffit pas pour que tu me pardonnes, va mourir !

Charly lui sourit et la serra dans ses bras :

– J'étais pas fâché. En fait, je croyais que c'était toi qui l'étais.

– Ouais. Un peu. 'Fin bon, t'as pas intérêt à montrer cette boîte à qui que ce soit, sinon…

Au même instant, un grand bruit de papier froissé leur fit lever les yeux. C'était un journal qui volait dans leur direction, ses grandes pages déployées comme des ailes.

Qu'est-ce que… ? s'interrogea Charly avant que le journal ne s'écrase sur son visage.

– C'était bizarre, ça, non ? dit June.

Charly ne lui répondit pas. Il rassembla rapidement les feuilles du journal pour pouvoir le parcourir. C'était *Le Temps des magiciers*.

C'est vrai, je suis abonné ! se rappela-t-il.

Les gros titres lui sautèrent aux yeux. À peine les eut-il lus qu'il partit en courant.

– Hé ! Et moi ? cria June dans son dos.

*

Sapotille n'était pas dans la cour, mais Charly savait où la trouver. Il monta quatre à quatre l'escalier de la tour interdite, bouscula les pancartes, et frappa avec précipitation à la trappe.

– Fiche-moi la paix !

– Regarde !

– Un numéro du *Temps des magiciers* ? Où est-ce que tu as eu ça ?

Mais ni elle ni Charly ne se préoccupèrent de la réponse car ils étaient déjà plongés dans la première page. Le juge Dendelion y donnait une longue interview, sous le titre : *LE PROCÈS DU SIÈCLE ?*

– Pff ! Il y en a tous les dix ans, des procès du siècle ! rouspéta Sapotille.

Mais c'était pour se donner une posture. En vérité, elle était si inquiète qu'elle dévorait déjà une boucle de ses cheveux. Le procès en question était celui de Maître Lin.

C'est une lourde responsabilité que de devoir juger une telle affaire, pérorait le juge. *Les faits sont tout de même incroyables ! Maître Lin aurait mis en place tout un trafic avec le Cavalier, piétinant le tabou suprême, celui de passer des pactes avec la Mort ! Cela expliquerait d'ailleurs en partie le nombre toujours plus important de magiciers mitardisés que l'on croise aujourd'hui dans nos rues.*

Près de Charly, Sapotille explosa :

– Il ment ! Il ment ! C'est eux qui trafiquent avec la Mort ! Ils ne respectent même pas leurs propres règles !

Charly se concentra pour poursuivre sa lecture :

– ***L'Académie va-t-elle déchoir cette Allégorie de son statut ?*** interrogeait le journaliste.

JD : Je ne peux pas m'engager au nom de mes collègues, mais c'est assez peu probable. D'après les premiers éléments de l'enquête, le Cavalier a agi sous la contrainte d'une puissante Magistère, Dame Mélisse en personne. Un membre si respectable de notre communauté, j'ai été bouleversé de l'apprendre ! En tout cas, il semble clair que le Cavalier n'a pas agi de son plein gré.

TdM : Doit-on s'attendre à un procès avec Dame Mélisse à la barre des accusés ?

JD : Dame Mélisse s'est laissé prendre à son propre piège. Au fil de leur lutte, le Cavalier est astucieusement parvenu à la dépouiller de ses souvenirs un à un. Aujourd'hui, elle n'est plus qu'une coquille vide dont nous n'avons rien à redouter. Elle sera jugée en son temps, mais cela promet d'offrir un spectacle pitoyable, et je le regrette. En revanche, il est de plus en plus évident qu'elle et Maître Lin n'ont pas agi seuls. Nous avons de forts soupçons envers un groupe qui se ferait appeler la « Loge des Anamnèses ». Et nous enquêtons particulièrement du côté de la Guilde des Boutiquiers, qui a toujours montré de l'irrévérence envers l'Académie.

TdM : Pensez-vous que nous en apprendrons davantage lors du procès de Maître Lin ?

JD : Je l'espère. C'est d'ailleurs la raison pour laquelle j'ai choisi d'accélérer la procédure. Le procès aura lieu dans deux jours, cela nous laisse peu de temps pour préparer tous les éléments du dossier, mais j'ai fait le serment que nous serons prêts. Il est de notre devoir de ne pas laisser s'éterniser une telle affaire.

Charly songea que l'Académie était surtout pressée de faire disparaître les preuves sous le tapis. Soudain, il remarqua que Sapotille retenait ses larmes à grand-peine.

– Que risque Maître Lin ? demanda-t-il prudemment.

– Il aura la peine la plus lourde, c'est sûr !

– Quand même pas la peine de mort ?

– C'est tout comme ! Ils vont l'amputer de ses souvenirs et en faire un mitard ! Peut-être même qu'ils l'exileront au Purgatone !

– Mais on ne peut rien faire pour lui ?

– Non, rien ! On ne peut rien faire ! Tu es stupide

ou quoi ? Pourquoi est-ce que tu poses des questions pareilles ? Ça te fait plaisir de me voir aussi impuissante, c'est ça ?

– Ouah, c'est incroyable ici, fit alors une voix dans leur dos. J'adore.

Sapotille et Charly se retournèrent d'un bloc. June venait d'entrer dans la pièce et regardait le plafond étoilé, les mains dans les poches, la décontraction incarnée.

– Qu'est-ce que… qu'est-ce qu'elle fait là, elle ? demanda Sapotille, trop catastrophée pour s'emporter.

– Vous faites partie d'une secte ou un truc comme ça ?

– Non, répondit Charly, on fait de la magie.

Sapotille tourna vers lui une mine horrifiée. Charly était lui-même surpris de son aveu, mais il était épuisé par toutes ces cachotteries. Et malgré leur brouille récente… il faisait confiance à June. Oui, initier June à la magie était la meilleure idée qu'il ait eue depuis longtemps.

– Charly, reprit Sapotille après un sourire tendu comme une crise de nerfs, on n'initie pas les quiétons à la légère. C'est la règle. Et June est une quiétonne, tu sais.

Elle avait chuchoté, dans l'espoir que June ne l'entende pas.

– Et qui a mis cette règle en place ? rétorqua Charly. Les Académiciens, je parie ! Eh bien qu'ils aillent se faire voir ! C'est toujours eux que ça arrange, leurs fichues règles.

– Non, les règles sont importantes, s'affola Sapotille. Si n'importe qui a accès à la magie, il n'y en aura pas assez pour tout le monde ! C'est quelque chose de rare et de précieux, tu ne comprends pas !

– Ce que je comprends, protesta Charly, c'est que vous voulez garder toute la magie pour vous, histoire de vous sentir tellement spéciaux !

– Mais on n'a même pas d'insigne de Patouilleur à lui donner ! s'affola Sapotille à court d'arguments.

– Sérieusement ?

Charly se tourna d'un coup vers June.

– On est des magiciers. Tu veux une preuve ? Tiens.

Il attrapa son chapeau et le retourna. Aussitôt, dégringolèrent pêle-mêle sur le sol trois pull-overs, la biographie de la Chevaleresse Hurluberlu, quelques allumettes et pour finir Mandrin, furieux d'avoir été dérangé. June en resta comme deux ronds de flan. Au moins deux secondes.

– Mais c'est... c'est génial ! s'exclama-t-elle. Comment vous faites ça ?

Elle paraissait beaucoup plus ravie que stupéfaite. Charly se rappela qu'il en fallait bien davantage pour la désarçonner. Telle qu'il la connaissait, elle était déjà en train d'évaluer le potentiel de bêtises que ces révélations représentaient.

– Y a un truc ! C'est pas pour de vrai, ha ha ! tenta de rattraper Sapotille.

– Si, c'est vrai, insista Charly. Et tiens, au fait, je te présente Pépouze, ma serpillière.

June baissa les yeux et son sourire illumina toute la

pièce. En guise de salut, Pépouze répandit une flaque sur le sol et se mit à patauger dedans.

– Mais d'où elle sort, elle ? s'indigna Sapotille.

– Génial ! s'écria June. Et vous faites tourner les tables ou des trucs comme ça, aussi ?

– Non, mais on fait voler des balais.

– C'est vachement plus utile, convint June.

– Mais arrêtez ! protesta Sapotille. C'est n'importe quoi !

– C'est elle, la cheffe ? demanda June à Charly à voix basse.

– Bien sûr, dit Charly. Moi, je suis nul, mais elle, elle est très forte.

– D'accord, dit June.

Elle se recoiffa d'une main, se racla la gorge et décrocha un sourire gigantesque à Sapotille, qui eut l'impression de voir des crocs scintiller.

– Sapo, aboya-t-elle solennellement, tu m'inities à la magie, steuplè ? Ça a l'air trop bien, je veux en faire aussi !

– Non.

– Même si je te flatte beaucoup ?

– Même.

June se tourna vers Charly.

– Elle a vraiment des super-pouvoirs ! C'est pas humain de résister à un charme aussi foudroyant que le mien !

– Euh…, tempéra Charly.

– Et je ne m'appelle pas Sapo, mais Sapotille ! Charly, débarrasse-nous d'elle !

– Sapotille, s'il te plaît. On n'a pas beaucoup d'alliés…

Sapotille fronça les sourcils. Charly tenta un sourire plein de charme. Sapotille se renfrogna plus encore, mais elle finit par convenir d'un ton boudeur :

– Bon, je veux bien lui apprendre deux ou trois sorts mineurs, mais rien de plus ! J'ai déjà assez d'un boulet dans les pattes.

Charly ne releva pas. Après tout, il s'était montré un Patouilleur plus que décevant jusqu'ici.

– De toute façon, dit June, on va avoir toutes les séances de ménage de la semaine pour en causer. Pendant que je montais ici, la directrice a lancé sa charade.

Et comme si Sapotille et Charly n'étaient pas capables de le déduire par eux-mêmes, elle ajouta :

– On a perdu, du coup.

*

Au final, Charly se sentit soulagé de pouvoir déverser ses problèmes sur les épaules de son amie. Toutefois, il se contenta des grandes lignes et préféra passer les détails sous silence, comme le fait qu'il était techniquement mort, par exemple.

– Ta grand-mère t'a quand même laissé l'héritage le plus génial de l'histoire, conclut June.

Charly lui répondit d'un sourire un peu triste.

– Si vous avez fini, je vais donner sa première leçon à June : comment se faire respecter des serpillières. Contrairement à Charly, t'es pas obligée de devenir amie avec elles.

June se révéla une élève beaucoup plus douée que Charly, si ce n'est qu'elle n'écoutait que ce qu'elle voulait, à savoir pas grand-chose. Malgré tout, elle ne tarda pas à se trouver à la tête d'une petite escouade de balais, brosses et seaux. Avec Sapotille, elles chassèrent les autres perdants, trop heureux de leur abandonner le ménage, et toutes deux se lancèrent dans le nettoyage. June ne renonça pas à son enthousiasme et Sapotille dut bientôt mettre toute son énergie à tempérer ses débordements. Avec tout le tact dont elles étaient capables, c'est-à-dire aucun, elles expliquèrent rapidement à Charly que son incapacité à maîtriser les sorts élémentaires le rendait totalement inutile. Celui-ci se retira donc, envoya Pépouze jouer avec ses copines serpillières et se préoccupa plutôt du journal. Il tenait à le lire de la première à la dernière ligne.

Au fil des pages, il trouva les nouvelles adresses d'une dizaine de boutiques enchantées qui s'étaient déplacées pendant la nuit. Il y avait également la liste des conférences données cette semaine à l'Académie et leurs prix, horriblement élevés. Les trois plus coûteuses s'intitulaient « Lier un familier », « Économiser sa magie (sans perdre en puissance) » et « Devenir Académicien ». Un autre article évoquait deux évasions à Saint-Fouettard. Un certain Bélisaire de Pourance intervenait sur le sujet pour expliquer qu'on était beaucoup trop conciliant avec la jeunesse, de nos jours, et que, de son temps, c'était une autre affaire. En fin de journal, il y avait un petit encadré sur l'inauguration d'un nouveau champ de citrolles. Le regard de Charly fut immédiatement aimanté par la photo : un portrait d'Anasthème. La légende précisait : *Anasthème, très en forme après sa dernière victoire au sabbat de Thadam, est venu faire les honneurs de la cérémonie*.

Ainsi, Anasthème le tricheur avait gagné la course.

Une idée germa dans l'esprit de Charly. C'était une idée qui ne sentait pas bon et qui ne lui plaisait pas. Mais c'était une idée quand même.

Après le départ de June, quand ils s'installèrent dans le réfectoire pour dîner autour d'une triste boîte d'épinards réchauffée, Charly tenta d'aborder le sujet avec Sapotille :

– Il faut que je te parle d'une chose à laquelle j'ai assisté, il y a quelques jours. Mais promets-moi de me laisser finir. Ça pourra… ça pourra peut-être aider Maître Lin.

Sapotille tressaillit de tout son corps.

– J'ai dit peut-être, tempéra Charly.

Il déposa le journal devant Sapotille, ouvert à la dernière page.

– Comme tu vois, Anasthème a remporté la dernière course.

Le sourire revint sur les lèvres de Sapotille :

– Ah ! Je savais que j'avais raison de croire en lui ! Enfin une bonne nouvelle !

Charly la laissa profiter de sa joie quelques instants, avant de reprendre :

– Je l'avais déjà rencontré, avant le sabbat.

Les émotions se superposèrent sur le visage de

Sapotille. D'abord l'enthousiasme, puis la curiosité et enfin la méfiance.

– C'était la nuit, précisa Charly. Il était avec Thibald Dendelion dans une rue pas très loin d'ici.

Il lui raconta tout. La déception se peignit avec une telle force dans les yeux de Sapotille que Charly s'en voulut de lui avoir révélé cette histoire. Mais il n'avait plus vraiment le choix.

– Je ne te crois pas, bredouilla finalement Sapotille. Vous voulez tous le salir, c'est pour ça…

Mais sa voix manquait de conviction : Charly n'avait aucune raison de lui mentir.

– Ça m'a donné une idée, reprit ce dernier. Je ne pense pas qu'on pourra faire évader Maître Lin, mais on pourra peut-être au moins…

Et il expliqua ce à quoi il avait songé.

Sapotille pâlit.

– Je ne ferai jamais une chose pareille !

Et elle le planta tout seul devant son assiette d'épinards.

Quand Charly se coucha sur sa pile de coussins ce soir-là, Sapotille boudait toujours. Néanmoins, il se sentait moins mal que la veille. Il s'était réconcilié avec June et l'avait même initiée à la magie. À présent, ils étaient trois à se serrer les coudes. Ça n'arrangeait pas vraiment les choses, surtout que Sapotille avait rejeté sa seule idée, mais avec sa façon de ne rien prendre au sérieux, June amenait une légèreté bienvenue.

Charly dormit un peu moins mal que la nuit

précédente, mais il entendit Sapotille se retourner toute la nuit dans son lit. Au petit matin, un bruit de froissement le réveilla. Il se leva pour aller ouvrir la fenêtre, c'était le nouveau journal. Il était complètement déchiqueté et, de ce fait, illisible.

– Ben, mon vieux ! s'exclama Charly. Qu'est-ce qui t'est arrivé ?

– Il a dû se battre avec un rapace. Ça arrive. Et les journaux sont nuls en baston.

Charly se retourna. Sapotille était redressée dans son lit, encore chiffonnée par sa nuit, le visage pâle, deux gros cernes bleus sous les yeux.

– J'ai réfléchi, dit-elle. Elle est affreuse, ton idée. Mais on va la tenter quand même.

26
Anasthème l'Invaincu

Ils décidèrent de ne pas descendre en cours, ce jour-là. De toute façon, ils n'étaient plus à quelques ennuis près.

– Il nous faut absolument un miroir magique. Sans ça, on ne peut rien faire.

– On peut utiliser celui de ma grand-mère ?

Sapotille secoua la tête.

– Non, c'est juste un face-à-main. Il nous en faut un très grand. Maître Lin en a un chez lui.

– Mais… On ne risque pas de se faire repérer si on y va ?

– Si. Des Académiciens doivent surveiller la trame de près. Mais… la trame est immense, alors si on se dépêche et qu'on a un peu de chance…

Sapotille enroula pensivement une boucle autour de son index.

– Écoute, finit-elle par dire, moi, je ne suis pas menacée de mort, alors… C'est toi qui décides si on tente ou pas.

Elle baissa les yeux pour ne pas l'influencer, mais

Charly avait eu le temps d'y intercepter l'étincelle suppliante.

– On y va, décida-t-il.

Ils profitèrent de la pause déjeuner pour avertir June de leur sortie.

– Je viens avec vous, décréta immédiatement celle-ci.

Sapotille fit une drôle de tête et Charly comprit que la boutique de Maître Lin était un lieu intime à ses yeux, où elle ne tenait pas à lâcher une trublionne telle que June.

– En fait, reprit Charly, on n'est pas sûrs d'être rentrés à temps pour le ménage. Est-ce que tu veux bien gérer ça pour nous ? Il ne faut surtout pas que les autres montent dans la tour.

– Je vois. Vous me collez les corvées pendant que vous allez faire les trucs intéressants !

– Si tu fais le ménage pour nous ce soir, intervint Sapotille, je t'apprendrai un nouveau sort en rentrant. Promis.

– Un sort bien ? demanda June, méfiante.

– Arrête de faire comme si ça ne t'amusait pas de donner des ordres aux balais et aux serpillières ! s'exclama Charly. Je te connais.

– Oui, c'est vrai, admit June dans un grand sourire. Bon, OK, je me débrouille. Bon courage avec votre affaire.

Sapotille attendit son départ avant de sortir leurs balais.

– Elle est un peu épuisante, ton amie.

– Je sais, admit Charly. C'est pour ça qu'on est amis, d'ailleurs.

Devant le regard surpris de Sapotille, il ajouta :
– C'était beaucoup moins fatigant que d'être son ennemi !
Sapotille sourit à sa plaisanterie. C'était son premier sourire depuis qu'ils avaient quitté Thadam, et Charly fut satisfait de cette petite victoire.
– L'idée, c'est de foncer le plus vite possible jusqu'au Tcha-tcha-tchaï. Alors on n'élaguera pas les balais en route.
Charly hocha la tête.
– Compris.

Ils économisèrent si peu leur énergie que leurs balais étaient presque devenus des buissons quand ils se posèrent.
La porte du salon de thé était fermée à clé. Il fallut la supplier plusieurs minutes pour qu'elle finisse par s'ouvrir de mauvaise grâce, en grinçant. Aussitôt, Charly et Sapotille se précipitèrent à l'intérieur, cherchant la protection magique de la boutique.
– Ouf. On n'est plus repérables !
Leur vision mit quelque temps à s'adapter à la pénombre intérieure. Quand ce fut fait, ils écarquillèrent les yeux. Les sièges, parquets et tabourets avaient tant poussé qu'ils étaient presque retournés à l'état sauvage. Le miroir, lui, était toujours à sa place.
– Ça va fonctionner ? demanda Charly.
– Je pense que oui. Les miroirs magiques coûtent très cher. D'ailleurs, celui-ci est un cadeau de quelqu'un qui vit à Thadam et avec qui Maître Lin est maintenant

fâché… ce qui est dommage, si tu veux mon avis, parce que c'est toujours pratique d'avoir un ami assez riche pour te payer un miroir de cette taille. Tu as vu le nombre de gemnez autour du cadre ? L'avantage de ces miroirs, c'est qu'ils sont réservés aux magiciers très importants. Du coup, on y réfléchit à deux fois avant de refuser un contact avec quelqu'un qui en possède un aussi grand.

Sapotille dessina plusieurs runes de la pulpe du doigt sur le reflet du miroir, qui se brouilla comme une mare dans laquelle on aurait jeté un caillou.

– Maintenant, il faut attendre.

Pendant deux heures, ils tentèrent de désherber la boutique. Sapotille tâcha aussi de prélever des livres dans la bibliothèque et se fit mordre. Quelques ouvrages s'étaient déjà accrochés à des branches et se prenaient pour des fruits. Sapotille parvint à en cueillir trois ou quatre qu'elle disait être particulièrement précieux.

– À mon avis, Maître Lin va très mal, dit-elle avec angoisse. Sinon, sa boutique ne serait pas dans un état pareil.

Soudain, il y eut un bruit d'eau, comme un plouf dans une mare.

– Le miroir ! s'écria Sapotille.

Ils se précipitèrent vers la pièce principale. Dans le reflet, Anasthème posait dans un décor étudié, son menton crânement pointé en avant.

– Bonjour, bonjour ! À qui ai-je l'honneur ?

Puis, il les reconnut.

– Ah.

Dans ce « Ah », il y avait toute la consternation de

celui qui voit poindre les ennuis. Il étira un sourire crispé et très exagéré sur son visage.

– Je me souviens de vous, jeune fille, dit-il en ignorant ostensiblement Charly. C'est au sujet de mon pourcentage sur vos confiseries, lors de la course ? Eh bien, c'est cadeau ! Je suis comme ça, moi ! Allez, bonne journée, au rev…

– Attendez ! l'interrompit Sapotille avant qu'il ne coupe la conversation. Ce n'est pas pour ça que nous vous contactons…

La honte lui dévorait les joues. Elle était écarlate. Charly décida de ne pas la laisser porter seule le chapeau. Après tout, c'était lui qui avait eu cette idée.

– On sait que vous avez triché lors de la course, dit-il. Vous connaissiez les sorts pour un tiers des boîtes. Ça vous a donné un gros avantage.

– Alors là, pas du tout ! N'importe quoi, l'autre ! réfuta Anasthème.

– Écoutez, reprit Sapotille, on n'est pas là pour vous faire chanter, mais…

– Ben si, intervint Charly, un peu quand même.

– Oui, un peu, admit Sapotille, mais on ne veut pas d'argent.

Anasthème se détendit sensiblement.

– C'est vrai ? Vous auriez dû commencer par là !

– On a juste besoin que vous donniez à Maître Lin quelques objets avant… avant l'application de la sentence.

– Quoi ? Holà, attendez ! Vous savez ce que je risque si je fais…

Il s'interrompit brutalement :

– Mais vous êtes les deux gamins en fuite ! Et toi…

Il pointa son index vers Charly :

– Toi, tu es le petit-fils de Dame Mélisse ! J'adore ses recettes, au passage. Je suis super fan.

– Merci.

– Évidemment, maintenant c'est une sale traîtresse. Les gens sont décevants, je vous jure.

– Ma grand-mère n'est pas une traîtresse !

– Ouais, et moi je suis pas un tricheur.

– OK, dit Charly. On s'en tiendra à cette version si vous faites passer à Maître Lin un petit miroir magique.

– Et un peigne, ajouta Sapotille. Et aussi un nécessaire à couture et un petit sachet de thé. Ça le réconfortera.

– Et pourquoi pas un balai et des macarons, tant qu'on y est ? Non, mais vous êtes dingues ? De toute façon, je sais pas pourquoi je vous écoute ! Personne ne croirait à votre histoire. Comme témoins, vous valez pas tripette.

Sapotille soupira.

– L'identité des ingénieurs qui travaillent sur la course est ultrasecrète. Or Charly pourra donner un descriptif très précis de celle avec qui vous avez discuté. Vous avez déjà des rumeurs de triche qui vous courent après. Ça m'étonnerait que le juge Dendelion en tolère une aussi grosse, vu qu'il est mouillé jusqu'au cou dans votre trafic.

Anasthème croisa les bras et se mit à bouder.

– Je vous jure qu'après ça on ne vous embêtera plus jamais, dit Charly.

– Toi, rétorqua Anasthème, toi, tu m'avais promis d'oublier ce que tu as vu et tu m'as menti. Alors déjà, je te cause plus. Quant à toi, la blondinette, c'est OK pour le miroir et le reste. Je vais me débrouiller. Après tout, j'ai une place au premier rang pour le procès.

– Je suis… (Sapotille se tordait les mains d'angoisse.) Je suis vraiment désolée de vous faire ça.

– Ouais, ben moi aussi je suis désolé que vous fassiez ça. Vous êtes moches, tous les deux. Je suis hyper colère.

– Si un jour vous avez besoin d'un service…

– Non, chut. Ça suffit. Je ne veux plus jamais vous revoir. Pas bonjour chez vous, les mioches.

Et le reflet du miroir se brouilla pour finalement renvoyer l'image de Charly et Sapotille qui paraissaient plus penauds que jamais.

– De toute façon, on n'avait pas le choix, dit Charly.

Et cela mit fin à toute discussion.

Le retour en balai fut aussi rapide que l'aller. Le soir avait commencé à tomber. Dès qu'ils eurent posé le pied dans la cour, June se précipita vers eux, le sourire un peu trop marqué.

– Alors, la bonne nouvelle en premier : vous allez voir, c'est super propre.

Sapotille se rua vers le hall pour y trouver une armée de brosses, balais et serpillières absolument déchaînés. Dès qu'elle entra, tous se jetèrent sur elle pour la décaper.

June avait totalement perdu le contrôle. Heureusement, Sapotille était rapide. En quelques runes, elle remit tout en ordre.

– Incroyable ! s'exclama Charly en regardant le sol. Les brosses ont carrément poncé le carrelage.

– Je vous l'avais dit : super propre.

Alors qu'il fixait le sol, Charly plissa les yeux. Il n'était pas bien sûr de ce qu'il voyait, mais… Il monta l'escalier en courant et regarda mieux le sol. Ainsi décapé, c'était beaucoup plus lisible qu'avant : en mosaïque claire apparaissait la rune d'invocation de la Chevaleresse Hurluberlu que Charly avait pu observer dans sa biographie. Un genre de flèche doublée d'une boucle. *Normal*, songea-t-il, *on est chez elle*.

– À part ça, reprit June, votre truc secret s'est bien passé ?

– À peu près.

– Parfait. Maintenant, tu m'apprends un sort, Sapo ?

Sapotille se tourna vers June, l'air d'avoir envie de lui écraser quelque chose en pleine face. Puis, subitement inspirée, elle déclara :

– Je vais vous apprendre à cuisiner des tartes-chercheuses.

*

Quand il comparait son grimoire à celui de Sapotille, Charly le trouvait très vide. Il avait recopié tout ce qu'il était supposé maîtriser : le sortilège d'animisme ménager qui donnait vie aux serpillières, celui qui faisait voler les balais, celui qui permettait de prélever une gemnez dans son esprit et celui qui mettait le feu aux allumettes. Il avait aussi les indications de Maître Lin pour faire pousser une citrolle et la recette des madeleines de réconfort de sa grand-mère. À présent, il recopiait celle des tartes-chercheuses, même si c'était du gaspillage de parchemin, disait Sapotille, vu qu'il n'y avait qu'à utiliser le livre de recettes, comme tout le monde.

Charly avait choisi de ne pas l'écouter. Il trouvait la somme de ses connaissances en magie beaucoup trop maigre et souhaitait vraiment les étoffer.

Ils s'étaient installés dans la cuisine déserte de l'établissement. Pendant que Sapotille sortait les ingrédients nécessaires, June fichait le bazar en dérangeant tout ce qu'elle pouvait. Près d'elle, il y avait un pot de lierre testeur, que Sapotille lui avait remis. Charly contempla le sien qui avait pris vingt bons centimètres lors de ses essais intuitifs réalisés sous cape. Sapotille n'avait rien dit en le voyant, mais elle avait pincé les lèvres.

– Vous êtes prêts ? On va commencer par peser la farine.

Ils entreprirent de faire trois tartes chacun. Beurre, sucre, œufs. Mélanger. Pétrir. Faire une boule. Aplatir à la main. Plier. Passer le rouleau. Égaliser.

– À présent, vous tracez cette rune sur le disque de pâte.

Évidemment, celle de Charly n'eut aucun résultat. Il releva la tête et vit que Sapotille était très occupée à expliquer la rune à June qui était très occupée à ne rien écouter. Alors, il se représenta le symbole et ouvrit la main droite. Aussitôt, une décharge d'étincelles en jaillit et illumina la pâte. Personne n'avait rien remarqué. Parfait. Il regarda son testeur : le lierre avait pris trois bons centimètres et s'ornait d'une nouvelle feuille.

– Maintenant, on va passer les fonds de tarte au four et préparer la garniture pendant qu'ils cuisent.

Crème, sucre, blancs en neige. Fouetter fort. Quand les pâtes furent cuites, ils les garnirent d'une dose généreuse de crème.

– Et maintenant ? demanda June.

– Maintenant, il faut un papier et un crayon. On écrit un nom sur le papier, on l'enfonce du doigt dans la crème, et voilà !

June regarda avec intérêt la tarte léviter doucement, puis foncer dans sa direction, avant de s'écraser sur sa figure.

– Depuis le temps que je rêvais de faire ça ! s'exclama Sapotille en riant.

– Attends, tu vas voir !

June écrivit à son tour un nom sur un papier, mais rien ne se produisit.

– Ça t'apprendra à ne rien écouter ! lui jeta Sapotille.

Mais c'était mal connaître June. Elle attrapa une de ses tartes et l'écrasa manuellement sur le visage de Charly.

– Hop ! Abracadabra !

– J'avais rien fait ! protesta celui-ci, en riant malgré tout.

– C'est pour ça que c'était une vraie tarte surprise !

En quelques secondes, les tartes restantes se mirent à voler dans toutes les directions. Quand Sapotille s'aperçut que Charly avait réussi les siennes, elle lui reprocha :

– Tu as encore fait de la magie intuitive, pas vrai ?

Sous cette couche de crème, impossible de voir si elle fronçait les sourcils, mais c'était probable.

– Presque pas, répondit Charly.

De fait, ce n'était pas uniquement de l'intuition comme lorsqu'il repoussait les algos, il avait bien utilisé la rune. Tout en se baissant pour éviter un vol de tarte, il coula un regard coupable vers son testeur. Et sentit la panique arriver au galop.

– Sapotille ! cria-t-il. C'est nous qui faisons ça ?

Les deux lierres poussaient à une vitesse folle. Soudain, les pots de terre explosèrent sous la pression des racines. D'énormes branches escaladèrent les murs et le plafond de la cuisine.

– Non, c'est pas nous, dit Sapotille d'une voix blanche.

27
La protection des innocents

Ils ne prirent même pas le temps de se débarbouiller et foncèrent vers la fenêtre pour observer la rue.

– Oh, non ! s'écria Sapotille.

Devant la porte d'entrée, il y avait une trentaine de miliciens drapés dans leur manteau vert. À leur tête, le capitaine Atravice.

– Ils ont pas l'air sympas, dit June. C'est qui ?

– Des méchants, résuma Charly. Apparemment, on n'a pas été assez discrets quand on est allés chez Maître Lin…

Au même instant, le milicien écarlate leva la main et la porte d'entrée explosa.

– Courez ! cria Charly. Par la cour, vite !

Charly songea qu'ils fuyaient le seul endroit qui leur offrait une protection et que le Cavalier pourrait lui mettre la main dessus dès qu'il aurait quitté l'enceinte, mais ils n'avaient pas vraiment le choix. L'École était devenue une souricière.

Ils n'eurent de toute façon pas le temps d'atteindre la sortie. Les miliciens s'étaient dispersés dans le bâtiment avec une telle méthode et une telle rapidité qu'ils les cueillirent au détour d'un escalier. Du moins, ils cueillirent June et Sapotille. Plus rapide, Charly avait pris un peu d'avance et ne put que se dissimuler en assistant à la capture de ses amies. June se débattit comme un beau diable, mordant et distribuant les coups de pied avec l'aisance des grands habitués, mais elle fut finalement maîtrisée.

– C'est eux, les gamins qu'on cherche ? Ils ont de la crème partout, impossible de les reconnaître !

– Oui, c'est nous ! clama Sapotille, haut et fort. Espèces de sales cloportes !

Elle veut me laisser le temps de m'enfuir, songea Charly. Tout se crispait en lui, à l'idée que cet immense gâchis était sa faute et qu'en plus June et Sapotille étaient faites prisonnières à sa place. D'un autre côté, contrairement à Charly, elles ne risquaient pas de mourir.

Les miliciens lui tournaient le dos. Sous la couche de crème, June lui renvoya un regard indécis. June n'était pas vraiment tentée par la notion de sacrifice. Après tout, elle était innocente dans cette histoire.

Innocente. Charly songea soudain que, même après sa mort, l'aura de la Chevaleresse restait assez puissante pour empêcher le Cavalier d'apparaître. Et si… Pouvait-il l'invoquer à leur secours ? Il ferma les yeux et se représenta la rune telle qu'il l'avait vue dans l'ouvrage et sur le dallage de la tour. Il ouvrit grande sa paume droite et… rien ne se produisit.

Les miliciens empoignèrent June et Sapotille pour les obliger à descendre les marches.

– Par ici, les morveux !

Charly se hâta de disparaître. Si seulement il lui restait une des papillotes de sa grand-mère ! Il se maudissait de les avoir si vite gaspillées. Il avait atteint le rez-de-chaussée et se glissait dans la cour, tandis que, dans son dos, résonnaient les cris des miliciens :

– On les a ! Prévenez le capitaine !

Le regard de Charly tomba sur la fontaine du Dragon. Un vrai dragon. Et qui n'était même pas mort. Simplement pétrifié de chagrin.

Il se mit à courir en direction de la fontaine. S'il faisait vite, peut-être que…

Il bondit dans l'eau jusqu'à la taille, avança jusqu'au dragon et plaça la paume droite à l'endroit où il avait senti le cœur battre, quelques jours plus tôt. Puis, de toutes ses forces, il pensa à la rune de la Chevaleresse.

Deux secondes s'écoulèrent, durant lesquelles il eut le temps de désespérer. Ça n'avait pas marché.

Mais alors un souffle lui glaça l'échine. Il leva les yeux et se retint de hurler. La dragonne était réveillée et le regardait de ses grands yeux pétrifiés. Elle émit un grognement encourageant tout en déroulant sa queue.

– C'est…, commença Charly, … pardon de vous avoir réveillée, mais les miliciens sont en train d'emporter mes deux amies et elles sont innocentes… Et vous, vous êtes Ignès, le familier de la Chevaleresse, alors…

La dragonne gronda, ou plutôt grommela. Charly la vit étendre mollement ses ailes, comme un très vieux chat qu'on aurait dérangé pendant sa sieste. Elle roula le cou lentement d'un côté, puis de l'autre… Étendit ses ailes comme pour chasser un long engourdissement.

– Vous êtes très belle, dit Charly parce qu'il voulait l'encourager et que les compliments étaient un réflexe chez lui.

Charly jura la voir sourire. Soudain, elle l'attrapa par le col, le jeta sur son dos et s'élança.

– AAAAAH ! hurla Charly, en se rattrapant tant bien que mal aux écailles.

Elles étaient rugueuses comme de la pierre et lui écorchaient les mains, mais il tint bon.

– Tout droit, cria-t-il à Ignès. Ils doivent passer par la tour pour ressortir !

Elle entra par la fenêtre du premier étage qu'elle fracassa sans scrupules. Charly serra les dents quand il sentit les éclats de verre lui taillader le visage.

Les miliciens étaient tous dans le hall. Le capitaine Atravice faisait face aux deux adolescentes. De la paume de la main, il venait de débarbouiller grossièrement Sapotille. Ses ongles lui avaient griffé la joue au passage. Il n'eut pas le temps de s'occuper de June. À cet instant, la dragonne plongea sur eux.

Plusieurs miliciens eurent le réflexe de jeter des algos qui empêtrèrent les ailes d'Ignès. Accroché à son dos comme il le pouvait, Charly s'apprêtait à l'en débarrasser, mais la dragonne battit des ailes et brisa les mailles des sortilèges aussi facilement que s'il s'était agi d'une toile d'araignée. Elle saisit June et Sapotille entre ses griffes. Puis elle remonta vers les hauteurs et les projeta sur le palier du premier étage, avant d'envoyer Charly les rejoindre d'une culbute. Après quoi, elle bondit vers les miliciens en rugissant.

On entendit des hurlements. Quand Charly se releva pour voir ce qui s'était passé, tous les miliciens s'étaient enfuis. Certains avaient manifestement été blessés, eu égard aux traces de combats et aux vêtements déchirés qui parsemaient le sol, cependant tous avaient décampé. La dragonne, elle, feulait de rage devant la porte sans en franchir le seuil.

Elle ne peut pas quitter l'endroit, comprit Charly.

Finalement, après quelques rugissements qui tenaient lieu de menaces, la dragonne s'éleva dans les airs et repartit par où elle était venue, frôlant les adolescents sans faire davantage attention à eux.

– Elle était magnifique ! dit Charly en la voyant se recoucher à sa place, dans la fontaine.

– Comment as-tu fait ça ? l'interrogea Sapotille, stupéfaite.

Charly lui raconta brièvement.

– Cette École est vraiment dingue, conclut June.

– Les dragons sont immortels, sauf si on les tue, expliqua Sapotille. Quand ils sont très vieux ou malades de chagrin, ils se pétrifient. C'est vraiment une chance que tu aies réussi à faire intervenir Ignès.

– J'ai visé le cœur.

Sapotille murmura entre ses lèvres :

– C'est ta grande spécialité.

Toutefois Charly n'était pas certain de l'avoir bien entendue, car June bondissait autour d'eux en piaillant :

– Non, mais c'est ça la magie ? Mais c'est hyper dangereux, en fait ! Même si le dragon était cool, faut reconnaître ! Par contre, ces types étaient complètement tarés ! Sérieusement, ils ont le droit de faire ça ? Il faut les enfermer ! C'est qui, la police, dans votre monde bizarre ?

– Eh bien, c'est eux…, répondit Charly en se penchant vers la fenêtre.

Ils observèrent les miliciens ramasser leurs blessés et finalement disparaître.

– Ils vont revenir, dit Sapotille. Et ils trouveront un truc pour arrêter les dragons, cette fois-ci.

– Oui, bon, à chaque jour suffit son foutoir, dit June. Moi j'ai eu ma dose. La voie est libre, je rentre.

Et elle partit en carrant les épaules, prête à encaisser les prochains coups et, surtout, à les rendre.

28

Sacrifice

Le lendemain, Césaria Vernier piqua une colère homérique quand elle s'aperçut que la grande porte d'entrée et la fenêtre du hall avaient été vandalisées. En revanche, personne ne remarqua que le dragon de la fontaine avait changé de position. Deux, trois élèves lui jetèrent tout au plus des regards suspicieux et confus.

Plus tôt dans la matinée, *Le Temps des magiciers* était arrivé complètement trempé. Il avait affronté la pluie, au point d'en devenir une bouillie de papier. L'article principal était cependant encore lisible : « *LES FUYARDS RETROUVÉS ET SUR LE POINT D'ÊTRE APPRÉHENDÉS.* » Sous l'article, il y avait leur photo. Charly avait crispé le poing droit. Combien de temps tiendraient-ils encore avant que la milice ne parvienne à les déloger d'ici ? Mandrin ne devait surtout plus quitter l'enceinte de l'établissement et Charly le gardait désormais dans son chapeau.

Un autre article annonçait le procès de Maître Lin. Les places pour y assister se vendaient fort cher et la Guilde des Boutiquiers s'était désengagée de ses faits et gestes, ne voulant surtout pas être mouillée dans l'affaire.

En attendant un éventuel appel de leur maître, Charly avait confié son face-à-main à Sapotille qui lui jetait des regards furtifs toutes les dix secondes. Ils étaient descendus dans la cour, au milieu des autres collégiens, pour reprendre un peu le pouls de la normalité. Noyée sous ses cheveux, ses lunettes et son gigantesque pull, Sapotille broyait du noir.

– Ta grand-mère a vraiment tout fait pour te protéger. Même le coup du dragon, je suis sûre qu'elle l'avait prévu.

Charly perçut son amertume. Elle-même avait toujours dû se débrouiller toute seule. Il tenta de la réconforter :

– Toi, tu as Maître Lin. Il te préparait au concours d'Élémenter…

– C'est vrai. Mais il ne voulait pas qu'on soit trop proches, non plus. Il ne m'a jamais proposé d'habiter chez lui, même si c'est plus ou moins lui qui m'a conseillé cet endroit. Alors que toi… il n'a pas hésité une seconde avant de tout sacrifier pour toi.

Elle laissa passer un silence avant d'ajouter :

– Il ne l'aurait pas fait pour moi. Tu es plus important.

Elle avait essayé de dissimuler l'affliction dans sa phrase, mais y avait échoué. *Sapotille était toujours toute seule*.

– Je suis vraiment désolé de t'avoir entraîné dans mes ennuis, dit-il en posant une main douce sur son épaule.

Sapotille eut un geste vague, comme pour chasser ses excuses :

– Ça va. Pour les ennuis, je ne t'avais pas attendu.

Elle était du genre revêche, toujours recroquevillée autour de ses secrets, et Charly n'avait pas osé l'interroger sur son passé jusqu'ici. Pourquoi vivait-elle seule dans l'École ? Pourquoi son insigne était-il truqué ? Et pourquoi était-elle obsédée à ce point par l'idée d'être la meilleure ? Il ouvrait la bouche, décidé à poser au moins une question, quand les haut-parleurs crépitèrent :

– À l'intention de toute l'École des Allumettes Hurluberlu ! Élèves, ouvrez grandes vos esgourdes : petite charade surprise ! Pour les enjeux, euh… on verra ça plus tard, pour le moment, je n'ai pas d'idée.

Charly eut un éclat de rire sec comme une brisure de noisette. Même si sa mère l'avait oublié, au moins elle n'avait pas changé.

– *Mon premier est immense, mon second n'est pas plein, cette École est mon troisième, mon tout est mon désir du moment.*

Charly vit Sapotille se pincer les lèvres et retenir sa réponse.

– Tu as trouvé ? s'étonna-t-il. Tu es extraordinaire !

Sapotille rougit, flattée.

– Géant-vide-hantée, lâcha-t-elle du bout des lèvres. « J'ai envie d'un thé. »

Charly fronça les sourcils :

– Notre École est hantée ?

– Au moins par un dragon et un peu par la Chevaleresse aussi, puisque son aura est toujours présente.

– C'est curieux que ma mère soit au courant.

– Si tu l'interroges, elle te dira qu'elle plaisante. Mais au fond d'elle, elle sait. La magie n'efface les choses qu'en surface. Bon, tu vas le lui faire, ce thé ? Dépêche-toi si tu veux avoir une chance de gagner. De toute façon, ça nous ronge les nerfs d'attendre sans rien faire.

Charly hocha la tête, puis se précipita vers la cuisine. Sans enjeu précis, ses camarades étaient peu motivés et il n'avait pas beaucoup de concurrence. Seule une autre fille avait déjà commencé à préparer un plateau. Charly se hâta de sortir une tasse et de mettre de l'eau à bouillir. Habitué aux frasques de la directrice, le personnel de la cuisine les laissa fouiller où ils le voulaient, leur demandant simplement de ne rien déranger.

Tandis qu'il remplissait une boule à thé, Charly eut une pensée pour Maître Lin. L'Académie n'avait pas l'air de vouloir faire durer les choses. À l'heure qu'il était, le procès était peut-être terminé. Anasthème avait-il pu lui transmettre un miroir ?

Il porta le thé jusqu'au bureau de sa mère en courant. La fille le précédait de quelques mètres. Elle allait aussi vite que possible en essayant de ne pas se brûler et arriva trois bonnes secondes avant Charly. Malgré tout, Césaria l'ignora superbement pour s'adresser à son fils :

– Félicitations, Charly ! Vous avez gagné !

– Hein ? protesta la fille. Mais c'est pas juste !

– Vous remportez le privilège de passer un moment avec moi pendant que je bois mon thé, puis d'aller faire ma vaisselle.

– Oh bon, d'accord, j'ai perdu, admit la fille avant de battre en retraite.

Charly et sa mère s'assirent dans le bureau face à face. Césaria n'arrêtait pas de froncer les sourcils comme si elle était incapable de s'éclaircir les idées. Finalement, Charly brisa le silence :

– Dame Mélisse va bien ?

– Ma mère ? Mais comment est-ce que vous… ?

Une fois encore, Césaria parut confuse, puis elle se reprit :

– Pour être honnête, ça n'est pas l'idéal. J'ai l'impression que son état de santé s'est dégradé ces derniers jours. Elle a l'air encore plus triste qu'avant.

– Essayez de lui donner des madeleines, peut-être. Je suis sûr qu'elle adore ça.

Césaria réfléchit, puis déclara :

– Je vais le faire, merci du conseil. Au fait, vous n'êtes pas venu en cours, hier. Vous avez un mot de vos parents ?

Charly écrasa une pointe de tristesse dans son poing.

– Je vous apporterai ça très bientôt.

Sa mère le garda encore de longues minutes dans son bureau, discutant de tout et de rien, buvant son thé à toutes petites gorgées. *Je lui manque*, finit par comprendre Charly. *Elle n'en a même pas conscience, mais je lui manque*. La magie n'effaçait les choses qu'en surface, avait dit Sapotille. Soudain, il se leva pour enlacer sa mère.

– Vous êtes bien familier, jeune homme, lui dit-elle, surprise.

Cependant, elle avait l'air contente.

Quand Charly quitta les lieux, son moral était un peu remonté. Les cours avaient déjà repris, malgré tout il était à peu près certain que Sapotille ne s'y était pas rendue. Il monta vers la coupole au sommet de la tour et entendit alors ses cris :

– Arrête ! Par pitié, arrête !

Il se précipita et ouvrit la porte pour tomber sur June qui bondissait partout en tripotant les affaires de Sapotille les unes après les autres.

Et ça, qu'est-ce que c'est ?

– Arrête de toucher à tout !

Elle lui arracha des mains la photo de ses parents et se tourna vers Charly :

– Tu pourrais dire à ton amie qu'elle est vraiment…

Au même instant, il y eut un bruit de caillou percutant la surface d'une mare. Sapotille se précipita vers le face-à-main qu'elle avait laissé sur son lit.

– Fais-la sortir, dit-elle à Charly en désignant June. Ce que va dire Maître Lin ne la regarde pas !

Charly fit sortir son amie de la pièce à grand-peine, tandis que Sapotille restait seule avec le miroir.

– Maître Lin ? appela-t-elle, c'est vous ?

Une voix chuchotante lui répondit :

– Ma chère Sapotille, comment te portes-tu ? Je te remercie mille fois pour le peigne. J'ignore comment j'aurais fait sans toi.

– En fait, c'est grâce à Charly.

De retour dans la chambre, Charly se pencha sur le miroir et vit Maître Lin rejeter ses cheveux en arrière. Ils étaient peignés, mais sales. Et bien que Maître Lin persistât à jouer les coquets, ses joues étaient creuses et blêmes.

– Merci pour le thé aussi, ajouta-t-il. Ce n'est pas mon parfum préféré, mais vous avez fait de votre mieux, j'imagine.

Sapotille ne se laissa pas prendre au jeu de la condescendance et demanda d'une voix qui tremblait :

– Vous avez été condamné ?

– Oui, ils me dépouilleront de ma mémoire dans trois jours.

Sapotille se mordit les lèvres. Maître Lin reprit :

– Et vous ? Vous êtes en sécurité ?

Charly prit la parole pour lui raconter tout ce qui s'était déroulé depuis leur fuite. Il préféra passer sous silence cette histoire de magie intuitive, ainsi que l'initiation de June. Maître Lin grimaça en entendant que la milice savait désormais où ils se trouvaient, mais ne fut pas surpris outre mesure du réveil de la dragonne.

– Dame Mélisse savait ce qu'elle faisait en installant une école dans ces lieux.

– Elle savait que la dragonne se réveillerait ? s'étonna Charly, sceptique.

– Peut-être pas… Mais elle devait espérer une réaction du bâtiment.

De son côté, Sapotille n'avait pas oublié la raison de leur conversation :

– On voudrait trouver un moyen de vous aider, mais comment… ?

Il y eut un silence, puis Maître Lin eut un geste élégant de la main, comme pour chasser un sujet superficiel :

– Occupons-nous plutôt de vous. Si la milice vous a trouvés, alors ils doivent surveiller les lieux. Vous ne pouvez plus sortir.

Il leur posa une série de questions, en particulier sur le dragon.

– Je ne pense pas qu'Ignès affronterait le Cavalier, dit finalement Charly. Après tout, ce n'est pas lui qui m'a tué. Il ne veut que récolter son dû.

– Et les Allégories ne se battent pas entre elles, ajouta Maître Lin. Abandonnons cette piste. En revanche, y a-t-il une chance de convaincre ce dragon de vous emporter loin d'ici ? Les dragons sont capables de déchirer la trame, ça vous rendrait difficile à pister.

Charly secoua la tête.

– Je ne crois pas qu'Ignès puisse ou veuille sortir d'ici. Elle fait en quelque sorte partie des murs. Comme un fantôme…

Maître Lin parut hésiter, puis demanda :

– Est-ce que tu connaîtrais un moyen de faire venir ta grand-mère dans cet endroit ?

– Peut-être…, répondit Charly qui essayait de comprendre où Maître Lin voulait en venir.

– Il y a une chose que tu dois savoir. Tant que le Cavalier n'a pas fini de récolter une âme, il en porte les morceaux sur lui. Ce que je veux dire, c'est que tant que ta grand-mère sera en vie, le Cavalier détiendra ses souvenirs dans le sablier qu'il porte à sa ceinture. Si tu trouvais un moyen de le briser près de ta grand-mère, elle retrouverait la mémoire.

Charly sursauta :

– Vous ne pouviez pas me le dire plus tôt ?

– Et pour quoi faire ? Tu crois que j'imaginais une seule seconde que le Cavalier allait t'attaquer ? J'étais convaincu d'être sa cible et je n'avais pas l'intention de me sacrifier. Si je te révèle cette information aujourd'hui, c'est que la donne a sensiblement changé.

Sapotille intervint alors. Elle était manifestement perplexe.

– Mais Dame Mélisse n'est pas capable d'arrêter le Cavalier ! Comment est-ce qu'on va faire, quand il sera là ?

Il y eut un silence, durant lequel Charly sentit une chape de plomb lui tomber sur le cœur. Il avait compris.

– Maître Lin sait qu'elle ne pourra pas me sauver deux fois, expliqua-t-il d'une voix douce.

Maître Lin le regarda gravement.

– Les choses ne se sont pas tout à fait passées comme je le souhaitais, désolé. Si seulement ta grand-mère nous avait mis dans la confidence… Enfin, j'imagine que nous l'aurions empêchée de signer ce pacte et qu'elle le savait.

Charly hocha la tête.

– La maison brûle, il faut au moins sauver les meubles.

– Dame Mélisse sert une cause importante. Si tu parviens à lui rendre ses souvenirs, elle échappera à la milice sans souci et elle pourra peut-être emporter Sapotille.

Charly sourit péniblement.

– Vous n'avez pas besoin d'arguments pour me convaincre, vous savez ? C'est ma grand-mère. Elle a déjà trop sacrifié pour moi, il est temps que je lui rende ce que je lui dois.

Près d'eux, Sapotille ouvrait et fermait la bouche comme un poisson choqué :

– Mais… Mais non ! On ne peut pas faire ça ! Et Charly, il…

Charly posa une main apaisante sur son poignet.

– J'ai déjà eu cinq ans de répit. C'est pas si mal.

Maître Lin avait l'air sincèrement embarrassé.

– Vous pouvez peut-être attendre encore quelques jours…

– Je ne crois pas qu'on ait quelques jours. Dans le journal, la milice a déclaré qu'elle était sur le point de nous appréhender.

Maître Lin se massa la racine du nez. Il semblait soudain que la fatigue et le désespoir le rattrapaient.

– Quand tu es venu me voir, je n'avais pas le temps de m'occuper de toi. Surtout avec toutes les révélations que tu m'apportais. Et puis, ce n'était pas très élégant, mais j'avais envie d'une petite revanche sur ta grand-mère. J'étais furieux qu'elle t'ait donné mon sapeur. Vois-tu, ce chapeau est très spécial. Tu as déjà dû remarquer qu'il n'avait pas de fond. Mais la partie la plus intéressante, c'est qu'on peut…

Juste à cet instant, il y eut un bruit de ferronnerie

lourde. Charly et Sapotille virent Maître Lin esquisser un geste furtif, puis tout devint noir. Maître Lin avait caché le miroir.

Une voix s'éleva :

– On t'a amené un copain. Un trafiquant d'insignes de Patouilleurs. Z'allez vous entendre !

– Vous enfermez vraiment n'importe qui dans cette prison, rétorqua Maître Lin. *Vraiment n'importe qui*. Je suis sûr que vous pourriez même y boucler une Allégorie.

– C'est toi qui vas la boucler ou je t'en colle une !

Puis, le miroir se brouilla et il n'y eut plus un bruit. Sapotille et Charly échangèrent un regard. Ils avaient parfaitement compris que les derniers mots de Maître Lin leur étaient adressés.

– Ça ne va pas du tout être facile, prédit Sapotille.

*

Ce n'était pas de chance. Au menu du déjeuner, il y avait encore des épinards en boîte. Après leur conversation avec Maître Lin, Charly et Sapotille s'étaient installés côte à côte au réfectoire, pour discuter devant leur assiette verdâtre. Si être de bonne humeur restait la moindre des politesses aux yeux de Charly, il trouvait l'exercice de plus en plus difficile. Tout en tripatouillant le fond de son assiette avec sa fourchette, il songeait que c'était peut-être son dernier repas de condamné et qu'il aurait tout de même préféré des apocachips, ou n'importe quoi qui n'aurait pas eu ce goût de métal pourri.

Au même instant, Mandrin tenta une sortie hors de son chapeau. Charly lui fit comprendre que ce n'était pas le moment et le matou se le tint pour dit.

– Si le Cavalier m'emporte, demanda soudain Charly, que deviendra Mandrin ?

Sapotille mâchonna longuement ses épinards avant de répondre. À croire qu'ils avaient la consistance de mots compliqués.

– En général, les familiers ne survivent pas au décès de leur maître. Sauf les dragons, qui se pétrifient de chagrin. Mais pour les chats… Je ne sais pas. Les chats sont des créatures foncièrement égoïstes, alors peut-être que ça ira très bien pour Mandrin.

Un poids supplémentaire s'ajouta aux épaules de Charly. Soudain, Sapotille posa sa fourchette sur la table.

– Il faut qu'on arrête de penser comme ça. On a les moyens de gagner. On sauvera ta grand-mère, on enfermera le Cavalier dans le chapeau et après, ta grand-mère nous sauvera de la milice. Comme il n'y aura plus de Cavalier, ils ne pourront pas mitardiser Maître Lin. On ira le sauver et voilà. C'est exactement comme ça que ça va se passer.

Charly approuva un si bel effort d'optimisme et se prit au jeu :

– Récapitulons. Le Cavalier ne peut pas entrer ici, sauf si on l'y invite. Il faut donc qu'on l'invoque. Tu crois que tu en es capable ?

Sapotille hocha gravement la tête.

– Parfait, poursuivit Charly. Une fois qu'il sera là, il

sera affaibli par les pouvoirs de la Chevaleresse. Il suffira alors qu'on lui vole son sablier et qu'on le brise. Ma grand-mère sera présente et…

– Ça, c'est la partie du plan qui pose souci, l'interrompit Sapotille. Comment peut-on faire venir Dame Mélisse ici ? Tu crois que tu pourrais convaincre ta mère ?

Charly secoua la tête en signe de négation, puis :

– June, dit-il. Je peux demander à June.

Sapotille eut une moue sceptique :

– Elle n'est pas très fiable, ton amie, si ?

– Elle est très fiable pour faire des bêtises. Je vais lui demander de kidnapper une vieille dame. Ça va lui plaire.

Au même instant, un plateau atterrit brutalement sur la table à côté d'eux. Au-dessus du plateau, June avait sa tête des mauvais jours :

– Dis donc, j'en ai un peu marre que tu m'ignores pour passer tout ton temps avec Miss Intello ! Fais gaffe, elle va avoir mauvaise influence sur toi et tu finiras premier de la classe !

– Je vais avoir besoin de toi, répondit Charly.

– Sans blague ! Tu crois vraiment que tu peux me flanquer à la porte et me rappeler pour t'aider quand ça te chante ? Mais va mourir, mon vieux !

Charly ravala sa grimace et reprit :

– C'est pour faire la plus grosse bêtise de toute ta vie. S'ils l'apprennent, tes parents seront furieux.

June eut un grand sourire.

– Pourquoi est-ce que tu n'as pas commencé par là ?

Ils débattirent sur la façon de procéder. À dire vrai, ce fut bref et ce fut surtout Charly qui insista pour évoquer les détails. June, elle, avait déclenché une bataille d'épinards, sous le prétexte qu'il n'y avait rien d'autre à faire avec une substance aussi répugnante.

– Quand je pense que j'avais peur qu'elle nous réclame trop d'informations, murmura Sapotille en se baissant pour éviter un projectile.

Ils abandonnèrent June à ses épinards et quittèrent le réfectoire. Sapotille poursuivit l'évocation de son plan :

– Une fois que ta grand-mère aura récupéré ses souvenirs, on enfermera le Cavalier dans le sapeur de Maître Lin et le tour sera joué.

– Simple comme bonjour, ironisa Charly. Et est-ce que tu sais comment convaincre le Cavalier de se laisser enfermer ? Je n'ai jamais essayé de glisser des choses plus grandes que l'ouverture dans ce chapeau… Je ne sais pas si c'est possible. Maître Lin ne s'attend quand même pas à ce qu'on trouve le moyen de faire rétrécir le Cavalier, si ?

Ils avaient grimpé les escaliers de la tour, contourné les pancartes « Attention, danger » et « Recule, crétin.e, tu vas passer à travers ». Finalement, ils entrèrent dans la chambre. Sapotille tendit une main décidée vers Charly.

– Donne-le-moi.

Charly lui abandonna son sapeur qu'elle examina avec attention. Elle glissa son bras tout entier et fut bloquée à l'épaule. Au même instant, Mandrin exigea de sortir et bondit sur le parquet. Sapotille le regarda, songeuse, le chapeau toujours à la main.

– Je crois qu'il y a un truc avec la bordure…, murmura-t-elle. Mandrin n'a jamais eu de mal à rentrer dedans, pas vrai ?

– Non, mais c'est un chat. Il se faufile partout.

– C'est un gros chat, quand même. Il devrait… je ne sais pas, accrocher sur les bords…

Elle posa le chapeau par terre, à l'envers.

– Qu'est-ce que tu fais ? demanda Charly.

– Je vais essayer de faire comme ton chat. De ton côté, essaie de m'empêcher de sortir pendant au moins dix minutes.

– Attends, c'est peut-être dange…

Trop tard, Sapotille avait sauté dans le chapeau, qui l'avait immédiatement avalée.

– … reux, finit Charly.

Il s'était attendu à voir son chapeau transformé en galette et était très étonné de cette disparition. Mentalement, il exigea que son sapeur se referme et vit bientôt le fond réapparaître. Il regarda sa montre et commença à se ronger tranquillement les sangs en suivant du regard le décompte des secondes.

Mandrin miaula et vint se frotter à ses jambes.

– Si même toi tu t'inquiètes…, murmura Charly.

Il s'assit sur le lit et laissa ses yeux courir sur la chambre de Sapotille. La photo de ses parents, en tenue de mariés sur leurs balais, l'intrigua un moment. Ils avaient l'air très amoureux. Encore neuf minutes.

Il s'amusa à essayer de compter les boîtes d'allumettes qui s'entassaient le long du mur. Il y en avait vraiment beaucoup et, au bout de la deux cent cinquantième, il finit par s'emmêler les pinceaux. Encore quatre minutes.

Il caressait maintenant son chat qui essaimait des poils partout, tout en lorgnant la bibliothèque. À y regarder de près, il y avait assez peu de livres de magie. À présent, il en savait suffisamment sur le monde magicier pour savoir qu'ils coûtaient très cher. Pour compléter ses étagères, Sapotille s'était donc procuré des dizaines de romans. Sans doute qu'elle adorait lire. Sans doute qu'elle se tenait chaud avec ces histoires. Sans doute que leurs personnages l'aidaient à repousser les murs de sa solitude. Encore une minute.

Charly passa devant la fenêtre qui donnait côté rue et y jeta un regard distrait. C'est à cet instant qu'il se figea net. Le Cavalier se tenait raide sur les pavés de la rue et avait le visage levé vers lui.

La Mort le regardait droit dans les yeux et c'était un regard qui avait des allures de promesse.

Ce n'est qu'un ennemi à vaincre, tâcha de se convaincre Charly. Mais il sentait déjà le froid lui mordre le cœur. Il se força à reprendre son souffle.

Le temps était écoulé. Il rouvrit mentalement son chapeau et Sapotille en jaillit. Comme Charly avait mal anticipé son retour, elle lui tomba directement dans les bras. Il s'éloigna rapidement, embarrassé de lui avoir imposé un tel contact. Sapotille était hors d'haleine et avait les joues rougies par l'effort.

– Alors ? demanda Charly. Je me faisais du souci…

Elle écarquilla les sourcils, comme perplexe à l'idée qu'on puisse s'inquiéter pour elle.

– J'ai fait tout ce que j'ai pu pour sortir, reprit-elle. Rien à faire tant que tu as maintenu la porte fermée. Évidemment, le Cavalier est beaucoup plus puissant que moi, mais… C'est bon signe.

– C'est comment à l'intérieur ?

– C'est… un autre endroit. Mais je ne suis pas partie en exploration, je n'ai pas voulu m'éloigner de la porte.

La sonnerie retentit à cet instant. Sapotille se tourna vers Charly.

– Tu veux aller en cours ?

Charly hésita. Combien de temps lui restait-il encore à vivre ? Avait-il vraiment une chance de s'en sortir ? Voir le Cavalier avait refroidi ses maigres espoirs. Il lança un nouveau regard à travers la fenêtre : le Cavalier avait disparu, sans doute appelé ailleurs par sa sombre mission.

– Je ne sais pas ce qui va se passer dans les prochains jours, mais j'ai l'impression que ce sera peut-être mon dernier cours de mathématiques. Ça devrait lui donner une saveur particulière, non ?

– La routine, c'est rassurant quand on a des ennuis, approuva Sapotille. Va pour les mathématiques. De toute façon, je pense qu'on a quelques jours pour mettre au point le plan parfait.

Ils n'eurent pas quelques jours.

29

Vulnerant omnes, ultima necat

Il était dix-huit heures.

Tous les collégiens étaient partis, même June qui s'était lancée dans une bouderie de compétition quand Sapotille avait dit qu'elle avait mieux à faire que jouer les professeurs ce soir-là.

– De toute façon, tu n'écoutes rien, avait-elle ajouté.

– Bah non. Et puis quoi encore ?

June avait fini par quitter l'établissement en maugréant qu'elle allait faire une énorme bêtise pour compenser et que ce serait leur faute. Quelques minutes plus tard, Charly avait vu sa mère traverser la cour pour quitter les lieux sans se préoccuper de lui et il avait eu un drôle de pincement au cœur.

M. Georges était en arrêt de travail et personne ne s'était soucié de lui trouver un remplaçant, comme si on s'était douté que l'établissement était capable de prendre soin de lui tout seul. Maintenant qu'il en savait plus long, Charly y voyait l'empreinte diffuse de la magie.

Assise à son bureau, Sapotille épluchait un livre de sortilèges et recopiait soigneusement dans son grimoire la rune d'invocation du Cavalier.

– Je dois l'avoir parfaitement en mémoire, expliqua-t-elle. Je ne veux surtout pas risquer de me tromper.

La seconde d'après, elle faisait une énorme bavure, secouée par une violente explosion. Tout le bâtiment avait tremblé.

– Qu'est-ce que c'est que ça ? s'inquiéta Charly.

Une nouvelle explosion retentit.

Depuis le dôme, la vue sur la rue était parfaite. Ils se penchèrent à la fenêtre et reculèrent immédiatement quand ils aperçurent la vingtaine de miliciens alignée devant l'École, la main gauche tendue en avant. Près d'eux se tenait la silhouette sombre du Cavalier, comme un affreux présage.

– Main gauche levée, c'est pas bon, traduisit Sapotille. Ils utilisent leurs algos de combat. Quand ils arrivent à les lancer tous ensemble, ils peuvent démolir n'importe quoi.

Mais Charly avait déjà compris :

– Ils ne peuvent pas pénétrer dans l'École, alors ils la détruisent.

Sapotille leva les yeux comme pour évaluer la solidité des lieux.

– La Chevaleresse avait mis en place une protection vraiment puissante, alors ça devrait tenir un moment.

– Plusieurs jours ?

– Peut-être pas puissante à ce point. Je dirais qu'on a quelques heures. Avec un peu de chance.

– On va devoir faire ça ce soir, alors.

– Mais… on n'est pas prêts !

Il y eut une nouvelle explosion, et du plâtre se détacha du plafond. Charly leva un sourcil.

– OK, admit Sapotille. On n'a pas le choix. Je vais préparer l'invocation dans la cour.

– Je m'occupe de ma grand-mère.

Tandis que Sapotille ramassait ses livres, Charly s'élança vers le bureau de sa mère. Elle n'avait pas encore fait réparer la serrure et il put y entrer sans souci. Césaria abandonnait chaque soir son portable de travail sur ses dossiers, arguant qu'elle n'était pas une esclave qu'on pouvait joindre à n'importe quelle heure et que d'ailleurs, elle avait peinture. En réalité, elle n'avait jamais aimé la technologie. Charly s'empara donc de son téléphone et composa le numéro de June. *Décroche, décroche !* suppliat-il mentalement.

– Ouais, quoi ? fit une voix molle au bout du fil.

– C'est Charly.

– Et alors ?

– Alors ce dont nous avons parlé ce midi, c'est maintenant ! Je t'en supplie ! Va chercher ma grand-mère !

– J'aime qu'on me supplie. Non, mieux que ça : flattemoi ! T'es le champion du compliment, pas vrai ?

– June, j'ai pas le temps, là !

– Mais moi non plus, mon vieux ! Je suis en train de forcer la porte d'un ciné et la séance commence dans cinq minutes.

Charly soupira, puis se résigna :

– J'ai toujours admiré ta façon de t'affranchir des règles. Parfois, tu exagères, mais tu n'aimes pas faire du mal à qui que ce soit et c'est important pour moi. Même quand tu passes les bornes, tu le fais au nom de l'humour. Tu te moques de tout ce qui est important et c'est ça qui est important, parce que la légèreté est la seule chose qui se place entre nous et le désespoir.

Lorsque Charly acheva sa tirade, il y eut un silence de quelques secondes, puis June déclara :

– De toute façon, j'avais pas envie de voir ce film. Donne-moi vingt minutes.

Et elle raccrocha.

Vingt minutes, songea Charly. Ça laissait peu de temps pour organiser une diversion. Il rangea le téléphone de sa mère dans sa poche et jeta un coup d'œil vers la cour. En plein milieu, Sapotille avait commencé à tracer une gigantesque rune à la craie. Quoiqu'elle eût la main sûre, elle s'aidait de règles et de compas géants utilisés d'ordinaire en cours de géométrie.

Charly ne la déconcentra pas et courut à la cuisine. Vu la quantité d'adolescents qu'il fallait nourrir chaque jour, cette dernière était plus taillée pour la boustifaille industrielle que pour la haute gastronomie. Sapotille lui avait dit qu'elle désespérait parfois devant le manque de produits de qualité. Mais pour une fois, ce serait un atout. Il dénicha trois bombes de crème chantilly dans le frigidaire et une trentaine de mauvais fonds de tarte, roulés dans leur plastique.

Ce serait probablement les tartes-chercheuses les plus infectes de l'histoire de la magie, mais tant pis.

Tandis que la pâte cuisait, il découpa trente morceaux de papier et écrivit dessus.

Vingt-deux minutes plus tard, la sonnerie du téléphone se fit entendre du fond de sa poche. C'était June qui s'adressait à lui d'une voix assourdie.

– Je suis avec ta grand-mère, mais les types super louches d'hier sont revenus. Ils font une espèce de salut bizarre, on dirait une secte.

– Tiens-toi prête, lui répondit Charly. À mon signal !

Il ouvrit la fenêtre et enfonça le premier papier dans la tarte recouverte de crème. Celle-ci lévita doucement et fonça en direction du milicien écarlate, sur la face duquel elle s'écrasa dans un SPLASH très satisfaisant.

Capitaine Atravice. C'était le seul nom que Charly connaissait. C'était donc le seul qu'il avait inscrit sur les papiers. Un escadron de tartes s'envola par la fenêtre et fusa en direction du capitaine Atravice.

– Fonce, June ! hurla Charly au téléphone.

Tandis que les miliciens s'affairaient autour de leur chef, tâchant de repousser cette horrible attaque de crème industrielle bon marché, Charly vit un scooter passer en trombe par la porte défoncée de l'établissement. Dessus, il y avait deux silhouettes casquées. L'une d'elles portait un châle coloré qui flottait au vent.

Charly se précipita. June avait avancé son scooter jusque dans la cour où elle faisait à présent descendre Dame Mélisse.

– Tout s'est bien passé ? demanda Charly.

– À la perfection, répondit June. On s'est super bien entendues et elle était toute contente de venir faire un tour. Pas vrai, Estelle ?

En réponse de quoi, la vieille dame se mit à glousser comme une petite fille qui vient de jouer une bonne farce. À quelques mètres d'eux, Sapotille achevait de tracer les derniers éléments de sa rune.

– Je peux avoir une explication ? demanda June.

– Je ne suis pas sûr qu'on te rendrait service en te tenant au courant…

Il s'interrompit. Maître Lin l'avait maintenu dans l'ignorance, lui aussi. Où en seraient-ils aujourd'hui s'ils avaient mieux partagé leurs informations ? Tout cela aurait-il pu être évité ? Probablement pas.

– Tu devrais t'enfuir vite, dit finalement Charly. Ça va devenir vraiment dangereux ici.

– Tu crois que tu vas te débarrasser de moi comme ça ?

Charly s'approcha et lui donna une accolade chaleureuse.

– Merci pour tout.

June se dégagea, plutôt embarrassée.

– Ça va, on n'est pas obligés de se faire des câlins, non plus.

C'est alors qu'une nouvelle explosion retentit, qui fit trembler le sol. Les miliciens avaient réussi à se débarrasser de la crème.

– C'est quoi ça ? paniqua June.

– La première raison pour laquelle tu devrais fuir.

– J'ai fini, déclara Sapotille au même instant.

– Et ça, c'est la seconde raison, dit Charly. Ne repasse pas par la porte. Escalade le mur et sauve-toi.

– Jamais de la vie je laisse mon scooter ici !

Une nouvelle explosion la fit changer d'avis.

– Est-ce que… je vous dis au revoir ou un truc comme ça ?

– Un truc comme ça, répondit Charly.

Il était certain que c'était la dernière fois qu'il voyait son amie.

– Bon courage, dit June.

Elle courut vers le mur et l'escalada avec une virtuosité qui témoignait d'une grande habitude.

Charly la regarda disparaître et s'approcha de sa grand-mère qui paraissait à nouveau perdue.

– On va retrouver ta mémoire, Grand-Ma.

Le mois de novembre les enveloppait de ses bourrasques, et Charly fut soulagé que June ait pensé à couvrir sa grand-mère. Il courut chercher un fauteuil et l'installa le long d'un mur, aussi abrité du vent que possible.

– Je ne crois pas que tu devras attendre très longtemps, dit-il à Dame Mélisse en l'asseyant.

Mais elle n'avait pas l'air de s'impatienter. Au contraire, elle offrait son visage au vent, le buvant à pleins poumons.

Il y eut une nouvelle explosion et une fenêtre se fendit. Sapotille se rapprocha de Charly.

– Je vais commencer l'invocation, dit-elle. À cause de la Chevaleresse, le Cavalier sera affaibli. Donc, tu devrais réussir à lui voler son sablier sans trop d'ennuis.

En théorie. Brise-le et les gemnez reviendront à ta grand-mère. Pendant ce temps, je placerai ton sapeur dans le dos du Cavalier. Et on trouvera un moyen de le faire reculer.

Elle donna un coup de menton en direction de Dame Mélisse :

– J'espère qu'à ce moment-là, ta grand-mère aura suffisamment repris ses esprits pour nous permettre d'échapper à la milice.

– Dit comme ça, ça a l'air simple.

Il lut un début de panique dans les yeux de Sapotille.

– Ça n'a aucune raison de se passer autrement, dit-il pour la rassurer.

Des raisons, il en comptait au moins cinquante.

Il y eut une nouvelle explosion et quelques tuiles s'effondrèrent dans la cour.

– Prêt ?

– Prêt.

Alors Sapotille commença l'invocation.

Charly fit de son mieux pour repousser la peur. Il chassa son émotion dans sa main droite où il l'écrasa nerveusement.

Près d'eux, une dizaine de vitres explosèrent sous les coups de la milice. Du coin de l'œil, Charly aperçut le dragon de la fontaine se redresser, cracher sa rage entre ses dents et se recoucher avec fureur.

C'est au même instant que le Cavalier se matérialisa. Charly vit Sapotille sursauter, comme si elle était stupéfiée d'avoir réussi son incantation. Ils n'avaient qu'une poignée de secondes pour bénéficier de l'effet de surprise.

L'endroit l'affaiblit, se répéta Charly pour se donner du courage. Et il se rua en avant, la main tendue vers le sablier. Il anticipa les mouvements du percheron, prêt à feinter à la dernière seconde… Toute sa musculature était tendue vers cet instant.

Il avait prévu un affrontement. Que le Cavalier se précipiterait sur lui dès son apparition. Qu'il tiendrait cette promesse vieille de cinq ans.

Mais à sa grande consternation, le Cavalier fit faire un quart de tour à sa monture et se jeta sur Sapotille, la faux levée.

– NOOOOON ! hurla Charly.

La faux s'abattit. Elle heurta le front de Sapotille de plein fouet. Aussitôt, celle-ci tomba à genoux, sonnée. Le sapeur de Charly qu'elle tenait à la main rebondit sur le sol et roula, à plusieurs mètres.

Le Cavalier avait cogné avec le manche, pas la lame. Le temps d'une seconde, Charly s'interrogea. Le Cavalier avait-il un code de l'honneur, finalement ?

Mandrin fusa et se précipita vers Sapotille, comme prêt à la défendre. Sapotille tanguait, elle s'écroula lentement sur le côté, étourdie.

Charly n'eut pas le loisir de s'inquiéter de son état. Le Cavalier se tournait vers lui et il savait que le prochain coup de faux lui serait fatal.

Cours ! s'ordonna-t-il.

En une seconde, ses muscles surentraînés réagirent et il s'élança vers l'aile sud du bâtiment. Alors qu'il s'éloignait de son sapeur, il sentit ses vêtements retrouver leur apparence première. Dans son dos, le martèlement des sabots battait la pulsation de son cœur affolé. Si les sabots s'arrêtaient, ce serait pour lui donner le coup de grâce.

Il passa la porte et la rejeta violemment derrière lui. Un escalier. À peine avait-il bondi sur les premières marches qu'il entendit la porte voler en éclats. Aucun répit.

La pulsation poursuivait son rythme effréné. Il avait espéré que l'escalier ralentirait la monture. Ce fut à peine le cas.

Tandis qu'il remontait le couloir, hors d'haleine, il entendit un bruit abominable. Il se retourna. Le Cavalier faisait crisser sa faux contre le mur, ce qui projetait des étincelles. Charly força encore sur ses muscles et atteignit la tour. Il était déjà épuisé.

Soudain, le martèlement des sabots eut comme un hoquet. Le cheval avait trébuché. Charly jeta un nouveau regard derrière lui. Une serpillière entravait les deux membres antérieurs du percheron. Pépouze ! Charly n'eut pas le temps de se réjouir. Le Cavalier fit tournoyer sa faux et la trancha en deux.

Charly avait repris son ascension. *Ce n'était qu'une serpillière*, songea-t-il. Mais il peinait à repousser la décharge de chagrin qu'il avait ressentie. *Ce n'est pas le moment.*

L'escalier trembla violemment. Les miliciens avaient repris leur bombardement. Une énorme fissure lézarda le mur, comme une foudre. *Cette tour va s'effondrer*, songea Charly. Soudain, en pensant à cette gigantesque allumette stylisée que formait le bâtiment, il eut une illumination. *Les allumettes !*

Il avait atteint le dernier étage, et défonça plus qu'il

n'ouvrit la trappe de la chambre de Sapotille. Les murs de boîtes d'allumettes étaient toujours là. Charly en empoigna une et la jeta sur le Cavalier alors qu'il entrait péniblement par la trappe. Paume ouverte, il se remémora la rune d'incandescence. La boîte entière s'enflamma en heurtant son ennemi, dont la cape s'embrasa.

– *Maintenant !* souffla Charly entre ses dents.

Il se propulsa en avant et empoigna le sablier à la ceinture du Cavalier. Un coup sec. L'attache céda. À l'intérieur, les gemnez s'entrechoquèrent. Charly fut surpris de le trouver si lourd. Était-ce le poids de l'âme de sa grand-mère ?

Il y eut un éclat, un reflet de flammes. Par réflexe, Charly se jeta en arrière. In extremis. La faux passa à un cheveu de son visage.

Le Cavalier s'était débarrassé de sa cape. Alors qu'elle brûlait encore, il l'avait jetée sur l'énorme tas d'allumettes. De gigantesques flammes multicolores s'élevaient à présent jusqu'au plafond. L'une d'elles lécha la couverture d'un livre, la trouva à son goût. Un instant plus tard, le feu dévorait la bibliothèque de Sapotille. Tous les livres de magie s'envolèrent en panique, les pages en feu, répandant ainsi l'incendie.

La retraite était coupée. Une épaisse fumée envahissait l'air et Charly se mit à suffoquer. Il recula jusqu'à atteindre la fenêtre du dôme et l'ouvrit. Aussitôt, il respira un peu mieux, mais l'appel d'air attisa davantage les flammes.

Le Cavalier fit un pas dans sa direction. Il n'était pas pressé.

– Tout ça n'est pas dirigé contre toi, mon garçon. Mais tu n'avais aucune chance.

La fenêtre était côté cour. Charly regarda vers le sol, cinq étages plus bas. Sa grand-mère n'avait pas bougé de son fauteuil, tandis que Sapotille avait plus ou moins repris ses esprits. Elle s'était relevée mais peinait à garder son équilibre. Mandrin lui tournait autour et paraissait l'agacer, ce qui était bon signe.

Une nouvelle explosion fit s'écrouler une énorme plaque de plâtre.

– Tu étais condamné depuis le début.

Charly hocha la tête. Au stade où il en était, il ne voyait plus d'issue, mais il pouvait peut-être encore sauver sa grand-mère. Il serra le sablier plus fort dans ses mains et tâcha de le briser sur le rebord de la fenêtre. Une fois. Deux fois. Le verre était solide.

– Tu me crois incapable de récolter ton âme si tu brises mon sablier ?

Charly cacha son sourire. Le Cavalier n'avait pas compris ce qu'il essayait de faire. Il n'avait pas dû voir Dame Mélisse dans la cour. C'est alors qu'il leva une main gantée de noir et traça une rune dans les airs. Charly se crispa mais la rune parut se racornir avant de disparaître. Le Cavalier en fut contrarié.

– Maudite Chevaleresse…

Il fit encore un pas en avant.

– Il est temps d'accepter ton sort, mon garçon. Tu es mort depuis cinq ans déjà.

Encore une explosion. Cette dernière ébranla la tour plus violemment encore que les précédentes. Et

Charly sentit le plancher céder doucement sous ses pieds.

– Je suis mort depuis cinq ans déjà, répéta-t-il, comme s'il venait d'accéder à une révélation essentielle.

Il regarda la Mort droit dans les yeux et répéta une fois de plus :

– Je suis mort depuis cinq ans déjà.

La tour craquait de partout, des moellons de plus en plus énormes se détachaient des murs, le sol s'affaissait rapidement. Charly enjamba la fenêtre et se propulsa le plus loin possible dans les airs. La tour s'effondra alors sur le Cavalier dans un bruit de fin du monde. Charly, quant à lui, s'écrasa violemment cinq étages plus bas.

La douleur explosa dans son corps, comme une éruption de lave.

Près de lui, le sablier se fracassa. Une nuée de perles blanches s'en échappèrent et roulèrent doucement en direction de sa grand-mère.

– Charly ! hurla Sapotille.

Il perçut des boucles de cheveux qui se penchaient sur lui, des sanglots.

Un magicier ne pouvait mourir sans l'intervention du Cavalier. Mais Charly avait sous-estimé la douleur. Si la Mort était venue le cueillir à cet instant, il l'aurait accueillie avec soulagement. Son corps était pulvérisé. Il sentait le sang tiède et poisseux se répandre autour de lui. Il bougea la tête d'un millimètre à peine, mais les éclats de son crâne brisé s'entrechoquèrent horriblement les uns contre les autres. Son souffle chuintait faiblement, il n'avait même plus la force de respirer.

Sapotille n'osait pas le toucher. Il devait être dans un état atroce. Elle hurlait près de lui, mais il ne l'entendait pas vraiment, il s'enfonçait dans un puits de douleur… Sa voix, vaguement, lui parvenait encore :

– Je connais un sort de guérison, peut-être que…

– Si cela ne vous fait rien, jeune fille, je pense que j'en connais de plus puissants, intervint alors une autre voix.

Au son de cette dernière, le cœur de Charly repartit doucement. Deux bras le saisirent en douceur.

– Comme tu as grandi…

Il y eut une lumière, une magie douce l'enveloppa… et la douleur se retira comme une vague.

Charly tourna la tête et leva les yeux. Sa grand-mère lui souriait comme elle ne l'avait plus fait depuis cinq ans.

– Je pensais que je ne te reverrais jamais, dit-elle.

Charly fondit en larmes et la serra dans ses bras.

– Tu n'aurais pas dû ! Tu n'aurais pas dû passer ce pacte !

– Bien sûr que si, arrête de dire des âneries ! Ce n'est pas dans l'ordre des choses que les enfants meurent avant les vieillards.

Comme ils s'aimaient et comme c'était bon de se le rappeler ! Charly aurait voulu ne plus jamais lâcher sa grand-mère.

– Alors cinq ans plus tard, nous répétons l'histoire ?

Dame Mélisse repoussa Charly et se redressa aussi vite que ses vieux os le lui permettaient.

Le Cavalier était redescendu dans la cour. Il était

couvert de plâtre et son cheval boitait. Mais il tenait toujours sa faux d'une main ferme.

– Vous pensiez vraiment pouvoir tuer la Mort en personne ? Je vous préviens, cette fois-ci, je n'accepterai aucun pacte.

– Bien sûr que non, dit Dame Mélisse. Votre coup monté a porté ses fruits. C'est pourquoi aujourd'hui, je vous affronterai.

– Vous n'aviez déjà aucune chance, il y a cinq ans. Mes pouvoirs n'ont fait qu'augmenter depuis.

– Mais dans cet endroit, l'aura de la Chevaleresse paralyse vos sorts, n'est-ce pas ?

Le Cavalier ne répondit pas. Alors Dame Mélisse traça une rune dans les airs et le Cavalier tomba brutalement de son cheval.

– JE SAIS DE QUOI TU ES COMPLICE ! lui hurla-t-elle.

Elle avança, enchaînant les sortilèges les uns après les autres. C'était un déchaînement de puissance comme Charly n'en avait jamais vu. Même les sorts des Académiciens lancés lors de leur fuite de Thadam lui paraissaient bénins en comparaison.

Le Cavalier, toutefois, s'était repris. Il faisait tournoyer sa faux avec rage et tranchait les sortilèges aussi vite que ces derniers lui arrivaient.

Finalement, il parvint à remonter sur son cheval et passa à l'attaque. La faux siffla et manqua de trancher Dame Mélisse en deux, l'obligeant à reculer.

Sapotille se précipita.

– Je vais vous aider, Dame Mélisse ! cria-t-elle en se jetant dans la bataille.

– Les enfants ne doivent pas se mettre en danger ! protesta cette dernière.

Mais occupée comme elle l'était, elle ne pouvait que composer avec le secours improvisé de la jeune fille. Le Cavalier parut exaspéré de cette nouvelle intervention et ses mouvements se firent plus rapides. Curieusement, sa lame paraissait vouloir épargner Sapotille, mais effleurait Dame Mélisse de plus en plus près.

Charly parvint enfin à se relever. Des courbatures atroces lui déchiraient le corps. Il enrageait de ne pouvoir affronter le Cavalier au même titre que Sapotille, mais il était trop mauvais en magie. De plus, l'affrontement tournait mal. Ce n'était pas le Cavalier qui battait en retraite, mais ses adversaires. Combien de temps tiendraient-elles ?

Je dois m'occuper du sapeur, comprit Charly. Il s'avança pour ramasser le chapeau qui avait roulé assez loin. Comment faire, à présent ? Jamais le Cavalier ne se laisserait contourner… Et il fallait littéralement bondir dans le sapeur pour réussir à y entrer… Charly observa le combat quelques instants en serrant les dents. *Comment faire ? Comment faire ?* La solution lui apparut soudain. Elle était blanche comme la mort.

Il s'efforça de ralentir son souffle, se concentra sur les battements de son cœur, une dernière fois. Puis il se rua en avant, le chapeau tendu à bout de bras.

– Sapotille ! hurla-t-il. Pousse-toi !

Elle obéit par réflexe. Charly fit un bond gigantesque. Dame Mélisse tourna un visage surpris dans sa direction. Le Cavalier leva sa faux, sa proie était enfin à sa merci.

Il y eut une seconde suspendue.

– Non ! hurla Dame Mélisse.

De toutes ses forces, elle se jeta sur le Cavalier et le serra dans ses bras, stoppant net le mouvement de la faux.

À cet instant, le sapeur les engloutit tout entiers et Charly s'effondra sur le sol.

– Grand-Ma ! hurla-t-il.

Le Cavalier et sa grand-mère avaient tous deux été aspirés dans le même vortex. Il y eut une seconde de silence, avant qu'une voix étouffée ne s'élève :

– Ferme le sapeur, Charly, je t'en supplie ! Je ne tiendrai pas…

Non…, songea Charly. *Je ne veux pas…*

Mais dans le même temps, il ordonna : *« Ferme-toi ! »* Et le chapeau obéit.

Le vent souffla sur la cour glacée et le cœur de Charly tomba comme une pierre dans sa poitrine. Sa grand-mère était piégée avec le Cavalier. Ne l'avait-il sauvée que pour la condamner à nouveau ?

Il sentit une main timide se poser sur son épaule :

– Elle sait se défendre, souffla Sapotille. C'est l'une des plus grandes Magistères de notre monde, tu sais…

Dans une tentative maladroite, elle passa ses bras autour de son cou. Charly ne trouvait rien à lui répondre. Il entendait trop bien le mensonge du réconfort dans ses mots.

De son côté, il ne pouvait détacher le regard de son sapeur. Il mourait d'envie d'y plonger à son tour et de voler au secours de sa grand-mère avec la stupidité des héros. Mais la raison l'en empêchait : même s'il avait fait le poids, ce qui était loin d'être le cas, il serait arrivé trop tard. Rendre vain le sacrifice de Dame Mélisse aurait vraiment été la pire des choses à faire. De toute façon, Sapotille avait raison. Elle était l'une des plus puissantes Magistères, alors peut-être que… Il fallut à Charly toute son énergie pour s'accrocher à cet espoir qui ne pesait presque rien.

– Tu as raison, elle a pu s'en sortir, concéda-t-il sans y croire.

À cet instant, le bâtiment ouest s'effondra, produisant une poussière spectaculaire. Les miliciens n'avaient pas cessé leurs attaques.

– Ils ne s'arrêteront que lorsqu'ils auront tout détruit ! s'exclama Sapotille. Charly, on doit bouger !

Charly hocha la tête. Et remit son chapeau. À présent, une fureur noire l'envahissait. *Non, pas maintenant.* Une fois encore, il écrasa ses émotions dans sa main.

Il eut un dernier regard pour la dragonne, figée sur sa fontaine. Dans la cour, quelques éclats de lumière accrochèrent son regard. C'étaient les gemnez qui n'appartenaient pas à sa grand-mère mais étaient trop loin de leur propriétaire pour leur revenir. Charly en ramassa une… Au même moment, il y eut encore une explosion. Le dernier bâtiment ne tarderait pas à s'écrouler.

Sapotille était blême et serrait fort son grimoire contre sa poitrine, comme pour y puiser du réconfort. Charly songea que c'était curieux qu'elle soit plus effrayée par la milice que par la Mort. Il se força à lui sourire et la prit par la main.

– On peut au moins essayer de s'enfuir, pas vrai ?

Ils s'élancèrent ensemble vers le mur du fond de la cour. Montrant l'exemple, Mandrin bondit par-dessus. Charly aida Sapotille, désavantagée par sa taille, et quelques secondes plus tard, ils se retrouvèrent de l'autre côté.

– On ferait mieux de courir, chuchota-t-il.

La milice les cueillit une rue plus loin.

30

Toute résistance serait futile

Le juge Dendelion s'était déplacé en personne. Il était venu dans une monumentale citrolle blanche et y avait fait monter Charly. À l'intérieur, Thibald attendait.

– Je suis chargé de ta surveillance, lui avait-il dit. Tu bouges une oreille et je te pulvérise.

Charly n'avait plus fait un geste. Il s'était suffisamment frotté à Thibald pour savoir qu'il ne faisait pas le poids face à ses sortilèges.

Ils avaient attendu assez longtemps face à face. Charly avait entendu Sapotille hurler. Il avait voulu intervenir, mais sitôt qu'il avait bougé, Thibald lui avait décroché une énorme gifle. Il avait encaissé et s'était rassis. Le coup n'était qu'un avertissement, il le savait. Il était obligé de serrer les dents.

– T'es vraiment un crétin, avait soudain déclaré Thibald. C'était même pas toi, la cible, au départ ! Si t'étais pas venu jouer sur le terrain du Cavalier, tu aurais pu continuer à vivre tranquillement, pendant qu'on s'occupait de ton imbécile de maître.

Une fois de plus, Charly s'était tu. Répondre aux provocations était un truc d'imbécile. Au même moment, il avait entendu un miaulement léger. Mandrin venait de s'installer sur le toit. Il ignorait comment il en avait conscience, mais il en fut légèrement réconforté.

Le juge finit par remonter dans la citrolle. Il tapota la paroi et elle se mit en route.

Un plateau avait été déplié au milieu. À présent, le juge leur servait à tous un chocolat chaud, dans une porcelaine surouvragée. Il prenait bien garde à n'en pas verser une goutte à côté et Charly trouva ce luxe de précautions glaçant.

– Mon garçon, vous nous avez plongés dans l'embarras, dit le juge en lui tendant une tasse.

Charly la saisit et la but sans faire d'histoire. Il avait plus besoin de forces que de fierté mal placée.

– J'ai rencontré certaines difficultés à retracer le fil des événements depuis hier. Or *Le Temps des magiciers* me harcèle pour une interview et je ne sais pas bien quoi leur dire.

– Vous avez des ennuis terribles, répliqua Charly.

Aussitôt Thibald lui décrocha un coup de poing en plein visage.

– T-t-t, reprit le juge. L'ironie est si vulgaire dans la bouche des vaincus. Mais reprenons. Vous avez reçu l'assistance d'un dragon, oui ? Celui de la Chevaleresse, bien entendu. Il a donné du fil à retordre à nos miliciens. Cela dit, ils lui ont retourné la politesse.

Charly leva un sourcil, surpris.

– Ils ont achevé de raser la fabrique, il y a une heure. On ne peut risquer de laisser ce genre de choses se reproduire.

– Vous avez tué Ignès ? s'offusqua Charly.

– C'est un bien grand mot pour une simple statue réduite en gravats.

Charly crispa le poing droit, peinant à y écraser sa rage. Mais Thibald avait vu son geste.

– En vérité, reprit le juge, la grande interrogation…

À cet instant, Thibald décrocha un nouveau coup à Charly. Immédiatement, son père dessina une rune et Thibald se retrouva écrasé contre la paroi.

– Tu oses m'interrompre ? cria-t-il à son fils.

– Il a serré le poing, j'ai cru que…

– Ne refais plus jamais ça !

Écrasé sur son siège, Thibald hocha péniblement la tête. Son père reprit d'une voix douce comme s'il ne s'était rien passé :

– Nous nous interrogeons sur le Cavalier. Les miliciens l'ont vu disparaître, ce qui ne peut signifier que deux choses : un magicier est mort quelque part ou bien quelqu'un l'a invoqué. Or nous avons retrouvé les restes d'une rune dessinée à la craie. J'ai donc des raisons de penser que toi et ta jeune amie êtes les dernières personnes à l'avoir vu.

Charly serra les mâchoires. Le juge soupira.

– J'ai déjà interrogé ta jeune amie à ce sujet, mais elle s'est montrée très récalcitrante.

Il y eut un silence.

– Je me suis contenté de lui faire mal, mais il se pourrait que la prochaine fois, elle y laisse un doigt. Ce sera plus difficile pour tracer les runes, évidemment.

– Il est mort, mentit alors Charly. Le Cavalier est mort. Dame Mélisse l'a pulvérisé, avant de s'enfuir loin d'ici.

– Dame Mélisse n'est pas en état de…

– Elle a récupéré ses souvenirs. J'ai brisé le sablier du Cavalier. Ça ne vous a pas surpris de retrouver des gemnez dans toute la cour ?

Troublé, le juge le regarda avec suspicion.

– Elle s'est enfuie en te laissant derrière elle ?

– Nous avons décidé que c'était pour le mieux. Elle ne pouvait pas nous emmener mais… elle reviendra. Quand ? Je ne sais pas. Nous sommes tous convenus que sa cause était la plus importante.

Au même moment, il y eut un bruit d'eau. Le juge sortit un petit miroir de sa poche.

– Je suis un tantinet occupé, dit-il en ouvrant le miroir.

– J'en suis désolé, Votre Honneur, mais il m'a semblé important de vous prévenir. Deux Académiciens sont morts lors de la dernière heure.

– Plaît-il ? s'étrangla le juge.

– Géronte de Pourance et Lucien Lapelisse. Ils se sont tout simplement effondrés. Bien sûr, ils… hum, ils étaient d'un âge plus que vénérable.

Le juge referma le miroir et regarda Charly avec fureur.

– Te rends-tu compte de… ?

Il s'interrompit et radoucit la voix :

– Le Cavalier était une expérience académique de première importance. Cela nous permettait de comprendre la mort, comme jamais auparavant. Et, surtout, cela nous donnait accès à d'importantes réserves de magie ! Alors qu'elle n'a jamais été si rare !

Charly hésita, puis rétorqua :

– Cela permettait aussi de marchander son immortalité...

– Je crois que tu es mal placé pour juger, dans la mesure où tu as toi aussi bénéficié de cet avantage. Et quand bien même ces prétendus arrangements auraient eu lieu, qu'est-ce que ça t'enlevait, à toi ?

Le juge le regarda comme s'il était un être particulièrement mesquin et stupide. Charly se tassa sur son siège, épuisé par les émotions qu'il venait de vivre. Mais en lui-même, il songeait : *la société des magiciers est injuste d'un bout à l'autre. Si les dépositaires de cette injustice deviennent immortels, quelle chance aurons-nous de les remplacer un jour par un peu plus d'humanité ?*

C'était donc cela, le combat de sa grand-mère.

– Je n'en ai pas fini avec vous deux, dit finalement le juge. En attendant, vous irez à Saint-Fouettard. Je ne doute pas que cela vous remette dans le droit chemin.

Charly songea à la terreur de Sapotille quand elle évoquait cet endroit. Elle devait être folle d'angoisse à l'heure qu'il était. Il aurait voulu lui tenir la main. Il se contenterait de serrer les dents.

Il baissa la tête, bandant ses forces.

À présent, il devrait se concentrer sur sa survie.

Épilogue

June n'était pas rentrée chez elle cette nuit-là. Elle était repassée à l'École plusieurs heures après avoir déposé la vieille dame. Elle avait fait quelque chose dont elle n'était pas fière et elle voulait en parler à Charly.

Elle avait commis un vol. Chez son meilleur ami.

Sur le coup, ça ne lui avait pas semblé bien grave. Après tout, Charly lui passait toutes ses frasques, alors une de plus ou de moins ! Mais à présent, elle avait honte.

En revenant, elle avait été atterrée de voir que son école avait été rasée. Il y avait des pompiers partout. Les gyrophares illuminaient la rue de leurs lumières hystériques. Où était Charly ? Et Sapotille ?

Elle avait fini par s'éloigner. Ce n'était pas le moment de se faire remarquer. De toute façon, son scooter avait dû être aplati comme une crêpe sous les décombres.

Elle avait toujours son larcin sous le bras. Cet énorme livre l'avait attirée à la seconde même où elle l'avait vu, près de la vieille dame, avec sa perle incrustée dans le dos. Il était poussiéreux à souhait, mais ce n'était pas grave.

C'est un emprunt, se dit June. *Je le garderai jusqu'à ce que Charly vienne le réclamer.*

Et elle se mit à supplier elle ne savait qui pour que son ami revienne lui hurler dessus. Lui en veuille à vie d'avoir osé dépouiller sa grand-mère, même.

Pourvu qu'il revienne.

À *suivre*…

Remerciements

Ce livre a été intégralement écrit au son des morceaux *Oberon* et *Carol of the Bells* de David Hicken. Excepté le chapitre « *De profundis* » qui a été rédigé avec le *Cold Song* de Klaus Nomi en accompagnement.

Merci à mes toutes jeunes bêta-lectrices Magda Van Liemt et Margaux Larouzière qui m'ont donné leur très sérieux point de vue sur les tout premiers chapitres de cette histoire.

À mes bêta-lecteurs plus chevronnés et merveilleux collègues auteurs : Isabelle Bauthian, Olivier Gay et Christophe Arleston sans qui la vieille y passait. À Laetitia Zaneboni aussi pour son œil de lynx.

À mon agent Roxane Edouard qui a cru si fort en moi et est toujours là quand ça ne va pas. À mon autre agent, Christophe Ledannois, pour ce qu'il sait.

À l'équipe Gallimard, qui m'a offert l'accompagnement éditorial dont j'ai toujours rêvé. À Thierry Laroche pour son accueil et son enthousiasme renouvelé. À Jean-Philippe Arrou-Vignod qui est un fabuleux éditeur en plus d'être un auteur dont j'admire la plume depuis longtemps. À Laurence Victor-Pujebet pour son travail sur le texte et qui avait raison pour les chapitres. À Jeanne Dusautoir à qui je souhaite bon courage pour la suite. À mon attachée de presse, Solène Deltell, pour sa patience et sa disponibilité, alors que je ne réussis rien du premier coup. À Sandrine Dutordoir qui a su bien me chouchouter. À Agnès Tchakgarian pour les opportunités qu'elle m'offre. À Jean-François Saada pour qui je n'ai pas été un cadeau, mais à qui je dois cette merveilleuse couverture. À Stan Manoukian qui a illustré ladite couverture et tout l'univers de *Magic Charly*, alors même que je raffole de son trait.

Audrey Alwett

L'autrice

À cinq ans, **Audrey Alwett** dicte ses aventures bucoliques à sa cousine, en abusant du passé simple. À huit ans, elle remplit des cahiers entiers de poèmes et contes cosmogoniques. À onze ans, elle suit les cours de français de Danielle Martinigol, une écrivaine qui transforme son rapport à l'écriture. À vingt ans, elle publie sa première nouvelle. Puis elle obtient un master de lettres, avant de rejoindre l'atelier d'artistes Gottferdom pour faire de l'écriture son métier à plein temps. À trente-deux ans, elle apprend qu'elle est autiste et songe que, du coup, tout s'explique. Audrey Alwett est aujourd'hui autrice de nombreuses bandes dessinées (en particulier la série à succès *Princesse Sara*), mais aussi de nouvelles, dessins animés et romans. Depuis 2018, elle est également conteuse. Si elle habite aujourd'hui à Aix-en-Provence, ville de fontaines et d'histoire, elle considère qu'elle a toujours vécu en Littérature.

De la même autrice chez Gallimard Jeunesse

Magic Charly

1 - L'Apprenti

2 - Bienvenue à Saint-Fouettard

Le papier de cet ouvrage est composé de fibres naturelles, renouvelables, recyclables et fabriquées à partir de bois provenant de forêts gérées durablement.

Mise en pages : Françoise Pham

Loi n° 49-956 du 16 juillet 1949
sur les publications destinées à la jeunesse
ISBN : 978-2-07-516093-3
Numéro d'édition : 396676
Dépôt légal : juin 2022
Imprimé en Espagne par Novoprint (Barcelone)